"十三五"高等职业教育规划教材

国际贸易理论与实务

（第5版）

主编 张 华 张宗英

中国财经出版传媒集团
中国财政经济出版社

图书在版编目（CIP）数据

国际贸易理论与实务/张华，张宗英主编．—5 版．—北京：中国财政经济出版社，2018.8

"十三五"高等职业教育规划教材

ISBN 978 - 7 - 5095 - 8356 - 2

Ⅰ.①国⋯　Ⅱ.①张⋯②张⋯　Ⅲ.①国际贸易理论－高等学校－教材 ②国际贸易－贸易实务－高等学校－教材　Ⅳ.①F740

中国版本图书馆 CIP 数据核字（2018）第 130499 号

责任编辑：王　芳　　　　　　　责任校对：黄亚青
封面设计：陈宇琰

中国财政经济出版社 出版
URL：http：//www.cfeph.cn
E - mail：jiaoyu @ cfeph.cn
（版权所有　翻印必究）
社址：北京市海淀区阜成路甲 28 号　邮政编码：100142
营销中心电话：010 - 88191537　北京财经书店电话：64033436　84041336
北京富生印刷厂印刷　各地新华书店经销
787×1092 毫米　16 开　17 印张　402 000 字
2018 年 8 月第 5 版　2019 年 1 月北京第 2 次印刷
定价：45.00 元
ISBN 978 - 7 - 5095 - 8356 - 2
（图书出现印装问题，本社负责调换）
本社质量投诉电话：010 - 88190744
打击盗版举报热线：010 - 88191661　QQ：2242791300

前 言

本教材旨在使学生了解国际贸易现状与发展趋势、理解国际贸易现象、能够分析国际贸易问题，了解我国进出口贸易面临的国内外政策环境，熟悉进出口的一般业务流程、业务内容，能够进行基本进出口业务操作，同时具备遵规守约的职业素质。适合非国际贸易专业学生使用，也适合一般商务类人士参考使用。

本教材在编写团队以往编著的"十五""十一五""十二五"国家级规划教材《国际贸易理论与实务》《国际货物贸易实务》基础上，重新编著而成。主要特点如下：

一是教材内容体现最新形势、政策、法规惯例和国际贸易发展趋势。全书分为四部分：导论（介绍国际贸易产生发展、概念分类等基本知识）；国际贸易理论（涵盖从事国际贸易应知的理论政策、具体措施和国际国内贸易管理体制、中国对外贸易战略政策）；国际贸易实务（设置国际贸易合同条款、国际贸易实务操作两大模块）；蓬勃发展的新型贸易方式——跨境电商实务（适用于非电子商务专业学生选学）。

二是教学设计符合能力培养、素质养成的规律和要求。理论部分采用能力导向的专题设计，实务部分采用模块设计、项目导向，在专题、项目、任务的学习和实践中培养理论应用能力、政策把握能力、实践操作能力、问题解决能力以及国际规则意识、诚信守约意识等职业素质。

三是教、学、思、做相结合，学以致用。每个专题、项目设置思考与练习、项目实训，任务中穿插同步实训、同步案例，学与思结合，学与练结合。

四是紧贴实践，将贸易一线材料转化为学习资料、学习项目、学习任务，确保教学内容和实训项目的实时性、实用性。

五是资料丰富，形式新颖。大量贸易案例、业务资料、拓展知识以二维码形式展现，并以思维导图帮助学生建立清晰的业务流程及内在逻辑关系，便于自主学习、深度学习、拓展学习。

本书由张华、张宗英担任主编，刘珉、张泳、陈虹担任副主编。具体分工如下：张华（导论），张宗英、张泳、刘振芬、田翠（国际贸易理论政策）；张华、陈虹（国际贸易合同条款）；刘珉、张宗英、张雪梅（国际贸易实务操作）；张雪梅、刘希全（跨境电商）。

在本书的编写过程中，我们得到了新华锦国际商务集团、青岛瑞祥抽纱有限公司、青岛金麦凯国际贸易有限公司的帮助，感谢他们提供的宝贵建议和业务素材。胡大伟、姚元为本书编写给予了宝贵的支持和帮助；同时，我们参考了大量相关文献，在此一并表示感谢。

限于编者水平，书中难免存在缺点或不当之处，敬请读者批评指正。

编者
2018 年 6 月

目录

前言 ………………………………………………………………………………（1）

导　论 ……………………………………………………………………………（1）

第一部分　国际贸易理论 ………………………………………………………（11）

　　专题一　国际贸易基本理论 ………………………………………………（12）
　　专题二　国际贸易政策措施 ………………………………………………（18）
　　专题三　区域经济一体化与世界贸易组织 ………………………………（35）
　　专题四　中国对外贸易 ……………………………………………………（50）

第二部分　国际贸易实务 ………………………………………………………（63）

　　模块一　国际贸易合同 ……………………………………………………（65）
　　　　条款一　合同的标的 …………………………………………………（69）
　　　　条款二　价格 …………………………………………………………（79）
　　　　条款三　装运 …………………………………………………………（100）
　　　　条款四　保险 …………………………………………………………（118）
　　　　条款五　支付 …………………………………………………………（131）
　　　　条款六　一般交易条件 ………………………………………………（154）
　　模块二　国际贸易实务操作 ………………………………………………（162）
　　　　项目一　交易前准备 …………………………………………………（163）
　　　　项目二　开展交易磋商 ………………………………………………（168）
　　　　项目三　订立合同 ……………………………………………………（177）
　　　　项目四　履行合同 ……………………………………………………（183）

| 拓展学习模块 | 跨境电商实务 ··· （247）

国际货易理论与实务内容概要 ··· （263）
参考文献 ··· （264）

导 论

国际贸易（International Trade）是指世界上各国（或地区）之间进行的商品和服务的交换活动。它是各国（或地区）之间分工的表现形式，反映了世界各国（或地区）之间在经济上的相互依靠性。

国际贸易在一个国家表现出来的形式是对外贸易。对外贸易（Foreign Trade）是指一个国家（或地区）与其他国家（或地区）之间进行的商品和服务的交换，某些岛国，如英国和日本等，常用海外贸易（Oversea Trade）来表示。

一、国际贸易的产生和发展

国际贸易产生于原始社会末期。它的产生必须具备两个条件，即可供交换的剩余产品和各自为政的社会实体。在原始社会初期，人类处于自然分工状态，生产力水平低下，没有剩余产品，没有私有制，没有阶级和国家，也就不存在对外贸易。随着生产力的发展，人类社会第一次社会大分工后，产品开始出现了少量剩余，并在氏族公社、部落之间出现了剩余产品的交换。第二次社会大分工使手工业从农牧业中分离出来。手工业的出现不仅为人类提供了日益丰富的剩余产品，而且促成了以交换为目的的商品生产的出现，并使商品交换由物物交换变成了以货币为媒介的商品流通，加速了私有制和阶级的形成。第三次社会大分工，商业从手工业和农业中分离出来。商业和商人的出现，使商品生产和商品交换更加广泛和频繁，从而使阶级和国家最后形成。这时商品流通超出了国界，国际贸易产生了。

奴隶社会时期，进入贸易领域的商品主要是供奴隶主和王室享乐的宝石、装饰品、各种织物、香料和奴隶。中国在夏商时期就进入了奴隶社会，其贸易主要集中在黄河流域。

封建社会时期，国际贸易有了较大的发展，但商品经济仍处于从属地位，国际贸易的规模有限。奢侈品仍是国际贸易中的主要商品，西方国家以呢绒、酒等换取东方国家的丝绸、香料和珠宝等。

进入资本主义社会，国际贸易得到了大发展。资本主义生产方式准备时期，由于地理大发现、殖民制度的建立和海外贸易公司的出现使得世界市场初步形成，此时国际贸易的商品结构也发生了很大的变化，除了奢侈品外，工业原料和食品的比重开始增加，奴隶贸易也是当时的重要贸易内容。资本主义自由竞争时期，产业革命为国际贸易提供了坚实的物质基础，国际分工开始形成，国际贸易从原来的局部的、地区性的贸易活动转变为全球性的国际贸易，贸易商品的数量有了长足的增长，贸易方式和机构职能也有了创新和发展。进入垄断阶段后，主要资本主义国家的对外贸易都被为数不多的垄断组织控制，它们决定着对外贸易的地理方向和商品结构。

20世纪80年代到90年代之间,国际贸易进入新贸易保护时期。进入20世纪90年代后,自由贸易政策抬头,国际贸易的协调在加强,世界贸易组织代替关贸总协定,以地缘经济为特征的贸易集团取代了以政治联盟为基础的贸易联盟,贸易集团化格局基本确立,全球一体化的步伐加快,服务贸易的比重相对于货物贸易加快上升,制成品中技术产品、特别是高新技术产品的比重大幅度增加。

【资料链接】国际贸易与国内贸易的区别

二、国际贸易的类型和相关概念

(一)出口贸易与进口贸易

出口贸易(Export Trade)是指将本国生产和加工的商品运往他国销售,又称输出贸易。从国外进口的商品没有在国内销售,又未经过加工就再出口,称为复出口(Re-export Trade)。

进口贸易(Import Trade)是指将外国商品输入本国国内市场销售,又称输入贸易。本国出口的商品出口后未经加工又原样输回本国叫作复进口。一国往往在同一类商品上既有出口又有进口,如果出口量大于进口量叫作净出口,如果出口量小于进口量叫作净进口。

(二)贸易差额

贸易差额(Balance of Trade)是指一定时期内一国出口总额和进口总额之间的差额。贸易差额用以表明一国或地区对外贸易收支情况。当出口额超过进口额时为贸易顺差或称做出超,进口额超过出口额时为贸易逆差或称作入超。例如2017年我国进出口总额27.79万亿元,其中出口15.33万亿元,进口12.46万亿元,贸易顺差2.87万亿元。

(三)有形贸易与无形贸易

有形贸易(Visible Trade)又叫有形商品贸易,是指有具体的实物形态的可以看得见的货物贸易。

无形贸易(Invisible Trade)是指没有实物形态的技术和服务的进出口,包括技术贸易和服务贸易。例如:专利使用权的转让、旅游、金融保险企业及跨国提供服务等。

有形贸易要经过海关报关手续,其进出口额反映在海关统计上。服务贸易不经过海关报关手续,通常不表现在海关统计上。但两者的外汇收支都是一国国际收支的重要组成部分。

【资料链接】国际贸易货物和服务分类

(四)贸易值与贸易量

贸易值是指用货币金额表示的贸易规模,可分为对外贸易值和国际贸易值。对外贸易值(Value of Foreign Trade)又叫对外贸易额,是指用货币表示的一国或地区在一定时期的进额和出口额的总和。国际贸易值（Value of International Trade）又叫国际贸易额，是指用统一货币单位表示的世界各国和地区在一定时期的出口总额或进口总额。就国际贸易来看，一国的出口就是另一国的进口，所有国家和地区的进口总额的合计应等于所有国家和地区出口总额的合计。由于各国在统计贸易的规模时，出口值一般以 FOB 价进行统计，而进口值以 CIF 价进行统计，进口统计中包括了运输费用和保险费用，故一般世界出口值小于世界进口值。因此，在世界贸易统计中，世界贸易值为各国和地区的出口值之和。

用一定年份为基期计算的进口价格或出口价格指数去除当时的进口总值或出口总值，得到相当于按不变价格计算的进口值或出口值，通过这种方法计算出来的单纯反映对外贸易规模的指标，就叫贸易量。

（五）总贸易与专门贸易

总贸易（General Trade）是指以国境为标准划分的进出口贸易。凡进入国境的货物一律列为进口，凡离开国境的货物一律列为出口。

专门贸易（Special Trade）是指以关境为标准划分的进出口贸易。当外国货物进入国境后，暂时存在保税仓库，不进入关境，一律不列为进口。只有从外国进入关境的货物以及从保税仓库提出后进入关境的货物，才列为进口。对于从国内运出关境的本国货物以及进口后未经加工又运出关境的货物列为出口。

【资料链接】什么是关境？

（六）直接贸易、间接贸易、转口贸易

直接贸易（Direct Trade）是指商品生产国与消费国不通过第三国进行贸易活动。间接贸易（Indirect Trade）是指商品生产国和商品消费国通过第三国进行贸易活动。商品生产国和商品消费国通过第三国进行对第三国来说就是转口贸易。即使商品直接从生产国运到消费国，但只要两者之间没有发生直接交易关系而是由第三国转口商分别同生产国与消费国发生交易关系，就为转口贸易（Entrecote Trade）。转口贸易和间接贸易实际上是一笔商品的买卖从不同角度得出的不同概念。

（七）对外贸易商品结构

对外贸易商品结构是指一定时期内一国进出口贸易中各种商品的构成，即某大类或某种商品进出口贸易与整个进出口贸易额之比，以份额表示。2017 年我国机电产品出口 8.95 万亿元，占我国出口总值的 58.4%。对外贸易商品结构能反映一国的生产力水平、科技发展水平、在国际贸易中的实力地位和贸易效益。

（八）对外贸易国别结构

对外贸易国别结构又叫对外贸易地区分布、对外贸易地理方向，是指一定时期内各个国家或国家集团在一国对外贸易中所占的地位，通常以他们在该国进出口总额或进、出口总额中的比重来表示。

（九）对外贸易依存度

对外贸易依存度是指货物与服务贸易额与其国内生产总值或国民生产总值的比值，又叫

对外贸易系数,可以分为出口依存度和进口依存度。其中,进口总额占 GDP 或 GNP 的比重称为进口依存度,出口总额占 GDP 或 GNP 的比重称为出口依存度。

(十) 贸易条件

贸易条件(Terms of Trade)又称交换比价或贸易比价,即一个国家或地区在一定时期内的出口商品价格指数与进口商品价格指数之间的比率。也就是说,一个单位的出口商品可以换回多少单位的进口商品。常用的价格贸易条件又称净贸易条件,是用出口价格指数与进口价格指数来计算的,计算公式:

贸易条件 = 出口价格指数/进口价格指数 × 100

如果净贸易条件指数大于 100,说明出口价格比进口价格相对上涨,出口同量商品能换回比原来更多的进口商品,该国的该年度贸易条件比基期有利,贸易条件得到改善。如果贸易条件指数小于 100,说明出口价格比进口价格相对下跌,出口同量商品能换回的进口商品比原来减少,该国的该年度贸易条件比基期不利,即交换效益劣于基期。

【案例】假定某国净贸易条件以 2001 年为基期,即为 100。到 2016 年,该国出口价格指数下降 4% 为 96,进口价格指数上升 10%,为 110。那么,这个国家 2016 年的净贸易条件为:

$N = 96/110 \times 100 = 87.27$

这表明该国从 2001 年到 2016 年的 15 年间,净贸易条件从 100 下降到 87.27,贸易条件恶化了 12.73。

三、国际贸易与国际分工、世界市场

国际分工是国际贸易和各国(地区)经济联系的基础,世界市场则是开展国际贸易的场所和领域。

(一) 国际分工

国际分工是指世界上各国(地区)之间的劳动分工,是各国生产者通过世界市场形成的劳动联系,它是社会生产力发展到一定阶段的产物,是社会分工从一国国内向国际延伸的结果,是生产社会化向国际化发展的趋势。

按参加国际分工经济体的生产技术水平和工业发展情况的差异,可分为垂直型分工、水平型分工和混合型分工。

(1) 垂直型分工。指经济技术发展水平不同的国家之间的分工,在贸易上的表现则是出口原料、进口制成品或出口制成品、进口原料。

垂直分工主要分为两种:一种是指部分国家供给原料或初级产品,而另一部分国家供给制成品的分工型态,如发展中国家生产初级产品,发达国家生产工业制成品,这是不同国家在不同产业间的垂直分工;另一种是指同一产业内技术密集程度较高的产品与技术密集程度较低的产品之间的分工,或同一产品的生产过程中技术密集程度较高的工序与技术密集程度较低的工序之间的分工,这是相同产业内部因技术差距引致的分工。

(2) 水平型分工。指经济发展水平相同或接近的国家(如发达国家以及一部分新兴工业化国家)之间在工业制成品生产上的分工。当代发达国家的相互贸易主要是建立在水平

型分工的基础上的。

水平分工可分为产业内与产业间水平分工。前者又称为"差异产品分工",是指同一产业内不同厂商生产的产品虽有相同或相近的技术程度,但其外观设计、内在质量、规格、品种、商标、牌号或价格有所差异,从而产生的分工和相互交换,它反映了寡头企业的竞争和消费者偏好的多样化。后者则是指不同产业所生产的制成品之间的分工和贸易。

(3) 混合型分工。即垂直型和水平型混合起来的国际分工。从一个国家来看,它在国际分工体系中既参与"垂直型"的分工,也参与"水平型"的分工。例如,德国是混合型国际分工的代表,它对发展中国家是垂直型的,而对其他发达国家是水平型的。

(二) 国际贸易与世界市场

世界市场是世界各国之间进行商品和劳务交换的领域,包括由国际分工联系起来的各个国家商品和劳务交换的总和。

世界市场这一概念是由其外延和内涵两方面构成的。世界市场的外延指的是它的地理范围。世界市场的内涵指的是与交换过程有关的全部条件和交换的结果,包括商品、技术转让、货币、运输、保险等业务,其中商品是主体,其他业务是为商品和劳务交换服务的。

1. 世界市场的构成要素

世界市场的构成要素包括国家与地区;贸易厂商(订约人);交易商品;交易场所与渠道;运输和信息媒体网络;国际物流;市场管理与协调机构。

2. 进入世界市场的方式

(1) 出口。分为间接出口和直接出口两种形式。间接出口是指企业将生产出来的产品卖给国内出口商或委托国内的代理机构,由其负责经营出口业务。直接出口是指企业利用海外的经销商,或者国外的代理商把产品直接卖给国外的客户,而不通过国内的中介机构。直接出口有下面几种形式:直接卖给最终用户、合作出口、利用国外的经销商、设立驻外办事机构、建立国外营销子公司。

(2) 许可贸易。许可贸易是指企业(许可方)授权国外另一企业(被许可签订许可协议)在一定期间和范围内使用本企业的专利权、版权、工艺方面的诀窍等从事生产和销售,以向对方收取许可费用作为回报的贸易方式。

(3) 国外生产。国外生产是指具有某种生产能力的企业把生产移到他国领土上就地生产和销售。国外生产已经成为企业进入国际市场的一种非常重要的渠道。国外生产可以采用国外组装业务、合同制、建立海外合营企业、国外独资生产等形式。

3. 在世界市场交易的成交价格

世界市场价格也称国际价格或国际市场价格,指国际市场上在一定时期内客观形成的一种商品在国际贸易中被广泛承认的具有代表性的成交价格。

(1) 世界"自由市场"价格。是指在国际间不受垄断或国家垄断力量干扰的条件下由独立经营的买者和卖者之间进行交易的价格,国际供求关系是这种价格形成的客观基础。联合国贸易发展会议所发表的统计中,把美国谷物交易所的小麦价格、玉米(阿根廷)的英国到岸价格、大米(泰国)的曼谷离岸价格、咖啡的纽约港交货价格等36种初级产品的价格列为世界"自由市场"价格。

(2) 世界"封闭市场"价格。是指买卖双方在一定的特殊关系下形成的价格,商品在国际间的供求关系一般对它不会产生实质性的影响。

【资料链接】世界封闭市场价格类型

四、国际贸易的方式

(一) 传统国际贸易方式

1. 单纯购销方式

单纯购销方式即单纯的进出口,是最基础、最常见的贸易方式,买卖双方不需要固定场所进行的单纯的商品买卖。其特点是:买卖双方自由选择交易对象;通过函电或当面洽谈商品的品种、规格、数量、运输、保险、交货方式、付款条件,在相互同意的基础上签订合同,据此执行。

2. 与其他因素相结合的国际贸易方式

(1) 对等贸易,是一种进出结合、以进带出的贸易方式,即在互惠的前提下,由贸易双方达成协议,规定买卖双方必须相互购买或交换对方的产品,或者一方提供产品和技术时,另一方必须用另外的产品或劳务给予等额支付。主要有易货贸易(Barter Trade)、记账贸易(Accounting Trade)、补偿贸易(Compensation Trade)等具体方式。

(2) 加工贸易,是指利用国外资源,在本国加工、制造、装配,然后将产品销往国外的贸易方式。加工贸易方式分为进料加工和来料加工。进料加工是加工方进口有关原料、元器件、配件等加工成制成品出口,是利用国际资源的一种好形式。来料加工是甲方按照乙方的要求,把乙方商人提供的原料、辅料加工后将成品交给乙方,收取加工费用。

(3) 租赁贸易,是把商品购销与一定时间内出让使用权相联系的购销方式。即出租人与承租人双方在订立租赁契约的基础上,出租人以收取一定数量的租金为条件,将商品租给承租人专用,但该出租物的所有权仍属出租人。

(4) 代理,是指出口人委托客户在特定的地区、特定的商品范围、特定的时期之内,代表出口人办理与贸易有关的事务,并取得一定的佣金。特点是:委托人和代理人之间是一种委托、代办的关系,而不是一种直接买卖关系,提供和收取佣金。分为独家代理、一般代理和总代理。

(5) 经销,是指企业与国外经销商达成书面协议,在约定的经销期限和地区,利用经销商就地推销某种商品的一种方式,有一般销和独家经销两种。

3. 有固定组织形式的国际贸易方式

(1) 商品交易所交易。商品交易所(Commodity Exchange)是进行大宗商品交易的一种特殊交易场所。有如下特点:第一,商品交易所的交易必须在规定的时间和地点进行。第二,商品交易是根据商品的品级标准或样品进行的。第三,商品交易所的交易是通过特定人员在交易所内直接进行的交易。交易所的交易方式主要有现货交易和期货交易。现货交易又称实物交易,即一手交钱、一手交货、钱货两清,具有即期的特点,商品交易所在这一交易过程中主要是提供交易场所和合同格式以及协助解决争议与纠纷等。期货交易即买卖双方签订一项合同，确定在未来的某一时间交割一定品种或规格、一定数量的商品。这种交易中所签订的合同称为期货合约，期货合约对价格和交货期以外各项交易条件，如品质条件、数量和包装都有统一的规定。

【资料链接】国际上著名的商品交易所

（2）拍卖。国际商品拍卖（International Commodity Auction）方式是指经过专门组织，在一定地点定期举行的现货商品交易。拍卖作为一种实物交易，其交易对象主要是规格复杂而不易标准化的商品。国际商品拍卖一般有如下特点：第一，拍卖必须预先公告，专门组织，指定时间与地点，尽量把买主集中起来。如果买主来得比较多，拍卖活动就容易开展，反之，拍卖活动则不易成功。第二，在拍卖交易中出售的商品一般是单批的、非标准的商品。事先验看商品是拍卖的必要条件，因为一经成交，卖主或拍卖行对商品的品质都不接受任何索赔。第三，拍卖是一种公开竞买的贸易方式。

【资料链接】荷兰的鲜花拍卖

（3）商品展销。在国际商品博览会、展览会进行展览、销售。国际博览会（International Fairs）是在一定地点，在规定的时间和期限内，以固定组织形式由各国商人参加、陈列样品的商品交易场所。国际博览会贸易方式具有如下一些特点：国际博览会是一种展卖结合的贸易方式；它是一种规模大、客商多、各国商品集中的一种贸易方式；这种贸易方式便于各国商品进行广泛交流和竞争，便于寻求贸易伙伴，开拓市场。国际博览会可分为两种：专业性博览会、综合性博览会。

【资料链接】中国进出口商品交易会

（二）新型国际贸易方式

1. 跨境电子商务

跨境电子商务（Cross-border E-commerce）简称跨境电商，是指分属不同关境的交易主体，通过电子商务平台达成交易、进行支付结算，并通过跨境物流送达商品、完成交易的一种国际商业活动。

跨境电子商务从进出口方向分为：出口跨境电子商务和进口跨境电子商务。从交易模式分为B2B（企业对企业）跨境电子商务、B2C（企业对个人）跨境电子商务和C2C（个人对个人）跨境电子商务。

（1）B2B跨境电商：从广义层面来看，指互联网化的企业对企业跨境贸易活动，也即"互联网＋传统国际贸易"。从狭义层面来看，指基于电子商务信息平台或交易平台的企业对企业跨境贸易活动。

（2）B2C跨境电商：企业直接面对国外消费者开展在线销售产品和服务，通过电商平台达成交易、进行支付结算,并通过跨境物流送达商品、完成交易。以销售个人消费品为主,物流方面主要采用航空小包、邮寄、快递等方式。

(3) C2C 跨境电商:是指分属不同关境的个人卖方对个人买方开展在线销售产品和服务,通过第三方跨境电商平台发布产品和服务售卖、产品信息、价格等内容,最终通过平台达成交易、进行支付结算,并通过跨境物流送达商品、完成交易。

2. 市场采购贸易方式

市场采购贸易方式,是指符合条件的经营者在经国家商务主管部门认定的市场集聚区采购的、单票报关单商品货值 15 万(含 15 万)美元以下、在采购地办理出口通关手续的贸易方式。2013 年 4 月义乌正式开展市场采购贸易方式试点工作,到现在已有浙江海宁、江苏海门、河北白沟、山东临沂商城等八个市场采购贸易方式试点。

市场采购贸易方式与一般贸易方式的不同:

一是海关监管方式不同。如:"一般贸易"海关监管方式代码为"0110","旅游购物"海关监管方式代码为"0139",而"市场采购"海关监管方式代码为"1039"。

二是税收政策不同。市场采购贸易方式出口的货物直接免征增值税(包括以增值税为计税依据的城建税、教费附加和地方教育附加等),在征收方式上采取不征不退的方式,即市场集聚区的市场经营户未取得或无法取得增值税发票的货物均可以市场采购贸易方式出口。

3. 外贸综合服务

外贸综合服务是指以中小微外贸企业为服务对象,以电子商务为工具,以进出口业务流程服务外包为内容,以供应链服务平台为依托,采用流程化、标准化服务,为中小外贸企业提供一站式通关、物流、退税、外汇、保险、融资等服务。

【资料链接】新华锦集团外贸综合服务平台——"锦贸通"

五、国际贸易对经济发展的作用

对外贸易对一国经济的发展起着巨大的推动作用,国际贸易成为当今世界政治经济关系的桥梁和纽带。

(一)对外贸易是"经济增长的发动机"学说

20 世纪 30 年代经济学家罗伯特逊(D. H. Robertson)提出了对外贸易是"经济增长发动机"(Engine for Growth)的命题。20 世纪 50 年代,诺克斯根据对 19 世纪英国与新的经济发展的分析,进一步补充和发展了这一命题。他认为,19 世纪国际贸易的发展是许多国家经济增长的主要原因。他认为,各国按比较成本规律进行国际贸易,通过两优取其更优、两劣取其次劣的办法进行专业化分工,使资源得到更有效的配置,增加了产量。通过交换,各国都得到了多于自己生产的消费量。这是对外贸易的直接利益。同时,对外贸易带来间接的动态利益:

(1) 出口扩大意味进口能力的提高。进口中的资本货物对经济落后国家的决定性的意义。一方面，资本货物的进口使这个国家取得国际分工的利益，大大地节约了社会劳动力。另一方面，资本货物的进口，尤其是先进技术设备的进口可以提高国内的技术水平，会大大地缩短与发达国家的技术差距。

（2）对外贸易的发展使国内的投资流向发生变化，资本会越来越集中在有比较优势的领域，在这些领域中进行专业化生产能大大提高劳动生产率。

（3）规模经济利益。一国国内市场相对来说总是狭小的，出口的扩大克服市场的狭小性，生产规模可以不断扩大，以达到最佳程度，使生产效率不断提高，单位成本不断下降。这一方面可以提高利润率，另一方面会增强国际竞争能力。

（4）出口扩大还会加强部门之间的相互联系，促进国内统一市场的形成。这对经济运行机制不健全的国家尤其重要。出口的扩大，特别是加工程度较深的制成品出库的扩大，会增加对向出口部门提供投入物部门的需求。这些部门转而向其他供给部门增加需求。如此反复下去，不但能带动所有部门的发展，而且会大大地促进国内经济的一体化。

（5）出口的不断扩大会鼓励外国资本的流入。这对普遍缺乏资本的落后国家日益重要。外资的流入不但能解决国内投资不足的难题，而且会促进先进技术和管理知识的传播。

（6）在世界市场上进行激烈的竞争会使国内出口产业以及与之相关的产业改进质量、降低成本，从而促进国内产业的发展。

（二）对外贸易是国际经济中"传递"的重要渠道

"传递"是指一个国家经济的盛衰如何对另一国发生影响。各国经济的增长或影响其他国家。各国经济发展通过对外贸易"传递"的过程是：

（1）世界市场价格变动→国内开放部门（经营对外贸易部门）价格变动→国内非开放部门价格变动；

（2）国内价格变动→产量与就业变动；

（3）产量与就业变动→整个国家经济变动；

（4）一国经济变动→对世界市场的供应、需求变动→世界市场价格变动。

（三）对外贸易是世界各国对外经济关系的核心

劳动和科学技术的交流，资本的使用，都以对外贸易为活动中枢。一国利用外资的能力取决于该国的偿还能力，出口所得的外汇收入在偿还能力中占绝大比重。因此，对外贸易也是各国进行政治斗争、维护经济权益的重要手段。

总结对外贸易促进一国经济发展的作用，主要表现在：利用国际分工，节约社会劳动，生产更多的使用价值；利用国际市场，使一部分商品的价值得以实现；有利于生产要素的充分利用；有利于解决劳动力就业问题；有利于提高国民的多样化消费水平。对发展中国家而言，除了上述的一般作用之外，对外贸易还带来以下作用：对外贸易是获得外国先进技术的主要渠道；对外贸易增强了国内企业的竞争压力，能够刺激生产效率的提高；对外贸易的开展，有利于改善国内落后的产业结构；对外贸易是保障经济协调发展的重要环节。

专题思考练习

【阅读思考】阅读材料，举例说明我国经济与世界各国的相互依赖关系。

【名词术语（中英文）】

国际贸易（International Trade）
对外贸易（Foreign Trade）
海外贸易（Oversea Trade）
出口贸易（Export Trade）
进口贸易（Import Trade）
贸易差额（Balance of Trade）
有形贸易（Visible Trade）
总贸易（General Trade）
专门贸易（Special Trade）
直接贸易（Direct Trade）
间接贸易（Indirect Trade）
转口贸易（Entrecote Trade）
贸易条件（Terms of Trade）
商品交易所（Commodity Exchange）
国际博览会（International Fairs）
国际商品拍卖（International Commodity Auction）
跨境电子商务（Cross-border E-commerce）

第一部分　国际贸易理论

根据从事国际贸易工作所需的理论、政策知识和理解、分析能力，设置国际贸易基本理论、国际贸易政策措施、区域经济一体化与世界贸易组织、中国对外贸易四个专题。通过学习，能够了解国际贸易的基本理论、政策措施、区域和全球管理体制、中国对外贸易政策与发展战略，具备一定的理论政策知识与国际经贸现象分析能力。

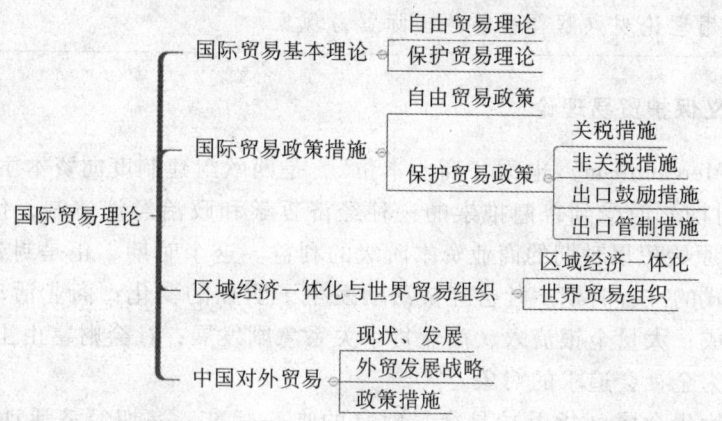

【目标与要求】

1. 了解国际贸易基本理论及其理论观点，能够运用所学理论分析国际贸易、国际分工的基本现象

2. 了解国际贸易政策的类型，掌握关税措施、非关税措施的作用，熟悉其种类及其应用，了解出口鼓励、出口管制的方式和作用，能够理解并对现实对外贸易中的政策、措施进行分析

3. 熟悉区域经济一体化的种类、主要的一体化组织、现在的发展趋势，理解区域经济一体化的作用和影响；掌握世界贸易组织的宗旨、基本原则，了解其组织机构和运行机制，理解其在全球贸易协调与发展中的作用，能够对当前区域经济一体化现象及世界贸易组织的工作进行分析

4. 了解我国对外贸易的历史和现状，熟悉我国对外贸易发展战略和政策演变，能够对我国对外贸易政策措施和现象进行基本的分析

专题一 国际贸易基本理论

国际贸易理论试图解释为什么有国际贸易,以及作为一个国家应当如何对待、如何发展国际贸易。国际贸易理论是国际贸易学科研究对象的重要组成部分,也是分析国际贸易特点、揭示国际贸易规律和掌握其发展趋势的理论知识基础。

【目标与要求】
1. 掌握主要国际贸易理论的代表人物、理论观点和政策主张
2. 了解主要理论所处的历史条件、历史作用和现实意义
3. 能够运用理论观点解释当前的国际贸易现象

一、重商主义保护贸易理论

重商主义(Mercantilism)也称"商业本位",是西欧封建制度向资本主义制度过渡时期(资本原始积累时期)时受到普遍推崇的一种经济哲学和政治经济体制,代表了15世纪至17世纪欧洲资本原始积累时期的商业资本阶级的利益。这个时期,正是封建社会趋于瓦解,资本主义生产方式的准备时期。社会经济活动发生了明显的变化:商业活动范围迅速扩大,海上贸易已趋形成;大量金银流入,商业货币关系急剧发展;社会财富由土地向金银货币转移,金银货币成为全社会追求的对象。

重商主义认为贵金属(货币)是衡量财富的唯一标准。一切经济活动的目的就是获取金银。除了开采金银矿以外,对外贸易是货币财富的真正的来源。因此,要使国家变得富强,就应尽量使出口大于进口,因为贸易出超才会导致贵金属的净流入。一国拥有的贵金属越多,就会越富有、越强大。因此,政府应该竭力鼓励出口,不主张甚至限制商品(尤其是奢侈品)进口。

重商主义的发展经历了早期重商主义和晚期重商主义两个阶段。

1. 早期重商主义(15~16世纪中叶)

以货币差额论为中心(即重金主义),强调少买,代表人物为英国的威廉·斯塔福。早期重商主义者主张采取行政手段,禁止货币输出,反对商品输入,以贮藏尽量多的货币。一些国家还要求外国人来本国进行交易时,必须将其销售货物的全部款项用于购买本国货物或在本国花费掉。

2. 晚期重商主义(16世纪下半叶到17世纪)

中心思想是贸易差额论,强调多卖,代表人物为托马斯·孟。他认为对外贸易必须做到商品的输出总值大于输入总值(即卖给外国人的商品总值应大于购买他们商品的总值),以增加货币流入量。16世纪下半叶,西欧各国力图通过实施奖励出口,限制进口,即奖出限

入的政策措施，保证对外贸易出超，以达到金银流入的目的。

重商主义的政策、理论在历史上曾促进了资本的原始积累，推动了资本主义产生方式的建立与发展。

二、绝对优势理论

18世纪末，重商主义的贸易观点受到古典经济学派的挑战，亚当·斯密（Adam Smith）在生产分工理论的基础上提出了国际贸易的绝对优势理论。

亚当·斯密（Adam Smith，1723—1790），英国古典经济学家，国际贸易分工理论的创始人，1776年出版了代表作《国民财富的性质及原因的研究》，后称《国富论》，被誉为经济学的"圣经"。

（一）绝对优势论的理论观点

亚当·斯密认为，分工可以提高劳动生产率，增加国民财富。他以制针业为例说明其观点：分工前，一个粗工每天至多能制造20枚针，分工后，平均每人每天可制造4800枚针，每个工人的劳动生产率提高了几百倍。亚当·斯密进而分析到，分工既然可以极大地提高劳动生产率，那么每个人专门从事他最有优势的产品的生产，然后彼此交换，则对每个人都是有利的。裁缝不为自己做鞋子，鞋匠不为自己裁衣服，农场主既不打算自己做鞋子，也不打算缝衣服。他们都认识到，应当把他们的全部精力集中用于比别人有利地位的职业，用自己的产品去交换其他物品，会比自己生产一切物品得到更多的利益。

亚当·斯密由家庭推及国家，认为在国际分工基础上开展国际贸易，对各国都会产生良好效果。他主张，每一个国家都有其适宜于生产某些特定产品的绝对有利的生产条件，如果每一个国家都按照其绝对有利的生产条件（即生产成本绝对低）去进行专业化生产，然后彼此进行交换，则对所有国家都是有利的，世界的财富也会因此而增加。

简言之，各国应该集中生产并出口其具有绝对优势的产品，进口其不具有绝对优势的产品。

为了说明观点，亚当·斯密举例，见表1-1-1：

表1-1-1　　　　单位商品的生产成本（需投入的劳动量）　　　　单位：人/年

国别	毛呢	葡萄酒	分工前	分工后	节省
英国	100	120	220	200	20
葡萄牙	110	80	190	160	30

根据上表，很显然英国在生产毛呢上具有绝对成本优势，葡萄牙在生产葡萄酒上具有绝对优势，两国施行完全的国际分工，英国应生产毛呢，葡萄牙应集中力量生产葡萄酒，然后相互交换，大家都得到好处。

总之，亚当·斯密认为：生产成本绝对差异的存在是国际分工产生的基础和原因，按绝对成本差异进行国际分工和国际贸易，将使各国的资源、劳动力和资本得到最有效的利用，将会大大提高劳动生产率，增大社会财富。

（二）绝对优势论的积极意义

亚当·斯密的国际分工理论对社会经济现象的研究从流通领域转到生产领域，从而对国际贸易问题采取了新的观点，这与重商主义相比是一大进步。他关于分工能够提高劳动生产率，参与国际分工，开展国际贸易对各国都有利的见解，虽然经历了200多年的历史，仍具有重大的现实意义。

三、比较优势理论

鉴于绝对优势理论存在一定的局限性，大卫·李嘉图在《政治经济学及赋税原理》中继承和发展了斯密的理论。

大卫·李嘉图（David Ricardo，1772－1823）是英国产业革命深入发展时期的经济学家，是资产阶级古典经济学的完成者，1817年出版《政治经济学及赋税原理》，系统地提出了比较优势理论。

（一）比较优势论的理论观点

李嘉图在《政治经济学及赋税原理》的"论对外贸易"章节中举例，若两个人都能制造鞋和帽，其中一个人在两种职业上都比另一人强些，不过制帽只强20%，而制鞋则强33%，那么这个较强的人专门制鞋，而那个较差的人专门制帽，对双方都有利。

李嘉图由个人推及国家，认为国家间也应按"两优取重，两劣取轻"的比较优势原则进行分工。为了说明这个理论，李嘉图沿用了亚当·斯密的例子，稍作修改，见表1－1－2：

表1－1－2　　　　单位商品的生产成本（需投入的劳动量）　　　　单位：人/年

国别	毛呢	葡萄酒	不分工	分工	节省
英国	100	120	220	200	20
葡萄牙	90	80	170	160	10

从上表可以看出，葡萄牙无论生产毛呢还是葡萄酒，其成本都低于英国，即在毛呢和葡萄酒这两种上都具有绝对优势，按绝对优势理论，这两个国家似乎没有发生贸易的机会了。但是李嘉图指出，即使在这样的情况下，两国仍然存在着国际分工和贸易的基础。虽然葡萄牙无论生产毛呢还是葡萄酒的成本都低于英国，具有明显的优势，但是葡萄牙生产葡萄酒的成本比生产毛呢的成本更低，这就是"优势中的优势"即"比较优势"；从英国方面看，尽管无论是生产毛呢还是葡萄酒，英国的生产成本都要高于葡萄牙，但是英国生产毛呢的劣势比葡萄酒的劣势要小些，这就是"劣势中的优势"即"比较优势"。所以两国应在优势中择其最优，在劣势中避其最劣，葡萄牙应集中力量生产葡萄酒，英国应集中力量生产毛呢，然后相互交换，双方都得到利益。

（二）比较优势论的积极意义

比较优势理论的问世，标志着国际贸易学说总体系的建立，其作为反映国际贸易领域客观存在的经济运行的一般原则和规律的学说，具有很高的科学价值和现实意义：

（1）比较优势理论比绝对优势理论更全面、更深刻地指示了国际贸易的基础，指出了任何国家都有参与国际分工和国际贸易的可能性。国际贸易不仅产生于绝对成本的差异,而且产生于比较成本的差异,一国只要按比较优势原则即"两优取重,两劣取轻"参与国际分工和国际贸易,就可获利。这一理论为世界各国参与国际分工和国际贸易提供了理论依据,成为国际贸易的一大基石。

(2) 比较优势理论在历史上起过进步作用。它为自由贸易政策提供了有力的理论武器,而自由贸易又促进了当时英国的资本积累和生产力的发展,因此,该理论在推动自由贸易,促进社会经济发展方面所起的作用是不容置疑的。

四、保护幼稚工业理论

弗里德里希·李斯特(1789—1846)是德国经济学家,古典经济学的怀疑者和批判者,他的主要思想包括国家主导的工业化、贸易保护主义等。当英国工业化的车轮滚滚向前时,德国仍然是个农业国家,停留在中世纪田园生活的时代。随着第一次工业革命,英国等先进工业国打着自由贸易大旗,涌入德意志经济领域,强烈冲击着脆弱的民族工业。李斯特对此洞若观火:斯密提倡的自由贸易,反映的是英国作为先发国的利益;德国需要贸易保护,因为它处在后发的位置上。如果按部就班跟着走,只能永远为英国伐木或者牧羊,成为被掠夺的对象。

为此,1841年,李斯特提出了影响深远的"幼稚工业保护论"。

(一) 保护幼稚工业理论的主要观点

李斯特抨击了英国古典学派的自由放任和"世界主义"政策,认为它忽视了国家的作用和不同国家经济发展的民族特点。

1. 生产力论

李斯特强调发展生产力,指出"财富的生产力比之财富本身,不晓得要重要多少倍"。认为经济落后国家参与国际分工和交换的目的是发展本国的生产力,这是最根本的,强调一国采取什么样的对外贸易政策,应首先着眼于生产力的发展,而不能局限于目前从贸易中获得了多少利益。

2. 经济发展阶段论

李斯特认为,各国经济发展一般要经历五个时期,即原始未开化时期、畜牧时期、农业时期、农工业时期、农工商时期。各国所处的经济发展阶段不同,应采取适合本国经济特点的对外贸易政策。处于农业阶段的国家应实行自由贸易政策,以利于农产品的自由输出,以便促进本国农业的发展,培育本国工业化的基础。处于农工业阶段的国家,由于本国的工业刚刚起步,为避免国外竞争对本国工业的猛烈冲击,就必须坚决实行贸易保护制度。一旦进入经济发展的最后一个阶段,即农工商时期,足以同先进国家进行商品竞争时,保护贸易政策则应取消。

3. 主张国家干预经济

李斯特指出,要想发展生产力,必须借助国家力量,而不能听任经济自发地实现其转变和增长。他承认当时英国工商业的发展,但认为英国工商业的发展也是由于当初政府的扶持政策所造成的。德国正处于类似英国发展初期的状况,应实行在国家干预下的保护贸易政策。

(1) 保护的对象：主要是那些对国家经济有重要意义的并且具有潜在发展优势的幼稚工业。

(2) 保护贸易的手段：通过禁止输入与征收高关税的办法来保护幼稚工业，以免税或征收轻微进口税的方式鼓励复杂机器的进口。

(3) 保护的程度：对不同的行业给予不同程度的保护。有些国内急需发展的产品，用高税率禁止或大量限制同类产品的进口，而对于那些比较贵重和精细、国内生产又比较困难的和比较易于引起走私的物品，税率应适当低一些。

(4) 保护的期限：保护时间也不宜太长，最长为30年。

（二）保护幼稚工业理论的积极意义

(1) 发展了重商主义的保护贸易理论，以经济发展阶段论和生产力论为基础，充分论证了落后国家实行贸易保护的必要性、阶段性、动态性，并提出了具体的政策建议，从而建立了贸易保护的完整体系，确立了贸易保护理论在国际贸易理论中的牢固地位。

(2) 其贸易保护理论反映了经济发展水平落后的国家独立自主地发展民族工业的正当要求和愿望。

(3) 在保护政策扶植下，经过1843年、1846年两次提高关税，德国经济确实在短期内有了迅速的发展，终于赶上了英国、法国等国家。同时，该理论也给当今发展中国家在不合理的国际经济秩序中如何发展自己提供了很有益的借鉴。

五、超保护贸易理论

凯恩斯（John M. Keyens）是20世纪英国最著名的经济学家，他是凯恩斯主义的创始人，也是超保护贸易理论（Super-Protective Theory）的代表人物。1929—1933年间发生了资本主义发展史上波及范围最广、打击最为沉重的世界经济危机，危机使得凯恩斯改变了原来的自由贸易立场，开始批评自由贸易理论。他于1936年出版的《就业、利息和货币通论》中主张国家干预代替自由竞争，阐述了凯恩斯主义经济思想。凯恩斯主义的主要内容是就业理论，其核心是有效需求学说，而他的国际贸易理论就是从该学说中引申出来的。

（一）超保护贸易理论的主要观点

凯恩斯的对外贸易理论主要是对外贸易乘数理论。

对外贸易乘数理论（Foreign Trade Muliplier Theory）是凯恩斯投资乘数在对外贸易方面的运用。他们认为，一国出口和国内投资一样，有增加国民收入的作用；一国的进口，则与国内储蓄一样，有减少国民收入的作用。当商品、劳务出口时，从国外得到的货币收入，会使出口产业部门收入增加，消费也增加。它必然引起其他产业部门生产增加，就业增多，收入增加……如此反复下去，收入增加量将为出口增加量的若干倍。当商品、劳务进口时，必然向国外支付货币，于是收入减少，消费随之下降，与储蓄一样，成为国民收入中的漏洞。他们得出结论：只有当贸易为出超或国际收支为顺差时，对外贸易才能增加一国就业量，提高国民的收入。此时，国民收入的增加量将为贸易顺差的若干倍。

因此，凯恩斯主张政府干预对外贸易，奖出限入，实行超保护贸易政策。采取各种手段和保护措施，减少进口，扩大出口，造成对外贸易顺差，促进国内经济发展。

（二）超保护贸易理论的评价

超保护贸易理论的积极意义：

（1）以凯恩斯革命为标志的西方宏观经济学理论，把国际贸易作为影响整个经济运行的一个重要因素，认为其既影响总供给水平，也影响总需求水平，是决定宏观经济均衡的一个不可忽视的变量，利用对外贸易可以促进国内经济发展的良性循环。尤其是对外贸易乘数理论，在一定程度上反映了对外贸易与国民经济发展之间的内在规律性。

（2）该理论主要是从政策入手，认为实行超保护贸易政策的根本宗旨是保护国内先进的和发达的工业以增强其在国际市场上的垄断地位。

（3）凯恩斯超保护贸易理论与传统的保护贸易理论是有区别的，其中最本质的区别是保护对象的不同。传统的保护贸易政策保护的对象是国内幼稚工业，而超保护贸易理论更多地保护高度发展的资本主义工业，保护其在国际竞争中的垄断地位，从而维护资产阶级利益。

六、要素禀赋论

要素禀赋理论又称要素禀赋说、赫——俄模式，由瑞典经济学家赫克歇尔首先提出，后又由他的学生俄林（1977年诺贝尔经济学奖获得者）加以发展。该理论继承和发展了李嘉图的比较优势理论，用生产要素的丰缺来解释国际贸易产生的原因和贸易的流向。这一理论的建立被誉为是西方国际贸易理论从古典发展到现在的标志，与李嘉图的比较优势理论并列为国际贸易的两大基石。

（一）要素禀赋理论的主要观点

赫克歇尔认为，两国间产生比较成本差异必须有两个前提：①两国的要素禀赋程度不同；②不同产品生产过程中所使用的要素比例不一样。这两点是国际贸易产生的前提条件。俄林认为在生产活动中，除了劳动起作用外，还有资本、土地、技术等生产要素，由于各国产品成本的不同，必须同时考虑到各个生产要素。同类产品存在的价格绝对差是各国进行交易的直接基础，而引起各国同类物品价格不同的原因是多方面的，最关键的是各国生产各种物品的成本比率不同，而成本比率是由使用要素的价格差别决定的，而要素价格是由要素相对存量决定的，要素存量则是由要素供给决定的，要素供给又是由要素禀赋决定的。

这也就是说，各国的生产要素禀赋状况不同，从而生产要素价格比例不同，这样导致商品比较成本不同。具体说：各国的生产要素禀赋状况不一样，有的土地丰富，有的资本丰富，有的劳动力丰富，按照价格的相互依存原理，在一国/地区范围内，某种生产要素的供给丰富，这种生产要素的报酬就低，密集使用这种生产要素的商品也相应便宜，即成本低。

因此，一国应该出口丰裕要素密集型产品，即在出口商品生产中密集使用丰裕生产要素；进口稀缺要素密集型产品，即进口密集使用稀缺生产要素的商品。

（二）要素禀赋论的积极意义

该理论被西方经济学家誉为现代国际贸易理论中最重要的基础理论之一。主张根据生产要素禀赋和商品的要素密集性在各国进行专业分工，使各国通过贸易相互得到利益，这些反映了比较优势理论的基本思想，但更为深入和全面，指出了土地、劳动力、资本、技术等生产要素在各国的对外贸易中的重要作用，这对于一个国家如何利用本国的资源优势参与国际分工以获得贸易利益，无疑具有积极意义。

专题思考练习

【阅读思考】

1. 第二次世界大战后发生了三次国际产业转移：第一次发生在20世纪50至60年代，第三次科技革命的爆发，使得美国对其国内产业结构深度调整，将钢铁、纺织的传统产业转移到日本和德国；第二次发生在20世纪70至80年代，日本经济快速发展，产业结构不断升级，推动了东亚地区的产业转移，引领了东亚地区的"雁阵飞翔"，催生了亚洲"四小龙"的经济发展奇迹；第三次发生在20世纪90年代至今，美、日、德等大力发展新材料、新能源等高新技术产业，进一步把劳动、资本密集型产业和部分低附加值的技术密集型产业转移到海外。亚洲新兴经济体承接了美、日、德等国家转移出来的重化工业和微电子等高科技产业，并把部分失去比较优势的劳动密集型产业和一部分资本技术密集型产业转移到中国和东南亚国家，带动了这些国家经济发展和产业结构的升级，促进了其工业化进程。

分析这三次国际产业转移符合哪种贸易理论的阐述范畴。

2. 有人说："世界上一些最贫穷的国家找不到什么产品出口。他们的资本和土地都不丰裕，甚至劳动力也不丰裕。"如何评价这种言论？

【拓展阅读】里昂惕夫之谜

专题二 国际贸易政策措施

国际贸易政策是各国在一定时期内对进出口贸易所制定和实行的政策。它是一国总的经济政策的组成部分，是为该国经济基础和对外政策服务的。

【目标与要求】

1. 了解国际贸易政策的内容、类型
2. 了解对外贸易措施的种类和作用
3. 理解关税措施、非关税措施、鼓励出口措施、出口管制措施在对外贸易和国际贸易中的应用
4. 能够对相关政策、措施的实施进行分析

一、国际贸易政策

一般来说,国际贸易政策主要包括三个方面的内容:

1. 对外贸易总政策

一国根据本国国民经济的整体状况及发展战略,结合本国在世界经济格局中所处地位而制定的政策,通常会在一个较长的时期内加以贯彻实行。例如一国实行的是相对自由还是保护贸易政策。因此,它是一国对外经济关系的基本政策,是整个对外贸易政策的立足点。

2. 进出口商品政策

在对外贸易总政策的基础上,根据本国的经济结构和国内外市场的供求状况而制定的政策,主要表现为对不同的进出口商品实行不同的待遇。如对有关商品用关税或非关税壁垒来限制进口,或有意识地扶植某些出口部门等。

3. 对外贸易国别政策

一国分解对外贸易总政策,结合国际经济格局及社会政治关系等,对不同的国家和地区制定不同的政策,如对不同国家实行差别关税率或差别优惠待遇等。

国际贸易政策三个方面的内容是相互交织、相互联系在一起的,如进出口的商品政策和国别政策都离不开对外贸易总政策的指导,而对外贸易总政策只有通过具体的进出口商品政策和国别政策才能体现出来。

由于各国经济体制、发展水平及产品竞争力等不同,其对外贸易政策也有所不同,并随着经济实力的变化而不断变化,但其制定对外贸易政策的基本目的是大体一致的,主要有:①保护本国市场;②扩大本国产品的出口市场;③提高本国产品的竞争能力;④促进本国经济发展;⑤维护本国对外的政治经济关系等。

从对外贸易的产生与发展来看,基本上有三种类型的对外贸易政策,即自由贸易政策、保护贸易政策和管理贸易政策。

1. 自由贸易政策

国家对商品和服务的进出口不加干预,取消对进出口贸易的限制和障碍,取消对本国进出口商的各种特权和优待,使商品和服务能够自由输出和输入,在国内外市场上自由竞争,从而使资源得到最有效配置。

2. 保护贸易政策

国家积极干预商品和服务的进出口,广泛采取各种措施限制国外商品和服务的进口,保护本国的商品和服务在本国市场上免受竞争,同时对本国商品和服务的出口给予优待和补贴,以鼓励出口。

3. 管理贸易政策

管理贸易政策又称协调贸易政策,是指国家对内制定一系列的贸易政策、法规,加强对外贸易的管理,实现一国对外贸易的有秩序、健康的发展;对外通过谈判签订双边、区域及多边贸易条约或协定,协调与其他贸易伙伴在经济贸易方面的权利与义务。管理贸易政策是20世纪80年代以来,在国际经济联系日益加强而新贸易保护主义重新抬头的双重背景下逐步形成的。在这种背景下,为了既保护本国市场,又不伤害国际贸易秩序,保证世界经济的正常发展，各国政府纷纷加强了对外贸易的管理和协调，从而逐步形成了管理贸易政策或者说协调贸易政策。管理贸易是介于自由贸易和保护贸易之间的一种对外贸易政策，是一种协调和管理兼顾的国际贸易体制，是各国对外贸易政策发展的方向。

（1）贸易条约和贸易协定。贸易条约和协定是指有关主权国家为确定彼此间的贸易关系，规定各自的权力和义务，协调各自对外的贸易政策，经过协商或谈判缔结的书面协议。

（2）双边协调与多边协调。贸易政策的国际协调是指国与国之间的政策协调。它表现为三个不同层次：

双边的贸易政策协调——旨在协调贸易伙伴间的关系，通过双方签订贸易条约或协定等形式进行。

经济区域化、集团化与贸易政策协调——是贸易政策在国与国之间协调的重要形式。体现了经济集团或区域经济一体化为了共同利益而实施的共同对外贸易政策措施，如贸易集团、共同市场、关税同盟、自由贸易区等。目前世界上各种区域性的国际经济合作组织参加的国家或地区多达一百四十多个。这些规模不等的组织或特殊优惠的安排，将歧视性的贸易壁垒变成一组国家共同的对外贸易壁垒，成为各国贸易政策的主要内容。

全球贸易体制和贸易政策多边协调——是指从符合世界贸易总体利益的角度，协调和约束各国的对外贸易政策，促进世界贸易的规范化、有序化。1947年以来的关税及贸易总协定（General Agreement on Tariffs and Trade，GATT）引导的多边贸易规则，是第一个全球性的多边贸易体系，1995年它结束了历史使命，由世界贸易组织（World Trade Organization，WTO）取而代之。贸易政策的区域或集团之间的协调与国际间协调既有互补的一面也存在冲突。发达资本主义国家更强调集团之间和经济区域之间的贸易政策协调，通过集团或区域内部的贸易自由化以增强抵御外部的竞争。这就与世界贸易组织所倡导的贸易政策的国际协调形成了冲突。特别值得注意的是，由于发展中国家加强了相互之间的合作，使发达国家也越来越重视与发展中国家经济联盟的关系协调，这一趋势将成为贸易政策国际协调的一种补充。

二、国际贸易措施

（一）关税措施

关税是一国对外贸易政策的重要组成部分。一国的关税制度不仅直接影响本国经济和生产，还会影响世界经济和商品的流通，甚至会影响到国家之间的政治关系。

关税（Tariff、Customs Duty）指进出口商品经过一国关境时，由政府所设置的海关代表国家向其进出口征收的一种税收。

关税是一种间接税，关税的税收主体是本国的进出口商，税收客体是进出口货物，海关对进出口货物按不同的税目和税率征收不同的税款。关税作用如下。

（1）增加财政收入。在经济不发达的时候，财政关税是国家财政收入的主要来源，随着国内经济的发展，关税在财政收入中的比重会不断下降。

（2）保护本国市场。关税的保护作用取决于关税税率的高低，关税的作用就是通过增加成本来削弱甚至完全抵消进口商品价格优势。

（3）调整本国的产业结构。对于本国有竞争优势的产业，可以通过降低关税，引进国际竞争，让本国企业在与外国同类企业的竞争中得到更大的发展。相反地，长期实行高关税政策，限制进口，则会使本国企业缺乏竞争意识，发展缓慢。

关税可按不同标准进行分类。如图1-2-1所示：

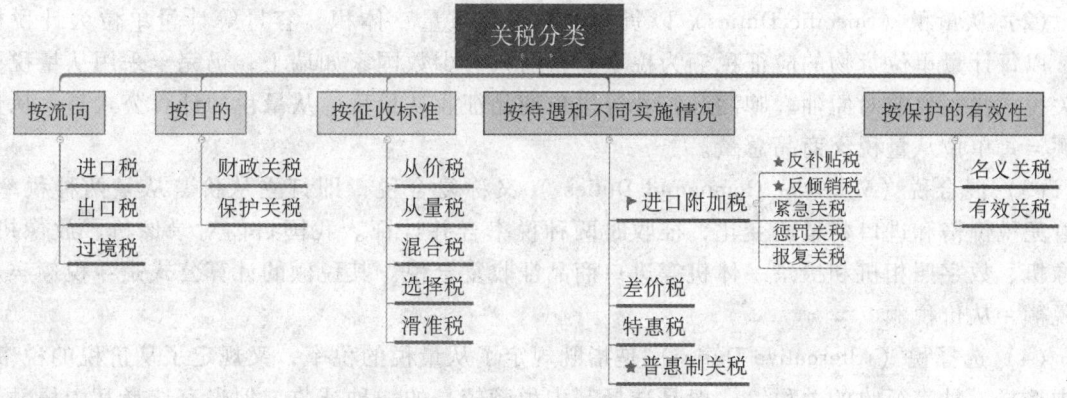

图1-2-1 关税分类

1. 按照征税商品的流向划分

（1）进口税（Import Duties）是关税中最主要的一种税，又称为一般进口税，是指进口国的海关在外国商品输入时，对本国进口商所征收的关税。

进口税主要可分为最惠国税和普通税。最惠国税适用于与该国签有最惠国待遇原则贸易条约（或协定）的国家（或地区）的进口商品；普通税适用于与该国没有签订上述条约（或协定）的国家（或地区）的进口商品。最惠国税率比普通税率要低，税率差幅则往往很大。第二次世界大战以后，大多数国家加入《关税及贸易总协定》或签订了双边贸易条约或贸易协定，相互提供最惠国待遇，享受最惠国税。因此，正常进口税通常就是指的最惠国税。

（2）出口税（Export Duties）是出口国海关在本国商品输出时对本国出口商所征收的关税。由于世界各国为了鼓励出口追求贸易顺差和获取最大限度的外汇收入，许多国家已不再征收出口税。

（3）过境税（Transit Duties）也称通过税，是一国对于通过其领土（或关境）运往另一国的外国货物所征收的关税。从19世纪后半期开始，各国相继废止了过境税，代之以签证费、准许费、登记费、统计费、印花税等形式。

2. 按照征税的目的划分

（1）财政关税（Revenue Tariff）从关税设置的目的看，最初，关税只是作为政府增加财政收入的渠道，所以也称为财政关税。

（2）保护关税（Protective Tariff）以保护国内产业为目的设置的关税称为保护关税。资本主义生产方式建立以后，关税的保护作用开始被发现和重视起来，逐渐成为各国推行贸易保护主义的重要手段。

3. 按照不同的征收标准划分

（1）从价税（Advalorem Duties）以货物的价格或者价值为征税标准，以应征税额占货物价格或者价值的百分比为税率，价格越高，税额越高。目前，我国对于进口货物征收进口关税主要采用从价税。从价税的计算公式是：应征税额＝进口货物完税价格×进口从价税税率。

（2）从量税（Specific Duties）以货物的数量、重量、体积、容量等计量单位为计税标准，以每计量单位货物的应征税额为税率。目前只有少数国家如瑞士，仍完全采用从量税稽收关税。我国目前对原油、啤酒和胶卷等进口商品征收从量税。从量税的计算公式是：从量税额＝每单位从量税×商品总量。

（3）混合税（Mixed or Compound Duties）又称复合税，即订立从价、从量两种税率，随着完税价格和进口数量而变化，征收时两种税率合并计征。我国目前对录像机、放像机、摄像机、数字照相机和摄录一体机等进口商品征收复合税。其税额的计算公式是：税额＝从量税额＋从价税额

（4）选择税（Alternative Duties）是指既规定了从量税的税率，又规定了从价税的税率，从中选择一种来征收的关税。一般是选择其中税额较高的一种征收，但也有选择其中税额较低的征收的。

（5）滑准税（Sliding Duties）是根据货物的不同价格适用不同税率的一类特殊的从价关税。它是一种关税税率随进口货物价格由高至低，而由低至高设置计征关税的方法。通俗地讲，就是进口货物的价格越高，其进口关税税率越低，进口商品的价格越低，其进口关税税率越高。滑准税的特点是可保持实行滑准税商品的国内市场价格的相对稳定，而不受国际市场价格波动的影响。我国目前仅对进口棉花实行滑准税。

4. 按照不同待遇和特定实施情况划分

（1）进口附加税（Import Surtaxes）。进口附加税又称为特别关税，是进口国家在对进口商品征收正常进口税后，还会出于某种目的，再加征部分进口税，加征的进口税部分，就是进口附加税。进口附加税不同于进口税，不体现在海关税则中，并且是为特殊目的而设置的，其税率的高低往往视征收的具体目的而定。一般是临时性的或一次性的。

进口附加税主要有反补贴税、反倾销税、紧急关税、惩罚关税和报复关税五种。

①反补贴税（Counter – Vailing Duty），又称抵销税或补偿税，它是对于直接或间接接受任何奖金或贴补的外国商品进口所征收的一种附加税。凡进口商品在生产、制造、加工、买卖、输出过程中所接受的直接或间接的奖金或贴补都构成征收反贴补税的条件，不论奖金或贴补来自政府或同业分会等。反贴补税的税额一般按奖金或贴补数额征收。

国际贸易中，一般认为对出口商品采取补贴方式是不合适而且是不公平的，它与国际贸易体系的自由竞争原则相违背。为此反贴补税被视作是进口国抵御不公平贸易的正当措施。征收的目的在于抵销进口商品所享受的贴补金额，削弱其竞争能力，保护本国产业。

②反倾销税（Anti – Dumping Duty），是对于实行商品倾销的进口货物所征收的一种进口附加税。其目的在于抵制商品倾销，保护本国的市场与工业。所谓倾销是指低于本国国内市场价格或低于正常价格在其他国家进行商品销售的行为。它使进口国厂商处于不平等竞争地位，造成冲击。进口国政府为了保护本国产业免受外国商品倾销的冲击，就有可能考虑对

实施倾销的产品征收反倾销税。

反倾销税的征收必须同时符合三项基本条件：

A. 倾销存在，即产品出口价格低于其正常价格（国内销售价格或对第三国出口价格或其生产成本）；

B. 损害存在，即进口国竞争产业受到严重损害或损害威胁，或者一项新产业的建立受到严重阻碍；

C. 损害与倾销之间存在因果关系，即进口竞争产业所受的损害是由倾销造成的。

但是，对于倾销的认定、"正常价值"的含义、反倾销的实施方式等，各个国家之间存在着一定的分歧；一些发达的国家则利用反倾销手段对来自低成本的发展中国家产品进口加以限制，反倾销扩大化的趋势明显，成为非关税壁垒的手段之一。

如果一国遭受来自他国产品的倾销，一般都会对倾销商品征收反倾销税。但在征收反倾销税之前，必须对倾销行为进行调查。作为 WTO 一揽子文件之一的《关于执行 1994 年关贸总协定第六条的协议》对反倾销调查程序作出了详细的规定。根据 WTO 的有关原则，凡成员方制定反倾销法律或者采取反倾销调查行动，都必须与该文件保持一致。

反倾销调查程序包括申诉、立案、调查、裁决、复审等阶段。

【资料链接】2017 年美国对中国硬木胶合板产品采取"双反"措施

2017 年，我国产品共遭遇来自 21 个国家和地区发起的 75 起贸易救济调查。其中反倾销 55 起、反补贴 13 起、保障措施 7 起，涉案金额总计 110 亿美元。同时，我国共对 12 个国家和地区发起反倾销调查 24 起、反补贴调查 1 起，涉案金额 42 亿美元，作出原审裁决 5 起、复审裁决 9 起，涉案金额 56 亿美元，涵盖光纤、多晶硅、食糖、白羽肉鸡、丁腈橡胶等 23 大类产品。

③紧急关税（Emergency Tariff）。亦称"紧急进口附加税"，指为应付某种紧急情况，对某些商品加征的进口税。在国际贸易中，外国某种商品大量涌入某国，进口量大大超过正常水平，对某国生产此种产品的行业构成威胁，甚至造成巨大损失，通过正常谈判渠道又难以解决时，该国往往以加征紧急进口附加关税，来限制该商品大量涌入，保护本国工业生产。

【资料链接】日本对自美国进口牛肉征收紧急关税

④惩罚关税。惩罚关税是指出口国某商品违反了与进口国之间协议，或者未按进口国海关规定办理进口手续时，进口国海关对该进口商品征收的一种临时性的进口附加税。例如，1988 年日本半导体元件出口商因违反了与美国达成的自动出口限制协定，被美国征收 100% 的惩罚关税。又如，若某进口商虚报成交价格，以低价报关，一经发现，进口国海关将对该进口商征收特别关税作为罚款。

【资料链接】美国对自中国进口轮胎征收惩罚性关税

⑤报复关税。报复关税是一国为报复他国对本国商品的不公正待遇而对从该国进口的商品所课征的进口附加税。当他国取消上述不公正待遇时，报复关税也即取消了。但报复关税往往容易引起他国采取同样的手段，最终导致关税战。

【资料链接】日本2005年开始首次对贸易伙伴征收报复性关税

此外，根据世界贸易组织规则，成员方在进口激增并对其国内产业造成严重损害或严重损害威胁时，可征收保障措施关税。该措施是成员政府在正常贸易条件下维护本国国内产业利益的一种重要手段，它与针对不公平贸易的措施不同。设置该措施的目的在于：使成员所承担的国际义务具有一定灵活性，以便其在特殊情况出现时免除其在有关WTO协定中应当承担的义务，从而对已造成的严重损害进行补救或避免严重损害之威胁可能产生的后果。

【资料链接】中国对进口食糖征收保障措施关税

（2）差价税（Variable Levy），又叫差额税，当某种本国生产的产品国内价格高于同类的进口商品价格时，为了削弱进口商品的竞争能力，保护国内生产和国内市场，按国内价格与进口价格之间的差额征收关税。

由于差价税是随着国内外价格差额的变动而变动的，因此它是一种滑动关税（Sliding Duty）。对于征收差价税的商品，有的规定按价格差额征收，有的规定在征收一般关税以外另行征收，这种差价税实际上属于进口附加税。

【资料链接】欧盟对非成员国进口农产品征收差价税

（3）特惠税（Preferential Duties）。特惠税是指对从某个国家或地区进口的全部商品或部分商品，给予特别优惠的低关税或免税待遇。使用特惠税的目的是增进与受惠国之间的友好贸易往来。特惠税有的是互惠的，有的是非互惠的。税率一般低于最惠国税率和协定税率。互惠的特惠关税主要是区域贸易协定或双边自由贸易协定成员间根据协定实行的特惠税。如欧盟成员之间、北美自由贸易协定成员之间、中国与东盟国家之间实行的特惠税。

【资料链接】中国对从非洲国家进口部分产品实行特惠税

（4）普惠制关税（Generalized System of Preference Duties）。普惠制是发展中国家经过长期的斗争后获得的胜利成果。1968年第二届联合国贸易与发展会议上通过了建立普惠制的决议。该决议规定，发达国家承诺对从发展中国家或地区输入的商品，特别是制成品和半制成品给予普遍的、非歧视的和非互惠的关税优惠待遇,这种关税被称为普惠制关税。

普惠制关税的主要原则是普遍的、非歧视的、非互惠的。所谓普遍的,是指发达国家对所有发展中国家出口的制成品和半制成品给予普遍的优惠待遇。所谓非歧视的,是指应使所有的发展中国家都无歧视的、无例外的享受普惠制待遇。所谓非互惠的是指非对等的,发达国家应单方面给予发展中国家做出特别的关税减让,而不要求发展中国家对发达国家给予同等待遇。

普惠制的目标是扩大发展中国家对发达国家制成品和半制成品的出口,增加发展中国家的外汇收入,促进发展中国家的工业化,加速经济增长,享受普惠制待遇的发展中国家和地区达170多个国家和地区。

【资料链接】加拿大、欧盟、日本先后宣布中国普惠制毕业

5. 按照保护程度和有效性划分

(1) 名义关税(Nominal Tariff)。名义关税是指一国对某种进口商品,海关直接根据关税税率而征收的关税。在其他条件相同的情下,进口税的税率越高,对本国同类常用部门的保护程度就越高,反之则越低。但是,直接用关税税率的高低所反映的保护程度的高低只是名义上的,并不能反映实际的或有效的保护程度。外国商品征收的进口税指一国由于实现关税保护而引起的国内市场价格超过国际市场价格的部分与国际市场价格的百分比。

(2) 有效关税(Effective Tariff)。有效关税是指对某个工业每单位产品"增值"部分的从价税,其税率代表着关税对本国同类产品的真正的保护程度。

(二) 非关税措施

非关税措施即非关税壁垒(Non-tariff Barriers, NTBs),是指一国政府采取除关税以外的一切限制进口的各种措施,其目的是试图在一定程度上限制进口,以保护国内市场和国内产业的发展。

与关税措施相比,非关税措施主要具有下列三个明显的特点:

1. 非关税措施比关税具有更大的灵活性和针对性

关税的制定,往往要通过一定的立法程序,要调整或更改税率,也需要一定的法律程序和手续,因此关税具有一定的延续性。而非关税措施的制定与实施,则通常采用行政程序,制定起来比较迅速,程序也较简单,能随时针对某国和某种商品采取或更换相应的限制进口措施,从而较快地达到限制进口的目的。

2. 非关税措施的保护作用比关税的作用更为强烈和直接

关税措施是通过征收关税来提高商品成本和价格,进而削弱其竞争能力的,因而其保护作用具有间接性。而一些非关税措施如进口配额,预先限定进口的数量和金额,超过限额就直接禁止进口,这样就能快速和直接地达到关税措施难以达到的目的。

3. 非关税措施比关税更具有隐蔽性和歧视性

关税措施,包括税率的确定和征收办法都是透明的,出口商可以比较容易地获得有关信息。另外,关税措施的歧视性也较低,它往往要受到双边关系和国际多边贸易协定的制约。

但一些非关税措施则往往透明度差,隐蔽性强,而且有较强的针对性,容易对别的国家实施差别待遇。

【资料链接】美国欧盟对中国木质包装及包装辅料提出证书要求

非关税措施可以分为传统的非关税措施和新非关税措施。所谓的新非关税措施是相对于传统的非关税措施而言的,是指最新出现的以技术壁垒为核心,包括绿色贸易壁垒、社会壁垒等在内的所有阻碍国际商品自由流动的非关税措施。

传统的非关税措施包括:

1. 进口配额制(Import Quotas System)

进口配额又称进口限额,是一国政府在一定时期内(如一季度、半年或一年)内对某些商品的进口数量或金额加以直接的限制。在规定的期限内,配额以内的货物可以进口,超过配额不准进口或者征收更高的关税或罚款后才能进口。进口配额制主要分为其绝对配额和关税配额两种。

(1)绝对配额(Absolute Quotas)。绝对配额是指在一定时期内,对某些商品的进口数量或金额规定一个最高数额,达到这个数额后,便不准进口。绝对配额可以进一步分为全球配额和国别配额。

①全球配额(Global Quotas)属于一种世界范围内的绝对配额,对于来自任何国家或地区的商品一律适用。这种配额对于货物来自于哪些国家或地区不加限制,其方法是由主管当局按照进口商申请的先后或者按照以往的实际进口额发放一定的额度,直到总配额发放完为止。它在实施贸易限制过程中,基本贯彻了非歧视原则。

②国别配额(Country Quotas)是将总配额按国家或地区来分配一定的额度,超过规定的额度便不准进口。为了区分来自不同国家或地区的商品,在进口时进口商必须提交原产地证明书。国别配额的最初分配通常是以各主要出口国在本国市场的份额为基础进行分配,往往也会根据国家关系不同而给予差别待遇。

(2)关税配额(Tariff Quotas)。是指对商品进口的绝对数额不加限制,而对在一定时期内所规定的配额以内的进口商品,给予低税或减免税的优惠待遇,对超过配额的进口商品则征收较高的关税或者罚款。关税配额与绝对配额的主要区别在于:绝对配额规定一个最高进口数额,不能超过,关税配额则表现为,超过额度仍可进口,只是成本将增加。

2. "自动"出口配额制("Voluntary" Export Quotas)

"自动"出口配额制又称"自动"出口限制(Voluntary Restriction of Export)也是一种限制进口的手段。是指出口国家或地区在进口国的要求或压力下,自动规定某一时期内(一般为3~5年)向进口国输出某种特定商品的限额,在限定的配额内自行控制出口,超过配额即禁止出口。其目的在于避免因这些商品出口过多而严重损害进口国生产者的利益,招致进口国采取严厉措施限制从该国的进口。"自动"出口限制最早出现于20世纪30年代的美日纺织品贸易中。到了20世纪六七十年代,"自动"出口限制被广泛采用,范围已从纺织、钢铁、小汽车扩大到彩电、电子元件和船舶等,甚至涉及一些农产品,如奶酪、苹果、肉类等。

它的重要特点就是带有明显的强制性。"自动"出口限制往往是出口国在面临进口国采取报复性贸易措施的威胁时被迫做出的一种选择。"自动"出口配额制与绝对进口配额制在形式上略有不同。绝对进口配额制是有进口国直接控制进口配额来限制商品的进口，而"自动"出口配额制则是由出口国直接控制这些配额对指定进口国家的出口。但就进口国来说，"自动"出口配额制和绝对配额制一样，都起到了限制进口的作用。

"自动"出口配额制一般有非协定的"自动"出口配额和协定的"自动"出口配额两种形式。

3. 进口许可证制（Import Licensing System）

进口许可证制是指进口国家规定某些商品进口必须事先领取许可证才可进口，否则没有许可证一律不准进口。大多数国家将配额制和进口许可证制结合起来使用，即受配额限制进口的商品，进口商必须向有关部门申请进口许可证，政府发放进口配额许可证，进口商凭证进口。

（1）根据进口许可证和进口配额的关系划分，可以分为有定额与无定额进口许可证。

①有定额的进口许可证。即与配额结合的许可证，管理当局预先规定有关商品的进口配额，然后在配额的限度内，根据进口商申请逐笔发放具有一定数量或金额的许可证，配额用完即停止发放。此类进口许可证一般由进口国当局颁发给本国提出申请的进口商，也有将此权限交给出口国方自行分配使用（通常是国别配额情况），又转化为出口国依据配额发放的出口许可证。有的国家则要求进口商用出口国签发的出口许可证来换取进口许可证，即所谓的"双重管理"。

②无定额的进口许可证。即政府管理当局发放有关商品的进口许可证只是在个别考虑的基础上进行，而没有公开的配额数量依据。由于此种许可证没有公开的标准，在执行上具有很大的灵活性，起到的限制作用更大。

（2）根据进口商品有无限制划分，可以分为公开一般许可证和特种许可证。

①公开一般进口许可证（Open General License，OGL）。又称公开进口许可证、一般进口许可证或自动进口许可证，是指对国别或地区没有限制的许可证。凡属公开一般许可证项下所列商品，进口商只要填写此许可证即可获准进口。此类商品实际上是"自由进口"的商品，填写许可证只是履行报关手续，供海关统计和监督需要。

②特种许可证（Special License，SL）。又称非自动进口许可证，即进口商必须向有关当局提出申请，获准后才能进口。这种许可证适用于特殊商品以及特定的目的申请，如烟、酒、麻醉物品、军火武器或某些禁止进口物品。进口许可直接受管理当局控制，并用以贯彻国别地区政策。进口国定期公布须领取不同性质进口许可证的商品项目，并根据需要加以调整。

【资料链接】我国2018年进口许可证管理货物目录

4. 外汇管制（Foreign Exchange Control）

外汇管制是指一国或地区的政府通过法令对国际结算和外汇买卖实行限制来平衡国际收支和维持本币对外汇率的一种制度。外汇管制始于第一次世界大战期间。外汇管制的方式主

要有以下几种:

(1) 数量性外汇管制。国家外汇管理机构对外汇买卖的数量直接进行限制和分配,主要目的在于集中外汇收入,控制外汇支出。

(2) 成本性外汇管制。国家外汇管理机构对外汇买卖实行复汇率制度,利用外汇买卖成本的差异,间接影响不同商品的进出口。

(3) 混合性外汇管制。同时采用数量性和成本性的外汇管制,对外汇实行更为严格的控制。

5. 进出口国家垄断(State Monopoly of Import and Export)

进出口国家垄断是指在对外贸易中,对某些或全部商品的进、出口规定由国家机构直接经营,或者是把某些商品的进口或出口的专营权给予某些垄断组织。发达国家的进出口垄断主要集中在烟酒、农产品和武器三类商品上。具体作法是:由国营贸易公司或专设机构在国外购买某些产品,然后低价出售给本国垄断组织;在国内向垄断组织高价收购某些产品,然后以低价在国外市场倾销;或为了保证军需原料供应,然后输出到受"援"国家。

6. 歧视性政府采购政策(Discriminatory Government Procurement Policy)

歧视性政府采购政策是指国家或地区制定法令,规定政府机构在采购时要优先购买本国产品,从而导致对境外产品歧视,达到限制进口的目的做法。该政策措施是通过政府采购的形式,从保护本国生产而不是从商业的观念出发,尽可能购买和消费本国产品,歧视外国产品,以此来限制国外产品在本国的销售规模,达到限制外国商品进口的目的。

【资料链接】美国的《购买美国货法案》

7. 国内税(Internal Taxes)

国内税是指在一国的国境内,对生产、销售、使用或消费的商品所应支付的捐税,一些国家往往采取国内税制度直接或间接地限制某些商品进口。这是一种比关税更灵活、更易于伪装的贸易政策手段。国内税通常是不受贸易条件或多边协议限制的。国内税的制定和执行是属于本国政府机构的权限,有时甚至是地方政府机构的权限。

国内税各国有不同的名称,诸如周转税、零售税、消费税、货物税、销售税等。比如欧盟国家采用增值税,即按销货值大于进货值的增值部分,对国内产品征收一定比例的税收。它适用于生产和销售的每一个环节。增值税对出口商品实行免税或者退税,而对进口商品则如数征收。

8. 最低限价(Minimum Price)和禁止进口(Prohibitive Import)

(1) 最低限价又称"保护价",是指一国政府对某种进口商品规定的最低价格界限,即当进口货物的价格低于规定的最低价格时,则对其征收进口附加税或禁止进口。

(2) 禁止进口是指当一些国家感到实行进口数量限制已不能走出经济与贸易困境时,往往颁布法令,公布禁止进口的商品名单,禁止这些商品的进口。例如,世界各国在发现疯牛病病毒之后,均禁止进口病毒发现地的出口牛肉。乳制品中发现二恶英时,各国对于乳制品也下达了禁止进口的命令。

9. 进口押金制（Advanced Deposit）

进口押金制又称进口存款制。在这种制度下，进口商在进口商品时，必须预先按进口金额的一定比率和规定的时间，在指定的银行无息存入一笔现金，才能进口。这样就增加了进口商的资金负担，影响了资金的周转，从而起到了限制进口的作用。

10. 专断的海关估价制（Customs Value）

海关估价制本来是海关为了征收关税而确定进口商品价格的制度。但是在实践中，有些国家根据某些特殊的规定，海关当局通过人为地提高进口货物的海关估计价值，来增加进口货物的关税负担，从而限制外国商品的进口，这就使海关估价成为专断的海关估价制度。

新非关税措施主要包括技术性贸易壁垒、绿色贸易壁垒、社会壁垒、知识产权壁垒和动物福利壁垒。

1. 技术性贸易壁垒（Technical Barriers to Trade，TBT）

技术性贸易壁垒是指一国或地区政府为了限制进口，借维护生产、消费者安全和人民健康的理由，所规定的复杂苛刻的技术标准、卫生检疫规定，以及商品包装和标签规定，从而提高进口产品的技术要求，增加进口难度，最终达到限制进口的目的的一种非关税壁垒措施。

由于技术性贸易壁垒所具有的广泛性、复杂性、隐蔽性，使其在国际社会关税壁垒和非关税壁垒不断减少的情况下，成为各个国家尤其是发达国家保护国内企业、争夺国际市场份额的有力手段，也因此成为许多国家尤其是发展中国家发展对外贸易的障碍。

技术性贸易壁垒有狭义和广义之分。狭义的技术性贸易壁垒主要是指世界贸易组织《技术性贸易壁垒协议》所规定的技术法规、标准和合格评定程序；广义的技术性贸易壁垒还包括动植物及其产品的检验和检疫措施（SPS）、包装和标签及标志要求、绿色贸易壁垒、信息技术壁垒等。

【资料链接】技术贸易壁垒的形式

【资料链接】日本农产品肯定列表制度

2. 绿色贸易壁垒（Green Barriers，GBs）

绿色贸易壁垒，又叫环境贸易壁垒（Environmental Trade Barriers，ETBs），是指以保护自然资源、生态环境、人类和动植物健康为名，通过制定一系列环境保护标准限制进口，保护本国市场。具体体现在绿色关税制度、绿色技术标准制度、绿色环境标志制度、绿色卫生检疫制度和绿色包装制度等。绿色壁垒从名义上具有一定的合理性，首先它适应了当今社会的发展潮流（各国的发展与生态环境息息相关，自然资源制约经济发展已经有所显现，食品安全问题成为各国关注的焦点），其次是世贸组织的规则允许各成员国根据本国的发展情况建立相应的环境卫生标准，阻止不符合标准的产品进口，这也给西方发达国家制定苛刻的标准提供了充足的理由。

【资料链接】绿色贸易壁垒的形式

3. 社会壁垒

社会壁垒是指以劳动者劳动环境和生存权利为借口而采取的贸易保护措施。社会壁垒由各种国际公约的社会条款，包括社会保障、劳动者待遇、劳动权利、劳动技术标准等条款构成，它与公民权利和政治权利相辅相成。社会条款的提出是为了保护劳动者的权益，本来不是什么贸易壁垒，但被贸易保护主义者利用为削弱或限制发展中国家企业产品低成本而成为变相的贸易壁垒。

【资料链接】中国出口婴童产品因社会责任标准受到影响

4. 知识产权壁垒

知识产权壁垒是指一国采取的与贸易有关知识产权保护的立法、行政、司法等方面的措施，违反世界贸易组织的《与贸易有关的知识产权协定》，构成贸易壁垒，从而阻碍了正常的国际贸易与国际投资。当知识产权的排他性应用到跨国生产经营当中时，一国的知识产权保护政策就与进出口贸易联系起来了，于是成为各国重要的贸易政策之一。

5. 动物福利壁垒

动物福利壁垒是指在国际贸易活动中，一国以保护动物，或以维护动物福利为由，制定一系列动物保护或维护动物福利的措施，以限制甚至拒绝外国货物进口，从而达到保护本国产品和市场的目的。

【阅读思考】动物制药中的福利问题

（三）出口促进措施

出口国政府为增强本国出口产品的国际竞争力，促进本国商品的出口，开拓和扩大国外市场而采取的经济、行政和组织等方面的各种措施。关税与非关税政策措施必须结合鼓励出口的政策措施，才能构成一个比较完整的对外贸易政策体系。

一国的出口促进措施主要包括出口信贷、出口信贷国家担保制、出口补贴、商品倾销、外汇倾销、经济特区和促进出口的行政组织措施等。

1. 出口信贷（Export Credit）

出口信贷是指一个国家或者地区为了鼓励商品出口，增强本国商品在国际市场上的竞争能力，通过本国银行（官方金融机构或商业银行）向本国出口商、国外进口商或进口方银行所提供的信贷业务。

出口信贷按时间长短，可分为短期信贷、中期信贷和长期信贷。短期信贷（Short-term Credit），一般指180天以内，主要适用于原料、消费品及小型机器设备的出口；中期信贷（Medium-term Credit），为期1至5年，常用于中型机器设备出口；长期信贷（Long-term

Credit），通常是 5 到 10 年甚至更长时期，用于重型机器、成套设备等。

按借贷关系划分，出口信贷可分为卖方信贷和买方信贷。卖方信贷（Supplier's Credit），指出口国银行向本国出口厂商即卖方提供的信贷。由出口厂商与银行签订贷款合同，一次成交金额大、交货期长的成套设备和船舶等运输工具的出口，进口方通常以延期付款的方式，一般要 4、5 年，长的达 7、8 年时间才能全部收回货款。卖方信贷就是银行直接资助出口厂商向外国进口商提供延期付款，以利商品出口。买方信贷（Buyer's Credit）是出口国银行直接向进口国银行或进口厂商（即买方）提供的贷款。帮助解决进口厂商资金不足，不能立即付款的困难，以刺激国外消费者购买大型机器设备或成套设备。买方信贷是一种约束性贷款（Tied Credit），即所贷款项必须用于购买债权国的商品。

2. 出口信贷国家担保制（Export Credit Guarantee System）

出口信贷国家担保制又称出口信贷保险，是指一国政府设立专门机构，对本国出口商和商业银行向国外进口商或银行提供的延期付款商业信用或银行信贷进行担保，当国外债务人不能按期付款时，由这个专门机构按承保金额给予补偿。这是国家用承担出口风险的方法，鼓励扩大商品出口和争夺海外市场的一种措施。担保的项目与金额：通常商业保险公司不承保的出口风险项目（如政治风险和经济风险等），都可向国家有关机构进行投保。

3. 出口补贴（Export Subsidies）

出口补贴又称出口津贴，是指一个国家或地区政府给予本国出口厂商的现金补贴或财政上的优惠待遇。其目的旨在降低本国厂商的出口成本和价格，提高其在国外市场上的竞争能力，扩大本国产品的出口。

出口补贴的方式主要包括直接补贴和间接补贴。直接补贴是指政府在商品出口时，直接付给出口商的现金补贴。其目的是弥补出口商品的国际市场价格低于国内市场价格所带来的损失。有时候，补贴金额还可能大大超过实际的差价，这已包含出口奖励的意味。这种补贴方式以欧盟对农产品的出口补贴最为典型。间接补贴是指政府对某些商品的出口给予财政上的优惠。如退还或减免出口商品所缴纳的销售税、消费税、增值税、所得税等国内税，对进口原料或半制成品加工再出口给予暂时免税或退还已缴纳的进口税，免征出口税，对出口商品实行延期付税、减低运费、提供低息贷款、实行优惠汇率以及对企业开拓出口市场提供补贴等。其目的仍然在于降低商品成本，提高国际竞争力。

4. 商品倾销（Dumping）

出口商以低于国际市场价格、国内市场价格甚至生产成本价格的方式，在国外大量抛售商品的贸易行为。商品倾销的根本目的都是为了打击竞争对手，占领国外市场。根据 WTO 的《反倾销协议》：倾销行为属于不公平贸易行为，允许世界贸易组织对有倾销行为国家的贸易厂商进行反倾销的权利。

按照倾销的具体目的，商品倾销可以分为偶然性倾销、间歇性或掠夺性倾销、长期性倾销三种形式。

（1）偶然性倾销。通常指因为本国市场销售旺季已过，或公司改营其他在国内市场上很难售出的积压库存，以较低的价格在国外市场上抛售。进口国对这种偶发性倾销一般不会采取反倾销措施。

（2）间歇性或掠夺性倾销，是指以低于国内价格或低于成本价格在国外市场销售，达到打击竞争对手、形成垄断的目的。待击败所有或大部分竞争对手之后，再利用垄断力量抬高价格，以获取高额垄断利润。

（3）长期性倾销，是指无期限地、持续地以低于国内市场的价格在国外市场销售商品。由于这种倾销具有长期性，其出口价格应至少不低于边际成本，否则长期出口就会面临长期亏损。在产品具有规模经济的时候，厂商可以通过扩大生产来降低成本。此外，一些出口厂商还可以通过获取本国政府的出口补贴来进行这种倾销。

5. 外汇倾销（Exchange Dumping）

外汇倾销是指出口企业利用本国货币对外贬值的机会，降低用外国货币表示的本国商品的价格，以达到扩大本国商品出口的目的。当一国货币贬值以后，导致本国出口产品以外币表示的价格降低了，从而提高其在国际市场的竞争力，有利于出口的扩大。同时，货币贬值后，贬值国际进口商品以本币表示的价格相应的上升，从而降低其在国内市场的竞争力，有利于限制进口。因此，货币贬值能够起到促进出口和抑制进口的双重作用。

外汇倾销不能无限制和无条件地进行，只有在具备以下条件时，外汇倾销才可起到扩大出口的作用：货币贬值的程度要大于国内物价上涨的程度；其他国家不同时实行同等程度的货币贬值；其他国家不同时采取另外的报复性措施。

6. 经济特区（Special Economic Zone）

经济特区指的是一个国家或地区在其关境以外划出一定的区域，在这区域内实行各种特殊的优惠政策，发展出口加工贸易、转口贸易，推动该地区和邻近地区经济贸易的发展。

（1）自由港（Free Port）和自由贸易区（Free Trade Zone）。

自由港又称自由口岸，是世界性经济特区的最早形式。自由港是指全部或绝大多数外国商品可以免税进出的港口，这种港口划在一国关境之外，外国商品进出港口时除免交关税外，还可在港内自由改装、加工、长期储存或销售。但须遵守所在国的有关政策和法令。最早的自由港出现于欧洲，13世纪法国已开辟马赛港为自由贸易区。1547年，热那亚共和国正式将热那亚湾的里南那港定名为世界上第一个自由港。其后，为了扩大对外的国际贸易，一些欧洲国家便陆续将一些港口城市开辟自由港。至今，因应全球的贸易活动与经济发展，自由港的数量已上升至130多个。

自由贸易区，又称免税贸易区（Tax-Free Trade Zone）和自由区（Free Zone），也有的称为对外贸易区（Foreign Trade Zone）等。是在关境以外，准许外国商品自由免税进出的地区。自由贸易区一般依靠河、山等天然屏障或藩篱等其他障碍把它与其他受海关管辖的部分隔离开来，规定允许在区内经营活动的种类，如贸易、工业及劳务等。

自由港与自由贸易区对出口贸易提供的优惠和便利主要是：①关税优惠和免除海关手续，也不受配额限制和外汇管制，免除大多数统计申报；②节省费用，自由贸易区一般都设在近海港的城市区，为外商提供接近最终市场的商品储存和加工地；③商品展销的窗口，便于外商以自由贸易区作为展示市场，以便进一步进入当地市场；④允许从事加工装配，既可省去捐税，又能降低成本、运费、厂房租金、工资及保险费等。

（2）出口加工区（Export Processing Zone）。出口加工区源于自由贸易区，是专门为加工、制造和装配出口产品而开辟的特定区域。是自由贸易区转口贸易功能弱化、出口加工功能强化的产物。出口加工区一般设置在港口或邻近港口、国际机场的地方，提供基础设施以及免税等优惠待遇,主要的目的是引进国外资金、技术和经营管理方法,利用本国的劳动力资源与国际市场,发展出口加工工业,以扩大设区国的出口贸易,增加劳动就业和外汇收入,取得工业方面的收益,促进本国经济的发展。

出口加工区有两种类型:一是综合性出口加工区,即在区内可以经营各种产品的出口加工;二是专业性出口加工区,即区内只能经营某种特定产品的加工。

出口加工区与自由港、自由贸易区的重要区别是:其功能主要是开发外向型的加工或精加工的业务,发展具有国际竞争能力的工业;其政策优惠主要是对经过加工后增值并最终产品是销往国外的厂商给予减免优惠。

(3) 综合型经济特区与科技型经济特区。综合型经济特区的特点是:规模大、经营范围广,是一种多行业、多功能的特殊经济区域。它比小型的出口加工区具有更大的优势,经济效益显著。除了出口加工业和进出口贸易外,还经营农牧种植业、旅游业、金融服务业、交通电讯以及其他的行业。例如巴西的马瑙斯自由贸易区。

科技型经济特区则一般以大学和科研机构为依托,以科学研究为先导,拥有较雄厚的技术力量,能够创立技术密集与知识密集型的新兴产业,发展高精尖产品,具有较强的国际竞争力。这种类型的经济特区,对于东道国的科技进步和工业化起到巨大的促进作用。

(4) 保税区(Bonded Area)。保税区也称保税仓库(Bonded Warehouse),它是由国家海关所设置的或经海关批准设置的特定地区或仓库。它的功能基本类似于自由贸易区。进入保税区的外国商品可以暂不缴纳进口税,如再出口也不必缴纳出口税。进入区内的商品也可以进行储存、改装、分类、混合、展览、加工与制造等。保税区(仓库)的设立,有利于货主选择有利的时机交易,有利于贸易业务的顺利开展和促进转口贸易。

【同步练习】查询青岛前湾保税港区。

(5) 自由边境区(Free Perimeter)与过境区。自由边境区现已不常用,仅见于少数美洲国家(如墨西哥)。一般是指设在本国的一个省或几个省的边境地区,按照自由贸易区或者出口加工区的优惠措施,对区内使用的机器、设备、原料和消费品,实行减税或免税,以吸引国内外常常投资。过境区和自由贸易区的区别在于,过境货物可以在过境区作短期储存、重新包装,但不得加工制造。

7. 促进出口的行政组织措施

行政组织措施一般包括:设立专门组织;建立商业情报网及驻外商务机构;设立贸易中心,举办各种形式的贸易展览会和展销会;组织出口商的评奖活动;积极组织或协助外贸救济措施的申诉调查与应诉工作,努力寻求贸易纠纷的公平解决;大力培养外贸人才等措施。

(四) 出口管制措施

出口管制是一国对外贸易政策的组成部分。许多国家为了达到一定的政治、军事和经济目的,往往对某些产品,特别是战略物资和高技术产品等的出口实行管制,以限制或禁止这类商品的出口。出口管制有时是针对商品,有时是针对国家或地区,因此,它也是实施歧视性出口政策的手段。

1. 出口管制的商品

（1）战略物资及与军事有关的先进技术设备和技术资料。如规定军用武器、装备、先进的电子计算机以及与军事有关的技术、设备和资料的出口必须得到政府机构的特别许可。

（2）国内生产所需的原材料、半制成品及国内市场供应不足的某些必需品。如对稀有金属、石油和天然气、煤等物品实行出口控制，乃至禁止出口。

（3）某些文物古董、艺术品、珍稀动植物、黄金、白银等。

（4）为了缓和与进口国在贸易上的磨擦，在进口国的要求或压力下，"自动"控制出口的商品。

（5）为了有计划安排生产和统一对外而实行出口许可证制管理的商品。

（6）被列入对进口国进行经济制裁范围的出口商品。

【资料链接】我国2018年出口许可证管理的货物

2. 出口管制的形式

出口管制一般有单边出口管制和多边出口管制两种形式。

（1）单边出口管制。即一国根据本国的需要和外交关系的考虑，制定本国的出口管制方案，设立专门的执行机构，对本国某些商品的出口进行审批和颁发出口许可证，实行出口管制。单边出口管制由一国单方面自主决定，不对其他国家承担义务与责任。单边出口管制往往是一国实施歧视性贸易政策的手段，具有政治和经济的双重意义。

（2）多边出口管制。即两个以上国家的政府，通过一定的方式建立国际性的多边出口管制机构，商讨和编制多边出口管制货单和出口管制对象国，规定出口管制办法，以协调彼此的出口管制政策和措施，达到共同的政治和军事目的。

3. 出口管制的措施

单边出口管制的国家通常采取以下一些措施来实现其控制目标：国家专营；征收出口税；实行出口许可证制；实行出口配额制；出口禁运。

专题思考练习

【拓展阅读】SA8000

【名词术语（中英文）】

关税（Tariff、Customs Duty）　　从价税（Advalorem Duties）

进口税（Import Duties）　　　　 从量税（Specific Duties）

出口税（Export Duties）　　　　 混合税（Mixed or Compound Duties）

选择税 (Alternative Duties)
滑准税 (Sliding Duties)
进口附加税 (Import Surtaxes)
反补贴税 (Counter-Vailing Duty)
反倾销税 (Anti-Dumping Duty)
差价税 (Variable Levy)
特惠关税 (Preferential Duties)
普惠制关税 (Generalized System of Preference Duties)
进口配额制 (Import Quotas System)
绝对配额 (Absolute Quotas)
关税配额 (Tariff Quotas)
"自动"出口配额制 ("Voluntary" Export Quotas)
进口许可证制 (Import Licensing System)
绿色贸易壁垒 (Green Barriers, GBs)
商品倾销 (Dumping)
出口补贴 (Export Subsidies)
外汇倾销 (Exchange Dumping)
经济特区 (Special Economic Zone)
自由港 (Free Port)
自由贸易区 (Free Trade Zone)
保税区 (Bonded Area)

专题三 区域经济一体化与世界贸易组织

多边贸易体制和区域贸易安排一直是驱动经济全球化向前发展的两个轮子。在过去的几十年中，它们有力地推动了全球经济增长。

【目标与要求】
1. 熟悉区域经济一体化的含义、类型，理解区域经济一体化的作用
2. 了解当前主要区域经济一体化组织和现状、发展趋势
3. 了解世界贸易组织的宗旨和基本原则，了解其组织机构、决策制度与运作机制，理解其在多边贸易体制和国际贸易争端解决中所起的作用
4. 能够分析涉及区域经济一体化与世界贸易组织的基本现象

一、区域经济一体化

普遍将区域经济一体化（Economic Integration）定义为：两个或两个以上的国家或地区，通过协商并缔结经济条约或协议，实施统一的经济政策和措施，消除商品、要素、金融等市场的人为分割和限制，以国际分工为基础来提高经济效率和获得更大经济效果，把各国或各地区的经济融合起来形成一个区域性经济联合体的过程。

【资料链接】商务部：中国8000余种进口产品享受零关税

（一）区域经济一体化的类型

根据成员间政策协调程度不同，区域经济一体化可分为以下几种形式：

1. 优惠贸易安排（Preferential Trade Arrangement）

优惠贸易安排是区域经济一体化中最低级和最松散的组织形式。成员国之间通过贸易条约或协议，规定了相互贸易中对全部商品或部分商品的关税优惠，对来自非成员国的进口商品，各成员国按自己的关税政策实行进口限制。如第二次世界大战前建立的"英联邦特惠制"及战后建立的"东南亚国家联盟"等。

【资料链接】优惠贸易安排《亚太贸易协定》

2. 自由贸易区（Free Trade Area）

自由贸易区是指签订自由贸易协议的成员国相互取消在商品贸易中的关税和数量限制，使商品在各成员国之间可以自由流动。其最大特点是，各成员国仍保持各自对来自非成员国进口商品的限制政策，各成员国按照各自的关税制度和非关税的贸易限制措施，对非成员国的货物征收关税，并限制其进口。

在世界上众多的自由贸易区中，自由贸易的商品范围是有所不同的。有的自由贸易区只对部分商品实行自由贸易，如在"欧洲自由贸易联盟"内，自由贸易的商品只限于工业品，而不包括农产品。这种自由贸易区也被称作"工业自由贸易区"。有的自由贸易区对全部商品实行自由贸易，如"拉丁美洲自由贸易协会"和"北美自由贸易区"对区内所有的工农业产品的贸易往来都免除关税和数量限制。

3. 关税同盟（Customs Union）

关税同盟是指成员国之间取消在商品贸易中的关税和数量限制，使商品在各成员国之间可以自由流动，成员国之间还规定对来自非成员国的进口商品采取统一的限制政策，关税同盟外的商品不论进入哪个同盟内的成员国都将被征收相同的关税。例如，早期的"欧洲经济共同体"和"东非共同体"。

关税同盟意味着撤除了成员国各自原有的关境，组成了共同的对外关境。这样使成员国的商品在区域内部自由流动的同时，排除了来自非成员国商品的竞争。关税同盟使成员国在商品贸易方面彻底形成了一体化。关税同盟开始具有超国家性质，是实现全面经济一体化的基础。

4. 共同市场（Common Market）

共同市场是指成员国之间不仅在商品贸易方面废除了关税和数量限制，并对非成员国商品进口征收共同关税，另外还规定了生产要素（资本、劳动力等）也可在成员国间自由流动。例如，"欧洲共同体"在1992年底建成的统一大市场。其主要内容就是实现商品、人员、劳务、资本在成员国之间的自由流动。

5. 经济联盟（Economic Union）

经济联盟是指成员国之间除了商品与生产要素可以进行自由流动及建立共同对外关税之外，还要求成员国实施更多的统一的经济政策和社会政策，如财政政策、货币政策、产业政策、区域发展政策等。例如，"欧洲联盟"属于此类经济一体化组织。

在理论上，应在多大的经济政策范围内实现统一才能称得上经济联盟，尚没有明确界定。但是，货币政策的统一作为一个重要标志是具有共识的，即成员国之间有统一的中央银行、单一的货币和共同的外汇储备。到目前为止，世界上也只有欧洲联盟达到这一阶段。

6. 完全经济一体化（Complete Economic Integration）

完全经济一体化是经济一体化的最高级组织形式。区域内各成员国在经济联盟的基础上，全面实行统一的经济和社会政策，使各成员国在经济上形成单一的经济实体。而该经济实体的超国家机构拥有全部的经济政策制定和管理权。目前世界上尚无此类经济一体化组织，只有欧盟在为实行这一目标而努力。

上述六种形式的区域经济一体化组织是由低级到高级排列的。各种形式的一体化组织之所以可以分级排列是因为上一级形式的一体化组织包含下一级形式一体化组织的特点。但是，必须要指出的是，区域经济一体化组织形式的分级排列并不意味着一个区域性组织在向一体化深度发展时一定是由低级向高级逐级发展的。从区域经济一体化的实践来看，一体化的起点并非一定是优惠贸易安排；某个区域经济一体化组织也可能兼有两种组织形式的某些特点。区域经济一体化的组织在实践中也许会产生出更多的形式，见表1–3–1。

表1–3–1　　　　　　　区域经济一体化形式特征一览表

合作特征	优惠贸易安排	自由贸易区	关税同盟	共同市场	经济同盟	完全经济一体化
关税减让	是	是	是	是	是	是
货物自由贸易	否	是	是	是	是	是
统一对外关税	否	否	是	是	是	是
生产要素自由流动	否	否	否	是	是	是
统一国家经济政策	否	否	否	否	是	是
统一协调社会与政治政策	否	否	否	否	否	是

（二）当前主要的区域经济一体化组织

1. 欧洲联盟（European Union，EU）

欧洲联盟（简称欧盟）是当今世界一体化程度最高的区域政治、经济集团组织，其前身是欧洲经济共同体（European Communities，EC）。欧盟现有奥地利、比利时、克罗地亚、卢森堡、保加利亚、塞浦路斯、捷克、丹麦、爱沙尼亚、芬兰、法国、德国、希腊、匈牙利、冰岛、意大利、拉脱维亚、立陶宛、马耳他、荷兰、波兰、葡萄牙、罗马尼亚、斯洛伐克、斯洛文尼亚、西班牙、瑞典等成员，是当今世界上经济实力最强，一体化程度最高的区域政治经济集团组织，是世界第一大经济贸易实体。

欧盟成立和发展的过程经历了不同的阶段：

（1）1951年成立欧洲煤钢共同体。1951年4月，西欧6国（法国、联邦德国、意大利、荷兰、比利时、卢森堡）在法国巴黎签订了《欧洲煤钢联营条约》（也称《巴黎条约》），建立了欧洲煤钢共同体。欧洲煤钢共同体建立后，西欧6国认为可以把巴黎条约的原则扩大到其他领域。

（2）1968年建成关税同盟。1957年3月25日，西欧6国政府在意大利罗马签订了《建立欧洲原子能共同体条约》和《欧洲经济共同体条约》，这两个条约合在一起统称为《罗马条约》。《罗马条约》于1958年1月1日生效，同时，欧洲原子能共同体和欧洲经济共同体正式成立。《罗马条约》的主要内容有：建立全面的关税同盟，即内部取消各种商品的关税，对外采用统一关税；对外实行共同的贸易政策；内部实施共同农业政策；逐步协调经济和社会政策，实现商品、人员、劳务和资本的自由流通。1968年，西欧6国完成了关税同盟的建设，实现了对内取消关税，对外统一关税。在关税同盟建设差不多完成的同时，欧洲煤钢共同体、欧洲原子能共同体、欧洲经济共同体三个机构合并为一个机构，统称为欧洲共同体（European Communities，EC），简称欧共体。

（3）1992年建成统一大市场。1985年起，欧共体提出了1992年底建成统一大市场的具体计划。到1992年底，各国基本撤除了各种阻碍商品和要素自由流动的壁垒，一个统一大市场基本形成。这也意味着欧共体从关税同盟进入了共同市场。

（4）1993年成立欧洲联盟，推进到经济联盟阶段。1991年12月，在荷兰马斯特里赫特城举行了成员国首脑会议，正式签署《马斯特里赫特条约》（简称"马约"），又称《欧洲联盟条约》。这个条约由《经济和货币联盟条约》和《政治联盟条约》组成。前者的最终目标是实现欧洲统一货币和成立欧洲中央银行；后者的目标是建立共同外交、防务、社会政策等方面的国家联盟。1993年11月，"马约"被所有的成员国批准通过。从此，"欧洲共同体"则被改名为"欧洲联盟"，进入经济联盟阶段。

（5）1994年启动"欧洲经济区"。1991年10月22日，欧共体与"欧洲自由贸易联盟"在卢森堡达成了建设"欧洲经济区"的协定。按照该协定，欧洲19个发达国家将建成一个能保证货物、服务、资本和人员自由流动的贸易集团。1994年1月1日，"欧洲经济区"正式启动。

（6）1995年与中东欧四国签订、实施"欧洲协定"。1995年2月1日，欧洲联盟与捷克、斯洛伐克、罗马尼亚、保加利亚等国签订的"欧洲协定"正式生效，该协定使中东欧国家完全融入欧洲一体化进程，为其日后加入欧洲联盟创造了条件。

（7）1999年开始启动欧洲货币联盟及欧洲联盟的持续扩大。从1999年1月1日开始，欧盟11个国家开始在其国内经济贸易活动中使用欧元。欧洲联盟自1995年1月1日把奥地利、瑞典、芬兰纳入联盟之后，2004年5月1日又正式接受波兰、匈牙利、捷克、斯洛伐克、爱沙尼亚、拉脱维亚、立陶宛、斯洛文尼亚、马耳他和塞浦路斯等10个成员国，保加利亚、罗马尼亚两国于2007年1月1日加入欧盟。2013年7月1日，克罗地亚正式成为欧盟第28个成员。2017年6月，英国公投退出欧盟，将于2019年3月完成退出。

（8）2013年开始与美国谈判建立跨大西洋贸易与投资伙伴协议（TTIP），即美欧双边自由贸易协定。一旦建成，将涵盖目前世界1/2的GDP，覆盖世界上富有的8亿人口。

（9）2018年7月17日与日本签署《经济伙伴关系（EPA）》（欧日自贸协定）。该协定涵盖6亿人口，是迄今规模最大的自由贸易协定。协定完全生效后，欧盟将取消对日本商品99%的关税，日本则取消对欧盟商品94%的关税。

2. 北美自由贸易区（North American Free Trade Area，NAFTA）

由美国、加拿大和墨西哥3国组成，于1992年8月12日就《北美自由贸易协定》达成一致意见，并于同年12月17日由3国领导人分别在各自国家正式签署。针对3个成员国不同的经济发展情况，《北美自由贸易协定》在纺织品关税、汽车产品关税、农产品关税、运输业、通信业、汽车保险业、能源工业等方面作了安排。协定规定，自生效之日起在15年内逐步消除贸易壁垒、实施商品和劳务的自由流通。1994年1月1日，协定正式生效，北美自由贸易区宣布成立。

北美自由贸易区成立以来，由于3国商品往来的关税已逐步减免和取消，有力地促进了3国之间贸易的发展。美、加、墨3国贸易额从1994年的2910亿美元，增加到2016年的1.25万亿美元，其中墨美贸易增加尤为迅速，从1993年的850亿美元增加到2016年的5340亿美元。但与此同时，美、墨和美、加贸易逆差也显著增加。其中，美、墨货物贸易从美国约有13亿美元的顺差转变为2016年的640亿美元逆差。2016年美、加货物贸易逆差也接近110亿美元。

为减少贸易逆差，以及有必要更新协定，2017年北美自由贸易协定启动重新谈判，参加谈判的国家包括美国、墨西哥与加拿大。第一轮谈判于8月16日至20日在美国首都华盛顿举行。

3. 亚太经济合作组织（Asia – Pacific Economic Cooperation，APEC）

亚太经合组织是亚太地区最具影响的经济合作官方论坛，包括21个成员，即中国、澳大利亚、文莱、加拿大、智利、中国香港、印度尼西亚、日本、韩国、墨西哥、马来西亚、新西兰、巴布亚新几内亚、秘鲁、菲律宾、俄罗斯、新加坡、中国台北、泰国、美国和越南，以及3个观察员：东盟秘书处、太平洋经济合作理事会和太平洋岛国论坛。APEC总人口达26亿，约占世界人口的40%；国内生产总值约占世界的56%，贸易额约占世界总量的48%。

（1）亚太经济合作组织的宗旨：保持经济的增长和发展；促进成员间经济的相互依存；加强开放的多边贸易体制；减少区域贸易和投资壁垒，维护本地区人民的共同利益。

（2）APEC的组织性质和行事准则。APEC是一个不同于世界贸易组织、自由贸易区及其他各类国际经济集团的组织。APEC成立之初就表明，它将实行"开放的多边贸易体制"，"不使APEC朝着组成一个贸易集团的方向发展"。APEC主张对区域外的非成员开放。APEC各成员可以在自愿基础上有条件或无条件地给予非成员优惠待遇。APEC的这种性质，决定了其独特的行事准则，即不靠谈判达成的条约规定，而是靠领导人的协商或领导人的承诺来行事。APEC还考虑到成员的不同情况，允许各成员以不同速度来实现目标。

（3）APEC与欧洲、美洲区域贸易协调组织相比所具有的特点。①松散性。亚太地区覆盖面宽，包括亚洲、美洲和大洋洲的众多国家（地区）。这些国家（地区）不仅社会制度不同、经济运行体制相异，而且经济发展水平悬殊，相互间还存在不少历史遗留下来的领土纷争与现实的政治和意识形态分歧。因而在亚太地区只能建立起比较松散的类似经济合作与发展组织（OECD）那样的合作机构。②政府主导的契约型合作与市场驱动的功能型合作并存。③多层次与渐进性。整个亚太地区的经济合作已形成一种小区域与次区域、大区域、全区域多种层次的经济合作相互配合的格局。合作内容由关税互让共同开发到自由贸易，再到资金、商品、劳务和人才的自由流动，具有明显的渐进性。④垂直分工与水平分工交叉。在亚太地区虽有一些经济发展水平相近的国家和地区，它们之间的分工包含较多的水平分工，但在经济发展水平悬殊的国家和地区之间基本上是垂直分工。这种由经济发展水平悬殊而形成的互补性正是亚太地区现阶段构筑国际分工与合作的重要基础。

(4) APEC 的协调内容——贸易与投资自由化。根据《茂物宣言》：贸易和投资自由化的地理范围是指 APEC 现有的成员之间。但是，由于 APEC 的目标不是搞封闭的自由贸易区，而是实现"开放的地区主义"，其长远目标是推动全球贸易自由化。贸易和投资自由化的含义是，消除贸易和投资障碍，使商品、劳务、资金和投资在 APEC 各成员之间自由流动。贸易和投资自由化的范围应如何界定，APEC 成员还没有统一认识，但至少应包括商品（货物）、服务、投资三个主要领域中障碍的消除。贸易自由化应该是进口货物实行零关税和取消一切数量限制，但就 APEC 的实际情况而言，要求各成员都做到这一点是很困难的。但是降低关税是贸易自由化最基本内容，也是 APEC 各成员势在必行的措施。投资自由化的基本含义是允许国际资本（直接投资）在各国和地区生产和服务部门中自由流动，其核心问题是给予外国投资者以非歧视的开业权利和国民待遇，此外要求投资政策、法规有高度透明性和稳定性。服务贸易自由化与货物贸易自由化一样，应包括各成员的所有重要部门，即所有的服务提供者，到 2010 年或 2020 年时，都能在各成员的一切服务部门中获得完全的开业权利和国民待遇。按照"开放的地区主义"原则，非 APEC 成员，只要做出对应的承诺，也可得到同等对待。地区存在由有关国家和地区出面协商达成协议，通过签订相关契约实施的多边经济合作。

4. 东南亚国家联盟（简称东盟，ASEAN）

东盟的前身是 1961 年由马来西亚、菲律宾和泰国 3 国建立的东南亚联盟（ASA）。截至目前成员国有印度尼西亚、马来西亚、菲律宾、新加坡、泰国、文莱、越南、老挝、缅甸、柬埔寨 10 个，总面积约 444 万平方公里，人口 5.91 亿。

1992 年 10 月，东盟签署了《新加坡宣言》《东盟加强经济合作框架协定》《有效普惠关税协定》，决定在 2008 年前建立东盟自由贸易区。1994 年 9 月，又决定把建立自由贸易区的时间从 15 年缩短至 10 年，并在 2003 年把内部工业和农产品的关税率降至 0.5%。

东盟积极与亚洲其他国家开展区域经济合作。1994 年 7 月，东盟倡导成立东盟地区论坛（ARF），主要就亚太地区政治和安全问题交换意见。1994 年 10 月，东盟倡议召开亚欧会议（ASEM），促进东亚和欧盟的政治对话与经济合作。1997 年，东盟与中、日、韩等共同启动了东亚合作，东盟与中日韩（10+3）、东亚峰会等机制相继诞生。1999 年 9 月，在东盟的倡议下，东亚－拉美合作论坛（FEALAC）成立。东盟并与中国、日本、韩国、澳大利亚、新西兰、印度 6 国签订了 5 个"10+1"自贸协定，在此基础上，2011 年 11 月，东盟提出"区域全面经济伙伴关系（RCEP）"倡议，旨在构建以东盟为核心的地区自贸安排。

【资料链接】区域全面经济伙伴关系（RCEP）

【同步练习】除 RCEP 外，进行中的重要的区域经济一体化谈判还有 CPTPP 与 TTIP，请查询资料，了解 CPTPP 与 TTIP 的区位、组成、建设目标及影响。

二、世界贸易组织

世界贸易组织的前身是关税与贸易总协定，简称关贸总协定（General Agreement on Tariffs and Trade，GATT），该协定在美国策动下由23个国家于1947年10月30日在日内瓦签订，并于1948年正式生效。1994年4月15日，在摩洛哥的马拉喀什市举行的关贸总协定乌拉圭回合部长会议决定成立更具全球性的世界贸易组织（World Trade Organization，WTO），以取代成立于1947年的关贸总协定。世界贸易组织是当代最重要的国际经济组织之一，成员贸易总额达到全球的97%，有"经济联合国"之称。

【资料链接】中国入世后对外贸易取得的成就

（一）世界贸易组织的宗旨

全体成员方认识到在处理贸易和经济事业的关系方面，应以提高生活水平、保证充分就业、大幅度和稳定地增加实际收入和有效需求，以扩大货物和服务的生产与贸易、可持续发展为目的，开发世界资源并加以充分利用，寻求对环境的保护和维护，并根据成员方不同经济发展水平下各自需要的方式，加强采取各种相应措施。

世界贸易组织（以下简称世贸组织）的宗旨与《1947年关税与贸易总协定》的宗旨基本相似，但根据形势发展作了以下三点补充：一是将服务业的发展纳入世贸组织体系；二是提出了环境保护和可持续发展问题；三是要考虑到各国经济发展水平的需要，要确保发展中国家尤其是最不发达国家在国际贸易增长中获得与其经济发展相适应的份额。在《协定》序言中还明确指出实现这一宗旨的途径是"通过互惠互利的安排，导致关税和其他贸易壁垒的大量减少和国际贸易关系中歧视性待遇的取消"。

（二）世界贸易组织的基本原则

1. 非歧视原则（Non-Discrimination）

非歧视原则，又称不歧视待遇或无差别待遇原则，是世贸组织全部规则体系的基础，它充分体现了平等精神，完全符合各国主权平等的国际法原则。非歧视原则规定：成员方在实施某种优惠或限制措施时，不得对其他成员方采取歧视待遇。该原则主要通过关贸总协定中的最惠国待遇条款和国民待遇条款予以体现。

（1）最惠国待遇（Most-Favored-Nation Treatment）。最惠国待遇是《1947年关税与贸易总协定》实施以来最基本的一条原则。它的含义是，一成员现在和将来给予另一成员的优惠、特权和豁免，都不应低于该成员给予任何第三方的优惠、特权和豁免，否则就构成差别待遇或者歧视。也就是说，成员方可以不直接就每个商品项目同其他成员方谈判就可以享受任何成员方通过谈判达成的所有优惠待遇。可见，通过最惠国待遇，世贸组织将双边互惠推广到了多边，这种多边无条件最惠国待遇待遇使成员方享受到比双边协议中更为稳定的最惠国待遇。

最惠国待遇适用于进出口商品的关税和费用的征收、征收方式以及进出口规章手续等方面。世贸组织还规定了最惠国待遇的例外，主要是边境贸易、关税同盟和自由贸易区以及关贸总协定的一般例外和安全例外等。

（2）国民待遇（National Treatment）。国民待遇要求在国内税费和规章等政府管理措施方面，进口商品与本国商品享受同等待遇。这一原则保证了进口商品和本国商品能在同等条件下竞争，避免成员方利用征收国内税费的办法保护国内产业、抵消关税减让效果。

但是，国民待遇义务并不适用于有关政府采购的法令、规章和条例，当然这里的政府采购专指日用品采购而非商业用途的采购。至于服务贸易，由于它的特殊性，《服务贸易总协定》中采用了具体承诺的方式，国民待遇并未成为普遍义务。这些构成国民待遇的例外。

总之，最惠国待遇和国民待遇都体现了非歧视原则。二者的区别在于：最惠国待遇强调一国不得针对不同进口来源的商品实行歧视待遇，而国民待遇则强调一国不得在进口商品与本国商品之间实行歧视待遇；最惠国待遇的目的是使来自不同国家的进口商品在成员方市场上处于同等竞争地位，不受歧视，而国民待遇的目的是使进口商品在成员方的国内市场上与其本国商品处于同等竞争地位，不受歧视。

2. 开放原则（More open）

开放原则要求成员方降低贸易壁垒，包括关税和有选择地限制数量的进口禁令或配额等措施，促进自由贸易。

世贸组织主张各成员方主要通过关税来保护国内产业和市场，也就是说，关税是唯一合法的保护手段。关税保护原则在肯定关税保护是合法手段，限制、取消或禁止使用各种非关税措施的同时，要求各成员方在互惠基础上通过多边谈判削减关税，各成员方政府不得征收高于它在关税减让表中所承诺的税率。关税保护原则也有例外规定，例如发展中国家以促进经济发展或国际收支平衡需要等为由修改或撤消已做出的关税减让。

3. 透明度原则（Predictable and transparent）

透明度原则要求各成员方正式实施的有关进出口贸易的所有法律、法规、条例以及与其他成员方达成的所有影响贸易政策的条约与协定等都必须事先正式公布，否则不得实施。《1994年关税与贸易总协定》对有关公布和实施的具体规定为：①成员方在互惠基础上迅速公布现行有效的有关贸易法律、法规、条例以及条约与协定等；②成员方采取的按既定统一办法提高进口货物关税或其他税费的征收率或者对进口货物及其支付实施新的或更严格的规定、限制或禁止的普遍适用的措施，非经正式公布不得实施；③成员方应以统一、公正和合理的方式实施所有应予公布的法律、法规、条例等。透明度原则的目的是保证各成员方在货物贸易、服务贸易和知识产权保护方面的贸易政策实现最大限度的透明。

4. 公平贸易原则（More competitive）

公平贸易原则也称公平竞争原则，是指各国在国际贸易中不应采用不公正的贸易手段进行竞争，尤其是不应以倾销或补贴方式出口商品。进口国如果遇到其他国家出口商以倾销或补贴方式出口商品，就可以采取反倾销或反补贴措施来抵制不公平竞争，维护公平竞争的贸易环境。为防止滥用反倾销和反补贴措施达到贸易保护主义目的，世贸组织对反倾销和反补贴规定了严格的程序和标准。

5. 对发展中国家特殊优惠原则（More beneficial for less developed countries）

对发展中国家特殊优惠原则给予发展中国家更多的调整时间、更大的灵活性和特权；世贸组织3/4以上的成员是发展中国家和向市场经济过渡的国家。世贸组织的协定使它们有过渡时期来适应世贸组织较为陌生和可能困难的规定。

6. 环境保护原则（Protect the environment）

世贸组织的协定允许成员国采取措施，不仅保护环境，而且保护公共卫生、动物卫生和植物卫生。但是，这些措施必须以同样的方式适用于国内和外国企业。换句话说，绝不能以环保措施作为掩饰保护主义政策的手段。

（三）世贸组织的例外规定

1. 基本原则的例外

（1）最惠国待遇原则的例外。根据世界贸易组织多边贸易协议中的规定，成员之间在某些特定情况下不适用协议最惠国待遇原则条款，主要有以下几种：第一，以关税同盟和自由贸易区等形式出现的区域经济安排。第二，属发展中国家的成员实行的特殊和差别待遇（如普遍优惠制、"最佳努力"条款与"授权条款"）。第三，允许成员为便利边境贸易而只给予毗邻国家优惠。第四，知识产权领域的例外；在一般司法协助的国际协议中享有的权利；在世界贸易组织成立前已生效的国际知识产权保护公约中规定的权利，各成员可不给予最惠国待遇。第五，服务贸易的一次性例外。在《服务贸易总协定》生效时，已在双边或几个国家之间签有服务贸易优惠协定的，可一次性列出豁免清单，但一般要在10年内取消。

（2）国民待遇原则的例外。国民待遇原则的例外主要有：第一，政府采购的例外。未参加政府采购协议的成员国政府，在为自用或为公共目的采购货物时，可优先购买国内产品。第二，只给予符合《补贴与反补贴措施协议》和《农业协议》规定的某种产品的国内生产者补贴。第三，成员可要求本国电影院只能放映特定数量的外国影片。第四，在服务贸易领域，成员没有做出开放承诺的服务部门，不适用国民待遇原则。即使在已经做出承诺的部门，也允许对国民待遇采取某些限制。第五，知识产权协定未做规定的有关表演者、录音录像制作者和广播组织的权利可不适用国民待遇。

（3）自由贸易原则的例外。自由贸易原则的例外主要是：第一，实施数量限制例外。在特殊情况下，成员可以实行数量限制，但要做到非歧视性。第二，《服务贸易总协定》的市场准入例外，未谈判达成协议的部门即为限制或禁止的。此外，公平竞争原则和透明度原则也有一些例外规定，如在进口激增并对国内相关产业造成严重损害或严重损害威胁时，可采取进口限制的保障措施；不要求成员公布那些会妨碍法令的贯彻执行、会违反公共利益或会损害某一企业的正当商业利益的机密材料。

2. 一般例外

（1）货物贸易领域的一般例外。《关贸总协定》第20条具体规定了可以免除成员义务的10种一般例外措施：为维护公共道德、为保障人类和动植物的生命或健康以及有关输出或输入黄金或白银、有关罪犯生产的产品等，成员可采取必要的措施限制特定来源的进口。

（2）服务贸易领域的一般例外。《服务贸易总协定》第14条规定成员在不对其他成员构成歧视，或不对服务贸易变相限制的情况下可以实施6种一般例外措施。

（3）知识产权领域的一般例外。知识产权协定也有类似规定，如第27条第2款、第3款等。成员如采取一般例外措施，可不受世界贸易组织规则及该成员承诺的约束，但应遵守非歧视原则。成员援用一般例外条款采取有关措施的依据是国内法和国际公约。

3. 安全例外

世界贸易组织的安全例外规定，允许成员在战争、外交关系恶化等紧急情况下，为保护国家安全利益采取必要的行动，对其他相关成员不履行世界贸易组织规定的义务。

（四）世贸组织的主要职能

1. 管理职能

世界贸易组织负责对各成员国的贸易政策和法规进行监督和管理，定期评审，以保证其合法性。

2. 组织职能

为实现各项协定和协议的既定目标，世界贸易组织有权组织实施其管辖的各项贸易协定和协议，并积极采取各种有效措施。

3. 协调职能

世界贸易组织协调其与国际货币基金组织和世界银行等国际组织和机构的关系，以保障全球经济决策的一致性和凝聚力。

4. 调节职能

当成员国之间发生争执和冲突时，世界贸易组织负责解决。

5. 提供职能

世界贸易组织为其成员国提供处理各项协定和协议有关事务的谈判场所，并向发展中国家提供必要的技术援助以帮助其发展。

（五）世贸组织的机构设置

根据《关于建立世界贸易组织的协定》的规定，世贸组织建立了相应的组织结构，主要包括部长级会议和总理事会、理事会、专门委员会、秘书处及总干事等。

1. 部长级会议和总理事会

部长级会议是世贸组织的最高权力机构，由全体成员方的代表组成，负责履行世贸组织的职能。部长级会议的主要权力有：①有权对世贸组织的各项协定做出修改和权威性解释；②对成员方之间发生的争议或其贸易政策是否与世贸组织规定一致做出裁决或提出修改意见；③在特定情况下豁免某个成员的义务；④批准世贸组织的新成员或观察员。部长级会议至少每两年举行一次会议。

在部长级会议休会期间，其职能由总理事会代为行使。总理事会由全体成员方的代表组成，负责处理世贸组织的日常事务，监督和指导各项协定以及部长级会议所作决定的贯彻执行情况。总理事会还有两项具体职能，即履行争端解决机构和贸易政策审议机构的职责。总理事会定期召开会议，通常每两个月一次。

2. 理事会

世贸组织在总理事会下设有三个理事会，即货物贸易理事会、服务贸易理事会和与贸易有关的知识产权理事会（简称知识产权理事会），它们在总理事会指导下分别负责管理、监督相关协议的实施，并负责行使相关协议规定的职能以及总理事会赋予的其他职能。其中货物贸易理事会负责管理、监督货物贸易多边协议的执行。服务贸易理事会负责管理、监督《服务贸易总协定》的实施，下设金融服务贸易委员会和具体承诺委员会。知识产权理事会则负责管理、监督《与贸易有关的知识产权协议》的执行，尚无下设机构。

3. 专门委员会

世贸组织在总理事会下还设有五个专门委员会，负责处理三个理事会的共性事务及其他事务。专门委员会包括：贸易与发展委员会、贸易与环境委员会、国际收支限制委员会、区域贸易协议委员会以及预算、财务与行政委员会。

4. 秘书处及总干事

世贸组织下设秘书处，秘书处由总干事负责。部长级会议任命总干事并明确规定其权力、职责、服务条件及任期，总干事任命副总干事和秘书处工作人员并按部长级会议通过的规则确定他们的职责。

5. 其他机构

除上述常设机构外，世贸组织还根据需要设立一些临时机构，即所谓的工作组，例如加入世贸组织工作组、服务贸易理事会下的专业服务工作组、《服务贸易总协定》规则工作组等。工作组的任务是研究和报告有关专门事项并最终提交相关理事会作决定。有的工作组则直接向总理事会报告，例如加入世贸组织工作组。

（六）世贸组织的决策制度与运作机制

世界贸易组织的决策制度：

1. 意思一致原则

意思一致原则即当有关机构就提交的事项做出决定时，如果出席会议的成员方未正式提出反对所建议的决定，则视为该机构已以意思一致做出了决定。意思一致并不等于对一项决定各成员方都表示拥护、支持，而是指成员方不出席会议或出席会议但保持沉默、或弃权、或做一般评论式的发言等。下列事项除另有特殊规定外，都明确要求以意思一致做出决定：①对世界贸易组织协定以及多边贸易协定的修改；②豁免义务；③对纠纷谅解协定的修改；④纠纷解决机构依据纠纷谅解协定做决定时。

2. 简单多数规则

若某一决定无法取得意思一致时，则由投票决定。在部长会议和总理事会上，每一成员方有一票投票权。该项决定应以多数表决通过。

3. 三分之二通过规则

当某些事项不能以意思一致通过时，必须由投票权的三分之二多数通过。须三分之二多数通过的事项主要有：①对世界贸易组织协定附件一中的《多边货物贸易协定》和《与贸易有关的知识产权协定》的修改建议；②对《服务贸易总协定》一至三部分及其附件的修改建议；③将某些对世界贸易组织协定和多边贸易协定的修改递交成员方接受的决定；④世界贸易组织接收新成员；⑤财务规则和年度预算。

4. 四分之三通过规则

须以四分之三多数通过的事项包括：①条文解释；②协定修改；③豁免义务。

5. 所有成员方接受规则

对世界贸易组织协定某些条文的修改必须所有成员方都接受才可实施。这一规则的目的实际上是限制做出这种修改，从而保持这些条文的绝对稳定。

6. 反向一致规则

反向一致规则是指对某些事项，如果没有一致的反对，就可视为已通过。如《纠纷谅解协定》第6条第1款规定：当申诉方提出设立专家小组的请求后，除非在纠纷解决机构的会议上以协商一致方式不同意成立专家小组，否则就应成立该小组。反向一致规则实施的优点在于：可以防止成员方对世界贸易组织纠纷解决程序的阻挠，或对仲裁与裁决的置之不理，使各成员方能够真正重视、依赖世界贸易组织的机制来解决各种问题，完善世界贸易组织的运作机制。

世界贸易组织的运作机制如下。

1. 贸易政策审议机制

世界贸易组织的贸易政策审议机制主要由以下内容构成：

（1）审议机构。该机构直接隶属于部长会议或总理事会，负责定期审议成员方的贸易政策、贸易法规和贸易实践等。

（2）审议周期。世界贸易组织所有成员方的贸易政策和实践无一例外地受到评审，但不同的成员方可以有不同的审议周期。成员方的贸易政策和贸易实践对多边贸易体制运作的影响是决定审议周期长短的主要因素，而成员方对多边贸易体制运作影响的大小又取决于该成员在某一时期内在世界贸易中所占份额的大小。

（3）定期报告。凡接受评审的成员，必须在当年向贸易政策审议机构提交其贸易政策和做法的详尽报告。该报告的写作是按照贸易政策审议机构规定的统一格式进行的。在两次审议中间，若一成员的贸易政策发生重大变动，必须及时向贸易政策审议机构提供简要报告。此外，每一成员还必须按照统一格式提供最新年度统计数据。最不发达国家可在其提交的贸易政策报告中，详细说明其所面临的困难，以便贸易政策审议机构在审议中予以特别考虑。

（4）审议过程。第一步，贸易政策审议机构应与接受审议的成员方磋商，确定每年的审议方案，同时完成其他审议前的准备工作。接受审议的成员方可以派出人员在审议过程中介绍有关情况。第二步，被审议的成员方提供一份贸易政策和实践报告。世界贸易组织的秘书处，根据其所掌握有关资料以及其他有关成员提供的资料，另外做成一份报告。在此过程中，秘书处可要求有关成员对其贸易政策和做法加以澄清。第三步，贸易政策审议机构召开会议，审议接受评审的成员方呈交的报告以及秘书处起草的报告。第四步，接受审议方的贸易代表针对各方提问进行答辩。

（5）审议结束后，世界贸易组织秘书处负责将成员方提交的报告、秘书处的报告以及贸易政策审议机构会议记录概要三份文件合订一起，印刷出版。所有这些文件都提交给部长会议，部长会议对这些文件记录在案。

2. 贸易纠纷解决机制

（1）纠纷解决机构。世界贸易组织设立了专门负责解决争端的机构——纠纷解决机构（Dispute Settlement Body），该机构直接隶属于部长会议或总理事会。纠纷解决机构由一位主席主持，负责处理成员方之间所产生的贸易纠纷。

（2）解决纠纷的工作时限。第一，接到磋商（谈判）的请求后，纠纷解决机构应在10日内做出响应，并于30日内开始磋商。第二，若有关成员在10日内对磋商要求置之不理，或在60日后磋商未果，则申诉方可要求成立专家组进行仲裁。专家组的职责范围应在20日内确定，专家组的人员组成应在30日内完成。第三，专家组的审案时间一般不超过6个月；

遇有紧急情况，则应在 3 个月内完成。但无论遇到何种情况，审案时间都不得超过 9 个月。第四，争端解决机构应在专家组提出仲裁报告后 60 日内通过该报告，除非当事一方已通知其有意上诉，或纠纷解决机构以"反向一致"的方式反对该报告。第五，若进行上诉，其程序一般不应超过 60 日，最多不超过 90 日，上诉庭就应做出裁决。

（3）上诉庭。世界贸易组织解决纠纷的程序中设立了上诉程序，并建立了相应的常设上诉庭（Appellate Body），受理上诉的案件。

【资料链接】世贸组织解决贸易争端案例选

（七）中国与世界贸易组织

为适应我国改革开放的需要，中国政府于 1986 年 7 月正式向关贸总协定提出恢复缔约国地位的申请。1995 年世界贸易组织建立后，中国由恢复缔约方地位谈判转为加入世界贸易组织的谈判。经过 15 年的艰苦谈判，在 2001 年 11 月 10 日世界贸易组织第四次部长级会议上，通过了接纳中国为世界贸易组织成员的决议，2001 年 12 月 11 日，中国成为第 143 个世界贸易组织成员。

中国加入世界贸易组织的基本权利与义务：

1. 基本权利

全面参与世界贸易组织各理事会和委员会的所有正式和非正式会议，维护我国的经济利益；全面参与贸易政策审议，对美、欧、日、加等重要贸易伙伴的贸易政策进行质询和监督，敦促其他世界贸易组织成员履行多边义务；在其他世界贸易组织成员对我国采取反倾销、反补贴和保障措施时，可以在多边框架体制下进行双边磋商，增加解决问题的渠道；充分利用世界贸易组织的争端解决机制解决双边贸易争端，避免某些双边贸易机制对我国的不利影响；全面参与新一轮多边贸易谈判，参与制定多边贸易规则，维护我国的经济利益，用好最初谈判权，为我国有优势的产品进入其他成员市场削减贸易壁垒；对现在或将来与我国有重要贸易关系的申请加入方，将要求与其进行双边谈判，并通过多边谈判解决一些双边贸易中的问题，包括促其取消对我国产品实施的不符合世界贸易组织规则的贸易限制措施，扩大我国出口产品和服务的市场准入机会和创造更为优惠的投资环境。

过渡性的或暂时的权利有：

（1）享受非歧视待遇。中国加入世界贸易组织后，将充分享受多边、无条件的最惠国待遇和国民待遇。

（2）享受发展中国家的权利。我国作为发展中国家将享受世界贸易组织各项协议规定的发展中国家成员的特殊和差别待遇，其中包括在涉及补贴与反补贴措施、保障措施等问题时，享有协定规定的发展中国家成员待遇，包括在保障措施方面享受 10 年保障措施使用期；在补贴方面享受发展中国家成员的微量允许标准；在争端解决中，有权要求世界贸易组织秘书处提供法律援助；在技术性贸易壁垒采用国际标准方面，可以根据经济发展水平拥有一定的灵活性等。

（3）获得市场开放和法规修改的过渡期。为了使我国相关产业在加入世界贸易组织后获得调整和适应的时间和缓冲期,并对有关的法律和法规进行必要的调整,经过谈判,我国在市场开放和遵守规则方面获得了一定的过渡期。

(4)可采用农业国内支持政策。我国可以根据《农业协议》第6条对我国农产品价格补贴、投资补贴和投入品补贴,其最高限额可以达到农产品总产值的8.5%,并且符合本条标准的国内支持不需包含在其现行综合支持总量的计算之中。

(5)对国内产业提供必要的支持。包括经济特区的优惠政策;经济技术开发区的优惠政策;上海浦东经济特区的优惠政策;外资企业优惠政策;国家政策性银行贷款;出口产品的关税和国内税退税;特定企业某些产品进口关税和进口税减免;投资政府鼓励领域的投资者进口技术和设备的关税和增殖税免除等项目。这些支持措施要履行向世界贸易组织通知的义务。

(6)保留国家定价或政府指导价。我国保留了对重要产品及服务实行政府定价和政府指导价的权利。

2. 基本义务

(1)遵守非歧视原则。我国承诺在生产货物所需投入物、货物和服务的采购方面及生产的货物在国内市场和供出口的生产、营销或销售的条件方面,国家和地方各级主管机关以及国有企业在运输、能源、基础电信、生产的其他设施和要素等领域所供应的货物和服务的价格和可获得性方面,对所有外国个人、企业和外商投资企业给予非歧视待遇。我国将废止和停止实施效果与世界贸易组织国民待遇原则不一致的所有现行法律、法规及其他措施,在法律、法规和行政要求上取消生产供应国内销售的产品与生产供出口的产品之间、在国内产品和进口品之间的非歧视待遇,取消与第三国和单独关税区之间的与《建立世界贸易组织的协议》不符的特殊贸易安排。

(2)遵守外汇管理与国际收支措施的规定。我国承诺除非《国际货币基金协定》另有规定,未经国际货币基金同意,不对经常性国际交易的付款和资金转移施加限制,不援用对其关税领土内任何个人或企业可获得的经常性国际交易外汇限制在与可归因与该个人或企业外汇流入有关的数量上的任何法律、法规或其他措施,包括有关合同条款的任何要求。在必要的情况下,保护国际收支状况时,优先使用价格机制措施,如不属于价格机制措施,则尽快将这些措施转为价格机制措施;所采取的任何措施,不超过处理特定国际收支状况所需的程度;因国际收支原因而采取的措施只为控制进口的总体水平而实施,而不用于保护特定部门、产业或产品。

(3)贸易政策统一措施。我国承诺在整个中国关境内,包括边境贸易地区、民族自治地方、经济特区、沿海开放城市、经济技术开发区以及其他在关税、国内税和法规方面已建立特殊制度的地区,统一、公正、合理地实施贸易政策,包括世界贸易组织各项协议、协定的适用,中央和各级地方政府有关影响货物贸易、服务贸易、与贸易有关的知识产权保护或外汇管理的所有法律、行政法规、规章及其他措施。

(4)遵守透明度规则。我国承诺在一家官方刊物《国际商报》公布所有法律、法规及其他措施,未经公布的不予执行;在实施或执行前,最迟在实施时,世界贸易组织成员、个人和企业可容易获得有关或影响货物贸易、服务贸易、知识产权保护或外汇管理的法律、行政法规及其他措施。在法律、法规及其他措施实施前,提供草案,并允许提出意见。设立世界贸易组织咨询处,对有关成员咨询应在 30 天内答复,答复应该完整,并代表中国政府的权威观点,对企业和个人提供准确、可靠的信息。

(5) 建立司法审查制度。我国承诺建立司法审查的制度和程序,建立或指定并维持独立的、公正的审查庭,审查与世界贸易组织各项协定的相关规定所指的法律、法规、普遍适用的司法决定和行政决定的实施有关的所有行政行为,向须经审查的任何行政行为影响的当事人提供司法上诉的机会,包括最初须向行政机关提出行政复议的当事人有向司法机关上诉的选择权,且不因上诉而受到处罚。

(6) 接受特定产品过渡性保险机制。我国加入世界贸易组织后 12 年内,如我国某出口产品相对或绝对增长对世界贸易组织成员国内市场造成市场扰乱,双方应磋商解决。在磋商中,双方一致认为应采取必要行动时,我国应采取补救行动。如磋商未果,该世界贸易组织成员只能在补救冲击所必需的限度内,对中方采取撤销减让或限制进口措施。但如果该措施是由于进口相对增长而采取,并持续有效期超过 2 年,或是因进口绝对增长而采取,并持续有效期超过 3 年,则我国有权对采取该措施的成员暂停实施协定项下实质相当的减让或义务。

(7) 接受过渡性审议机制。我国同意在加入世界贸易组织后 8 年内,世界贸易组织相关委员会对我国履行世界贸易组织协议的义务和实施加入议定书相关规定的情况进行年度审议,然后在第 10 年完全终止审议。

专题思考练习

【拓展阅读】

中方打赢新西兰对华反补贴第一案——基于世贸规则中国企业终获公平待遇

【名词术语(中英文)】

区域经济一体化(Economic Integration)
自由贸易区(Free Trade Area)
关税同盟(Customs Union)
共同市场(Common Market)
经济联盟(Economic Union)
欧洲联盟(European Union, EU)
北美自由贸易区(NAFTA)
亚太经济合作组织(APEC)
东南亚国家联盟(ASEAN)
跨大西洋贸易与投资伙伴协议(TTIP)
全面与进步跨太平洋伙伴关系协定(CPTPP)
世界贸易组织(WTO)
世界贸易组织争端解决机构(DSB)
非歧视原则(Non-Discrimination)
最惠国待遇(Most-Favored-Nation Treatment)
国民待遇(National Treatment)

专题四　中国对外贸易

对外贸易的发展与贸易政策的制定息息相关。改革开放前，我国对外贸易进出口总额206亿美元，世界排名第32位，占世界贸易总额的比重不到1%；改革开放后，我国对外贸易发生巨大变化，成为贸易大国。自2009年起，我国已连续9年保持世界货物贸易第一大出口国第二大进口国地位。

【目标与要求】
1. 了解我国对外贸易发展现状
2. 了解我国对外贸易发展战略
3. 熟悉我国对外贸易政策措施
4. 能够对我国对外贸易发展、对外贸易管理中的现象进行分析

【资料链接】我国外贸进出口基本情况

一、对外贸易发展战略

对外贸易发展战略是指实现一国既定的社会经济发展战略可供选择的对外贸易发展方针、目标、步骤、措施的总称。它是一定的对外经济发展战略思想的重要体现。

（一）对外贸易发展战略的类型

对外贸易发展战略有多种分类方法。目前最常见的是发展经济学分类法，即把外贸战略分为以下三类：

1. 初级产品出口鼓励战略

初级产品出口鼓励战略亦称初级外向发展战略。这一发展战略的基本要求是：充分发挥发展中国家自然资源丰富的优势，通过出口农产品和矿产品等初级产品，换取外汇，然后进口本国不能生产的工业制成品，实现国内经济与国外经济的互补。

这一发展战略在理论上得到了西方经济学中"比较成本学说"的支持。但由于初级产品的出口价格增长太慢，工业制成品的进口价格增长太快，国际市场的这种初、高级产品的不等价交换，使得发展中国家的对外贸易条件不断恶化、国内经济增长的传导路线严重受阻。于是，许多发展经济学家认为，发展中国家主要依靠初级产品出口来发展本国经济是不妥当的，而应该尽力谋求国内工业制成品的自给自足，这样就出现了进口替代型发展战略。

2. 进口替代发展战略

进口替代发展战略又称进口替代工业化政策，是一种内向型战略发展的产物。世界银行的定义是指"对工业和贸易的奖励制度有偏向，重视内销的生产，轻视出口的生产"。

这一发展战略的基本要求是：通过引进技术和设备，大力发展本国的制成品工业，并用自己生产的制成品来替代原来需要进口的制成品，以实现国内工业品的自给自足。这一发展战略是以贸易保护主义为前提的。

进口替代型发展战略的最大优点是便于保护和发展本国的民族工业。建立独立、完整的国内工业体系和国民经济体系。在这种发展模式下，由于工业产品主要销往国内市场，所以国内经济的发展受国际市场的影响较小。但是，事实表明，进口替代型发展战略实施过久，也会产生一系列问题，如滥用保护主义政策，导致了国内生产的高成本和低效率；由于国内技术水平有限，随着替代范围的扩大，替代的可能性也越来越小；由于国内市场容量有限，导致了生产规模的不经济性等。于是，发展经济学家又主张发展中国家应实施出口导向战略。

3. 出口导向战略

出口导向战略又称出口导向工业化政策或出口替代工业化政策，是外向型经济发展战略的产物。这一发展战略的基本要求是：用工业制成品的出口替代初级产品的出口，用技术含量高、附加值大的产品出口替代技术含量低、附加值小的产品出口，通过这种替代来促进外向型经济的发展，以获取国际分工的比较利益，加快国内经济现代化的步伐。这一发展战略是以对外开放、面向世界的思想为指导的。实践表明，实施出口替代型的发展战略，参与激烈的国际竞争，可以有效地提高本国工业化的水平和制成品的质量，使其向高技术、高效益的方向大大迈进；同时，也有利于国内生产规模和就业面的扩大，并有利于增加外汇储备，提高进口能力和偿还债务的能力。

【资料链接】"东亚奇迹"

（二）我国对外贸易发展战略

1972年主张进口替代战略，1978主张进口替代战略与出口导向战略并存，1994年主张出口导向战略，2005年主张完全开放战略。

1992年1月邓小平视察南方谈话后，我国对外贸易发展进入一个新的历史时期，即全方位对外开放。在此背景下，我国对外贸易发展战略是从全国大部分地区执行进口替代内向型战略为主，沿海地区执行一般外向型战略为主的复合战略，转变为在全方位开放条件下的多领域、多层次、多元化和双向交流合作的一般外向型发展战略。

1. "大经贸"战略

"大经贸"战略是在社会主义市场经济条件下，调动各方面发展对外经济贸易的积极性，按照国际经济贸易的通行规则来管理和经营的高效益、高效率的具有较强的综合整体竞争能力的外经贸发展战略。它覆盖着社会各个方面所有的外经贸活动。

2. 出口贸易战略

包括以质取胜战略、出口商品战略。基本实现对外经济贸易发展从主要依靠规模扩展和数量扩展向主要依靠质量和效益提高的根本性转变,增强我国对外经济贸易的国际竞争力,努力保持对经济贸易的可持续发展。

3. 进口贸易战略

根据我国产业结构演进的要求,本着有利于技术进步、有利于增强出口创汇能力、有利于提高外汇使用率的原则,引进先进的技术和关键设备,保证资源和加工贸易物资的进口,按照我国对国际社会承诺的市场开放进程和国内市场的需要,扩大消费品的进口。

4. 科技兴贸战略

以提高我国出口产业和产品的国际竞争能力、加强体制创新和技术创新、提高我国高新技术产业国际化水平为基本指导思想,通过面向国际市场的科研开发、技术改造、市场开拓、社会化等活动,提高企业出口竞争能力和自主创新能力,加快出口商品结构的战略性调整,实现我国由贸易大国向贸易强国的跨越。其主要内容有:第一,大力推动高新技术产品出口,在我国优势领域培育一批国际竞争力强、附加值高、出口规模较大的高新技术出口产品和企业;第二,运用高新技术成果改造传统出口产业,提高传统出口产品的技术含量和附加值。

5. 市场多元化战略

市场多元化战略始于20世纪90年代,针对对外贸易过于集中在美国、日本、西欧、中国香港等市场的问题,为突破西方制裁,减少政治、经济风险,争取更大的发展回旋余地,正式提出的对外贸易发展战略。其主要内涵是在巩固和扩大发达国家市场的同时,加快开拓发展中国家特别是周边国家和地区市场,是世界经济全球化趋势和我国对外开放的全方位发展的客观要求。建立合理的市场布局,使出口贸易能够持续健康发展和降低市场集中度,分散市场风险。

6. 自由贸易区战略

20世纪90年代以来,全球自由贸易区发展势头迅猛,越来越多的国家将其提到与多边贸易同等重要甚至更加优先的地位。国家之间的竞争正在向区域集团之间的竞争转变,传统的政治和军事联盟正在向经济同盟转变。签订自由贸易区协议,使双方的进口产品实行比最惠国税率更低的协定税率甚至零税率,开始逐步实施自由贸易。

"十三五"期间,我国外贸发展战略以"创新"为核心,从"对内改革"和"对外开放"两个角度展开。对内改革行业资源配置方式,旨在将资源从产能过剩行业向新兴和高附加值行业转移,提高企业的生产率和产品质量水平,促进产业转型升级和经济提质增效。对外开放则是进一步增加对外贸易和对外投资的程度,加强同新兴经济体国家的产业融合程度,促进我国对外直接投资,帮助我国逐步从劳动密集型产品工厂向中高技术、资本密集型制造基地转移。具体包括:

1. 产业结构调整

2016—2020年,我国对内改革的重点在于产业结构调整,主要包括劳动和资本密集型行业、制造业和服务业、加工和一般贸易三个方面:劳动密集型行业将逐步缩小,资本密集型行业比重将提升;制造业逐步升级,服务业比重持续上升;加工贸易比重下降,一般贸易重要性提升。

2. 以质取胜

着力提高企业的生产效率和产品质量水平,使得我国出口的国内附加值不断攀升,出口产品质量不断提升。

3. 自由贸易区(Free Trade Area)

我国是经济全球化的积极参与者和坚定支持者,也是重要建设者和主要受益者。加快实施自由贸易区战略,是适应经济全球化新趋势的客观要求,是全面深化改革、构建开放型经济新体制的必然选择,也是我国积极运筹对外关系、实现对外战略目标的重要手段,是我国积极参与国际经贸规则制定、争取全球经济治理制度性权力的重要平台。

我国的贸易自由化主要集中在融入世界性贸易组织,并通过与发达国家构建良好贸易往来,融入全球分工和促进经济发展方面。而近年来新兴经济体在全球经济增长中的贡献越来越突出。因而,未来我国对外开放的重点在于区域性自贸区以及与发展中国家自贸区建设上。我国将逐步建立多个具有世界影响的区域性自由贸易区,如中国——东盟自贸区、中日韩自贸区和"东盟+中日韩"自贸区等。作为"东盟+中日韩"自贸区的升级版"区域全面经济伙伴关系"(简称RCEP)谈判也在陆续推进,并有望在下一个十年内达成。

截至2018年3月,我国已建成、正在谈判和正在研究的自贸区如下:

(1) 已签定的自贸协定(含自贸升级协定)16个,见表1-4-1。

表1-4-1　　　　　　　　　中国已签订的自贸协定一览表

自由贸易区	建成时间	自贸协定主要内容
中国—马尔代夫自由贸易区	2017年12月7日签订自贸协定	在货物贸易方面,双方同意最终实现零关税的产品税目数和进口额占比均接近96%,我国对马方出口的绝大部分工业品及花卉、蔬菜等农产品将从中获益。马方绝大部分鱼水产品等优势出口产品也将享受零关税待遇。 在服务贸易方面,双方将在各自世贸组织承诺基础上,相互进一步开放服务部门。在投资方面,双方承诺相互给予对方投资者及其投资以准入后国民待遇和最惠国待遇,鼓励双向投资并为其提供便利和有效保护。 与此同时,双方还在原产地规则、海关程序与贸易便利化、贸易救济、技术性贸易壁垒和卫生与植物卫生措施等众多领域达成广泛共识。
中国—格鲁吉亚自由贸易区	2018年1月1日自贸协定生效	在开放水平方面,格方对中国96.5%的产品立即实施零关税,覆盖格自中国进口总额的99.6%;中国对格方93.9%的产品实施零关税,覆盖中国自格方进口总额的93.8%,其中90.9%的产品(42.7%的进口总额)立即实施零关税,其余3%的产品(51.1%的进口总额)降税过渡期为5年。 在服务贸易领域,双方对诸多服务部门作出高质量的开放承诺,其中,格方在金融、运输、自然人移动、中医药服务等领域满足了中方重点关注,中方在旅游、海运、法律等领域满足了格方重点关注。 此外,《协定》还进一步完善了贸易规则,规定双方在进行反倾销调查时不得使用第三方替代价格,同时明确了未来加强合作的重点领域。

续表

自由贸易区	建成时间	自贸协定主要内容
中国—澳大利亚自由贸易区	2015年12月20日自贸协定生效	中国96.8%的税目将实现自由化，且均采用线性降税这一简单直接的降税方式，其中5年内完成降税的税目比例为95%，剩余产品降税过渡期最长不超过15年。 澳大利亚所有产品均对中国完全降税，自由化水平达到100%，其中91.6%的税目关税在协定生效时即降为零，6.9%的税目在协定生效第3年降为零，最后1.5%的税目关税在协定生效第5年降为零。
中国—韩国自由贸易区	2015年12月20日自贸协定生效	总体开放水平看，中韩双方绝大多数产品和贸易将实现零关税。经过最长20年过渡期后，中国91%的产品将对韩国实现零关税，这些产品覆盖2012年中国自韩国进口总额的85%；如再加上部分降税产品，中方参与降税的产品将达到92%，覆盖中国自韩国进口总额的91%。同时，韩国92%的产品将对中国实现零关税，这些产品覆盖2012年韩国自中国进口总额的91%；如再加上部分降税和关税配额等产品，韩方参与降税的产品将达到93%，覆盖韩国自中国进口总额的95%。
中国—瑞士自由贸易区	2014年7月1日自贸协定生效	瑞方将对中方99.7%的出口在协定生效之日起立即实施零关税，中方将对瑞方84.2%的出口最终实施零关税。如果加上部分降税的产品，瑞士参与降税的产品比例是99.99%，中方是96.5%。 工业品方面，瑞方承诺自协定生效之日起全部实施零关税，其中降税幅度较大的产品有纺织品、服装、鞋帽、汽车零部件和金属制品等，这些都是我国的主要出口利益产品。 农产品方面，瑞方承诺对中方76.3%的出口立即实施零关税，对16.0%的出口实施部分降税，并对216项加工农产品取消工业成分的关税，涉及我国对瑞方农产品出口金额的7.2%。
中国—冰岛自由贸易区	2014年7月1日自贸协定生效	冰岛承诺自协定生效之日起，对我所有工业品和水产品实施零关税，涉及我方对冰方出口金额的99.8%，对动物内脏、乳制品、蔬菜等30个税目的农产品部分降税；承诺对鹿肉、鸽肉等10个农产品实施税率为65%的关税封顶，这是我方在自贸协定中首次实现要求发达国家对农产品关税进行封顶。 中方将在自贸协定生效之日起对从冰方进口的7830项产品实施零关税，涉及我方自冰方进口总额的81.6%，中方最终关税降为零的产品贸易量自由化比率约为96.2%，产品税目自由化比率为95.9%。
中国—哥斯达黎加自由贸易区	2011年8月1日自贸协定生效	在货物贸易方面，中哥双方将对各自90%以上的产品分阶段实施零关税，中国的纺织原料及制品、轻工、机械、电器设备、蔬菜、水果、汽车、化工、生毛皮及皮革等产品和哥方的咖啡、牛肉、猪肉、菠萝汁、冷冻橙汁、果酱、鱼粉、矿产品、生皮等产品将从降税安排中获益。 在服务贸易方面，在各自对世贸组织承诺的基础上，哥方有45个服务部门进一步对中国开放，中国则在7个部门对哥方进一步开放。 与此同时，双方还在原产地规则、海关程序、技术性贸易壁垒、卫生和植物卫生措施、贸易救济、知识产权、合作等众多领域达成广泛共识。

续表

自由贸易区	建成时间	自贸协定主要内容
中国—秘鲁自由贸易区	2010年3月1日自贸协定生效	在货物贸易方面，中秘双方将对各自90%以上的产品分阶段实施零关税，可以说自贸协定实施后，中秘两国携手迈入了"零关税时代"。 在服务贸易方面，双方将在各自对世贸组织承诺的基础上，相互进一步开放服务部门。秘方将在包括研发、租赁、技术测试和分析、农业、采矿、快递、导游等90个部门进一步对我方开放，我方将在采矿、管理咨询、研发、翻译和口译、体育、旅游等16个部门进一步对秘方开放。 在投资方面，双方将相互给予对方投资者及其投资以准入后国民待遇、最惠国待遇和公平公正待遇，鼓励双向投资并为其提供便利等。 与此同时，双方还在知识产权、贸易救济、原产地规则、海关程序、技术性贸易壁垒、卫生和植物卫生措施等众多领域达成广泛共识。
中国—新加坡自由贸易区	2009年1月1日自贸协定生效	根据《协定》，新方承诺将在2009年1月1日取消全部自华进口产品关税；中方承诺将在2010年1月1日前对97.1%的自新方进口产品实现零关税。 双方还在医疗、教育、会计等服务贸易领域做出了高于WTO的承诺。
中国—新西兰自由贸易区	2008年10月1日自贸协定生效	《协定》生效后，中新双方将根据各自承诺相互降低货物贸易关税、开放服务贸易市场、便利两国人员流动、保护及促进双向投资，并在海关、检验检疫、知识产权等领域加强沟通与合作。
中国—智利自由贸易区	2006年10月1日自贸协定生效	占两国税目总数97%的产品将于10年内分阶段降为零关税。两国还将在经济、中小企业、文化、教育、科技、环保、劳动和社会保障、知识产权、投资促进、矿产、工业等领域进一步开展合作。
中国—巴基斯坦自由贸易区	2006年7月自贸协定生效	2009年2月，中巴签订自贸区服务贸易协定并于当年10月生效，标志着中巴两国建成了一个涵盖货物贸易、服务贸易和投资等内容全面的自贸区。
中国—东盟自由贸易区	2002年启动，2010年1月1日建成	从2010年1月1日起，中国和东盟6个老成员，即：文莱、菲律宾、印度尼西亚、马来西亚、泰国和新加坡之间，有超过90%的产品实行零关税。中国对东盟平均关税将从9.8%降到0.1%，东盟6个老成员对中国的平均关税从12.8%降到0.6%。东盟4个新成员，即越南、老挝、柬埔寨和缅甸在2015年实现90%零关税的目标。 除了货物贸易之外，双方服务部门的开放水平也有进一步的提升，投资政策和环境得到法律制度的保障，更加稳定和透明，资金、资源、技术和人才的生产要素的流动效率会显著提高。
内地与港澳更紧密经贸关系安排	2004年1月1日协定生效	CEPA是"一国两制"原则的成功实践，是内地与港澳制度性合作的新路径，是内地与港澳经贸交流与合作的重要里程碑，是我国国家主体与香港、澳门单独关税区之间签署的自由贸易协议，也是内地第一个全面实施的自由贸易协议。 CEPA内容丰富，领域广泛，涵盖内地与港澳经贸交流的各个方面。
中国—东盟自贸协定（"10+1"）升级	2015年11月22日签署升级议定书	《议定书》是我国在现有自贸区基础上完成的第一个升级协议，涵盖货物贸易、服务贸易、投资、经济技术合作等领域。将为双方经济发展提供新的助力，加快建设更为紧密的中国—东盟命运共同体，推动实现2020年双边贸易额达到1万亿美元的目标，并将促进《区域全面经济伙伴关系协定》谈判和亚太自由贸易区的建设进程。

续表

自由贸易区	建成时间	自贸协定主要内容
中国—智利自贸协定升级	2017年11月11日签署升级议定书	《议定书》是我国继中国—东盟自贸区升级后达成的第二个自贸区升级协定,也是我国与拉美国家的第一个自贸区升级协定,涵盖货物贸易、服务贸易、经济技术合作以及电子商务、环境、竞争、政府采购等规则领域,使中智自贸协定成为迄今我国货物贸易开放水平最高的自贸协定。

(2) 正在谈判的自贸区（含已建成自贸区的升级谈判），共11个：《区域全面经济伙伴关系协定》（RCEP）、中国—海合会、中日韩、中国—斯里兰卡、中国—以色列、中国—挪威、中国—巴基斯坦自贸协定第二阶段谈判、中国—新加坡自贸协定升级谈判、中国—新西兰自贸协定升级谈判、中国—毛里求斯、中国—摩尔多瓦。其中，《区域全面经济伙伴关系协定》（RCEP）谈判是中国参与并发挥主导作用的重要的自贸协定谈判。

(3) 正在研究的自贸区（含已建成自贸区的升级研究），共11个：中国—哥伦比亚、中国—斐济、中国—尼泊尔、中国—巴新、中国—加拿大、中国—孟加拉国、中国—蒙古国、中国—巴拿马、中国—巴勒斯坦、中国—秘鲁自贸协定升级联合研究、中国—瑞士自贸协定升级联合研究。

4. 自由贸易园区（Free Trade Zone）

自由贸易园区是指在某一国家或地区境内设立的实行税收优惠和特殊监管政策的小块特定区域，以贸易便利化和投资自由化为主要特征的多功能经济特区。属于境内关外的特殊区域。

我国自贸园区战略方向：

(1) 提高货物贸易开放水平。与自由贸易伙伴共同削减关税和非关税壁垒，相互开放货物贸易市场，实现互利共赢。

(2) 扩大服务业对外开放。推进金融、教育、文化、医疗等服务业领域有序开放，放开育幼养老、建筑设计、会计审计、商贸物流、电子商务等服务业领域外资准入限制。在与自由贸易伙伴协商一致的基础上，逐步推进负面清单谈判模式。

(3) 放宽投资准入。大力推进投资市场开放和外资管理体制改革，进一步优化外商投资环境，实质性改善我国与自由贸易伙伴双向投资准入。积极稳妥推进人民币资本项目可兑换各项试点，加强与自由贸易伙伴货币合作，促进贸易投资便利化。

(4) 推进规则谈判。对符合我国需要的规则议题，在自由贸易区谈判中积极参与。参照国际通行规则及其发展趋势，结合我国发展水平和治理能力，加快推进知识产权保护、环境保护、电子商务、竞争政策、政府采购等新议题谈判。

(5) 提升贸易便利化水平。加强原产地实施管理，积极探索在更大范围实施经核准出口商原产地自主声明制度。改革海关监管、检验检疫等管理体制，加强关检等领域合作，逐步实现国际贸易"单一窗口"受理。

(6) 推进规制合作。加强与自由贸易伙伴就各自监管体系的信息交换，促进在监管体系、程序、方法和标准方面的适度融合，减少贸易成本，提高贸易效率。

(7) 推动自然人移动便利化。为我国企业境外投资的人员出入境提供更多便利条件。

(8) 加强经济技术合作。适当纳入产业合作、发展合作、全球价值链等经济技术合作议题，推动我国与自由贸易伙伴的务实合作。

【资料链接】我国自由贸易园区建设

5. 对外直接投资

对外直接投资是我国"十三五"发展规划的重要突破点。其中，"一带一路"倡议将是我国"十三五"期间对外投资策略的核心内容。"一带一路"连接的国家和地区具有巨大的经济规模效应。首先，"一带一路"具有重要的产业效应，能够实现我国与其他国家的经济双赢。其次，"一带一路"涉及铁路、公路、通讯、发电等基础设施行业，以及投资银行和丝路基金等金融行业，能够有效扩大这些行业的出口市场规模。再次，"一带一路"从我国的西部、西南地区出发，有益于这些地区的发展和崛起。最后，"一带一路"提升了我国与沿线国家的政治、经济、文化联系。

【资料链接】一带一路

二、对外贸易政策措施

计划经济时期，我国对外贸易由国家统一领导、控制和调节。主要手段有：第一，制定对外贸易的法律和方针、政策；第二，设立管理对外贸易的专门机构；第三，设立对外贸易专业公司和审批经营对外贸易的其他企业；第四，制定对外贸易的中长期指导计划和指令性计划；第五，运用各种经济杠杆控制、调节和管理对外贸易。

十一届三中全会以后，贸易政策发生了三个阶段的调整。

第一阶段：开放式保护贸易政策（1978—1990年）

改革开放之后，中国政府放弃了对外贸易的国家垄断制度，逐步建立出口导向型贸易战略。该阶段，我国对外贸易政策主要有：

(1) 采取出口导向战略。国家鼓励和扶持出口型产业，并进口相应技术设备，实施物资分配、税收和利率等优惠，组建出口生产体系；实行外汇留成和复汇率制度；限制外资企业商品的内销；实行出口退税制度；建立进出口协调服务机制等一系列措施。

(2) 实施较严格的传统进口限制措施。国家通过关税、进口许可证、外汇管制、进口商品分类经营管理、国营贸易等措施实施进口限制。

(3) 鼓励吸收外国直接投资，鼓励利用两种资源、两个市场和引进先进技术。与改革开放前相比，这一时期对外贸易政策是在对外开放前提下，更注重奖出与限入的结合，实行有条件的、动态的贸易保护手段，因此称之为有管制的开放型贸易保护政策。

(4) 提出沿海地区经济发展战略。1988年，中国提出沿海地区经济发展战略，开始积极参与国际分工和国际交换，大力发展外向型经济，进一步促进我国对外贸易体制由"进口替代战略"向"出口导向战略"转变。1988年中国对外贸易总额首次突破千亿美元大关，达到1027.8亿美元;1990年打破对外贸易长期逆差态势,实现87.5亿美元顺差。

这一时期,我国对外贸易的开放是要大力发展和不断加强对外经济技术交流,积极参与国际交换和国际竞争,走上经济快速发展的道路。

第二阶段:贸易自由化倾向的保护贸易政策(1991—2001年)

1991年底苏联解体、东欧剧变,国内外政治经济形势发生了翻天覆地的变化。1992年小平视察南方谈话后,我国进入改革开放深化时期,对外贸易政策开始进行了深入调整,特别是进口限制方面的改革步伐加快。该阶段,我国对外贸易政策主要有:

在进口限制方面,①对关税政策进行调整,1992年1月1日采用了按照《国际商品名称和编码协调制度》调整的关税税则,并降低了225个税目的进口税率,其后进行多次关税下调,到1996年我国的关税总水平已下降至23%;②减少、规范非关税措施,包括进口外汇体制改革,实行单一的有管理的浮动汇率制度,取消大量配额许可证和进口控制措施,配额分配也转向公开招标的规范化分配制度;③依据GATT/WTO的规则,对我国涉外法律体系进行完善,其中,包括建立大量的技术法规、反倾销条例等。

在促进出口方面:①继续执行出口退税政策;②成立中国进出口银行,扶持企业对外出口;③采取有管理的浮动汇率制度;④成立各类商会和协会,积极组织和参与国际性贸易博览会和展览会等;⑤大力发展出口援助等。

在这一时期,我国对外贸易得到了飞速的发展,巨大的贸易顺差使得我国的国际地位得到了显著的提升,但是贸易自由化的保护贸易政策的主体还是保护贸易政策。

第三阶段:入世后中国对外贸易政策(2001年以后)

2001年12月中国成为世界贸易组织的正式成员。该阶段,我国对外贸易政策主要进行了调整,内容主要是:

(1) 按照《入世议定书》做出的承诺,逐步取消非关税壁垒;

(2) 针对外贸领域进行一系列深入的改革;

(3) 积极参与并推进多哈回合谈判,并积极参与多边贸易体系,签订区域自由贸易协议;

(4) 简化检验检疫流程,促进对外贸易发展;

(5) 不断提高对外贸易透明度,减少贸易摩擦;

(6) 利用产业政策,推动国内产业持续快速发展;

(7) 逐步建立并完善知识产权保护体系;

(8) 持续利用对外贸易政策促进国内产业结构的升级优化,提高国内产品的技术含量。

根据2004年7月1日起实施的《中华人民共和国对外贸易法》(以下简称《外贸法》)规定:国家实行统一的对外贸易制度,鼓励发展对外贸易,维护公平、自由的对外贸易秩序。

国家制定对外贸易发展战略,建立和完善对外贸易促进机制。国家根据对外贸易发展的需要,为对外贸易服务的金融机构的建立和完善,设立对外贸易发展基金、风险基金。国家通过进出口信贷、出口信用保险、出口退税及其他促进对外贸易的方式,发展对外贸易。国家建立对外贸易公共信息服务体系,向对外贸易经营者和其他社会公众提供信息服务。国家采取措施鼓励对外贸易经营者开拓国际市场,采取对外投资、对外工程承包和对外劳务合作等多种形式，发展对外贸易。国家扶持和促进中小企业开展对外贸易。国家扶持和促进民族自治地方和经济不发达地区发展对外贸易。国家对限制进口或者出口的货物实行配额、许可证等方式管理。对限制进口或者出口的技术，实行许可证管理。国家对部分进口货物可以实行关税配额管理。基于监测进出口情况的需要，可以对部分自由进出口的货物实行进出口自动许可并公布其目录。应当予以许可；未办理自动许可手续的，海关不予放行。国家可以对部分货物的进出口实行国营贸易管理。实行国营贸易管理货物的进出口业务只能由经授权的企业经营。

中国目前对外贸易的管理手段主要有进出口许可证制度、对外贸易经营管理制度、外汇管理制度、保护关税制度、货运监管和查禁走私制度、货物原产地规则、进出口商品检验制度等。主要内容如下。

1. 对外贸易经营管理

（1）自然人可以获得对外贸易经营权。2004年7月1日起实施的新《中华人民共和国对外贸易法》（以下简称《外贸法》）第8条规定：本法所称对外贸易经营者，是指依法办理工商登记或者其他执业手续，依照本法和其他有关法律、行政法规的规定，从事对外贸易经营活动的法人、其他组织或者个人。该项规定扩大了外贸经营权范围，允许个人从事外贸经营活动。

（2）外贸经营主体备案登记制。《外贸法》第9条规定：从事货物进出口或者技术进出口的对外贸易经营者，应当向国务院对外贸易主管部门或者其委托的机构办理备案登记；但是，法律、行政法规和国务院对外贸易主管部门规定不需要备案登记的除外。

（3）国营贸易管理。《外贸法》第11条规定：国家可以对部分货物的进出口实行国营贸易管理。实行国营贸易管理货物的进出口业务只能由经授权的企业经营；但是，国家允许部分数量的国营贸易管理货物的进出口业务由非授权企业经营的除外。实行国营贸易管理的货物和经授权经营企业的目录，由国务院对外贸易主管部门会同国务院其他有关部门确定、调整并公布。我国在加入世界贸易组织时保留了粮食、棉花、植物油、食糖、原油、成品油、化肥、烟草8种关系国计民生的大宗产品的进口和对茶、大米、玉米、大豆、钨及钨制品、煤炭、原油、成品油、丝、棉花等商品的出口实行国营贸易管理的权利，只由政府指定的数量有限的公司专营。

2. 出口配额与出口许可证

国家规定有数量限制的限制出口货物，实行配额管理；其他限制出口货物，实行许可证管理。

（1）出口配额。

①出口配额管理的商品范围。我国的出口配额包括计划配额、主动配额和被动配额。计划配额管理的出口商品范围是关系国计民生的大宗资源性出口商品以及在我国出口中占有重要地位的大宗传统出口商品。

主动配额管理的出口商品范围包括两类：一类是中国在国际市场或某一市场上占主导地位的重要出口商品；另一类是外国要求中国主动限制的出口商品。

被动配额管理，是指由于进口国对某种商品的进口实行数量限制，并通过政府间多边、双边贸易协议谈判，对这类出口实施数量限制，被称作被动配额管理，我国被动配额管理的出口商品包括纺织品类和非纺织品类,纺织品的被动配额2005年取消,非纺织品被动配额是指对于输往欧盟国家的蘑菇罐头、日用陶瓷、木螺丝、木露干、红薯干、黑白电视机等。

②出口配额的分配。实行配额管理的出口商品目录由商务部制定、调整并公布。出口配额可以通过直接分配的方式分配,也可以通过招标等方式分配。

(2) 出口许可证。国家实行统一的货物出口许可证制度,对限制出口的货物实行出口许可证管理。

商务部是全国出口许可证的归口管理部门,负责制定出口许可证管理办法及规章制度,监督、检查出口许可证管理办法的执行情况,处罚违规行为。商务部会同海关总署制定、调整和发布年度《出口许可证管理货物目录》。商务部基于监测出口情况的需要,可以对部分自由出口的货物实行出口自动许可并公布其目录,其收货人、发货人在办理海关报关手续前提出自动许可申请的,各级发证机构应当予以许可。

【资料链接】我国《2018年出口许可证管理货物目录》

3. 进口配额和进口许可证

进口货物分为禁止进口货物、限制进口货物和自由进口货物三类。国家规定有数量限制的限制进口货物,实行配额管理;其他限制进口货物,实行许可证管理,对部分进口货物实行关税配额管理。限制进口的货物目录,至少在实施前21天公布,在紧急情况下,不迟于实施之日公布。

(1) 进口配额。实行配额管理的限制进口货物,由商务部和国务院有关经济管理部门按照规定的职责划分进行管理。对实行配额管理的限制进口货物,进口配额管理部门在每年7月31日前公布下一年度进口配额总量。进口经营者凭进口配额管理部门发放的配额证明,向海关办理报关验放手续。

实行关税配额管理的进口货物目录,由商务部会同国务院有关经济管理部门制定、调整并公布。属于关税配额内进口的货物,按照配额内税率缴纳关税;属于关税配额外进口的货物,按照配额外税率缴纳关税。

实施进口关税配额管理的产品主要是农产品,包括小麦(包括其粉、粒)、玉米(包括其粉、粒)、大米(包括其粉、粒)、豆油、菜籽油、棕榈油、食糖、棉花、羊毛以及毛条,全为全球配额。其中羊毛、毛条实施进口指定公司经营,其他产品分为国营贸易配额和非国营贸易配额。国营贸易配额须通过国营贸易企业进口;非国营贸易配额通过有贸易权的企业进口,有贸易权的最终用户也可以自行进口。进口关税配额的管理由商务部和国家发展和改革委员会分工负责。农产品进口关税配额将根据申请者的申请数量和以往进口实绩、生产能力、其他相关商业标准或根据先来先领的方式进行分配。

【资料链接】2018年我国部分商品进口配额数量

(2) 进口许可证。国家实行统一的货物进口许可证制度,对限制进口的货物实行进口许可证管理。商务部是全国进口许可证的归口管理部门，负责制定进口许可证管理办法及规章制度，监督、检查进口许可证管理办法的执行情况，处罚违规行为。商务部会同海关总署制定、调整和发布年度《进口许可证管理货物目录》。

商务部授权配额许可证事务局（以下简称许可证局）统一管理、指导全国各发证机构的进口许可证签发工作。许可证局及商务部驻各地特派员办事处和各省、自治区、直辖市、计划单列市以及商务部授权的其他省会城市商务厅（局）、外经贸委（厅、局）为进口许可证发证机构，在许可证局统管下，负责授权范围内的发证工作。

4. 保护关税制度

我国实行保护关税制度，制定《进出口税则》的具体原则是：①进口国家建设和人民生活所必需的、而且国内不能生产或者供应不足的动植物良种、肥料、饲料、药剂、精密仪器、仪表、关键机械设备和粮食等，并予以免税或降低关税；②原材料的进口税率一般比半成品、成品低，特别是受自然条件制约、国内生产短期不能迅速发展的原料，其税率更低；③国内不能生产的机械设备、仪器、仪表及其零部件，其税率应比整机低；④国内已能生产的非国计民生必需的物品，应定较高的税率；⑤国内已能生产供应但需要保护的商品，应定更高的税率；⑥为了鼓励出口，对绝大多数出口商品不征出口关税，但对国际市场上容量有限、竞争性强的商品，以及需要限制出口的极少数原料、材料和半制品，必要时可征收适当的出口关税。1992年中国开始采用《商品名称及编码协调制度》。

目前我国的进口关税设置最惠国税率、协定税率、特惠税率、普通税率、关税配额税率等税率，对进口货物在一定期限内可以实行暂定税率。出口关税设置出口税率，对出口货物在一定期限内可以实行暂定税率。

各种进口税率的适用范围是：最惠国税率适用原产于共同适用最惠国待遇条款的世界贸易组织成员的进口货物，原产于与中华人民共和国签订含有相互给予最惠国待遇条款的双边贸易协定的国家或者地区的进口货物，以及原产于中华人民共和国境内的进口货物；协定税率适用于原产于与中华人民共和国签订含有关税优惠条款的区域性贸易协定的国家或者地区的进口货物；特惠税率适用于原产于与中华人民共和国签订含有特殊关税优惠条款的贸易协定的国家或者地区的进口货物；原产于其他国家或者地区的进口货物，以及原产地不明的进口货物，适用普通税率。

任何国家或者地区违反与中华人民共和国签订或者共同参加的贸易协定及相关协定，对中华人民共和国在贸易方面采取禁止、限制、加征关税或者其他影响正常贸易的措施的，对原产于该国家或者地区的进口货物可以征收报复性关税，适用报复性关税税率。

5. 进出口商品检验、检疫制度

（1）法定检验。根据保护人类健康和安全、保护动物或者植物的生命和健康、保护环境、防止欺诈行为、维护国家安全的原则，制定、调整必须实施检验的进出口商品目录即《出入境检验检疫机构实施检验检疫的进出口商品目录》（以下简称目录）并公布实施。列入检验检疫法检目录的进出境商品，必须实施检验检疫和监管。

（2）动植物检疫。根据《中华人民共和国进出境动植物检疫法》及其实施条例，列入检疫范围的有进境、出境、过境的动植物、动植物产品和其他检疫物；装载动植物、动植物产品和其他检疫物的装载容器、包装物、铺垫材料；来自动植物疫区的运输工具；进境拆解的废旧船舶;有关法律、行政法规、国际条约规定或者贸易合同约定应当实施进出境动植物检疫的其他货物、物品。

6. 进出口货物原产地管理

为了正确确定进出口货物的原产地,有效实施各项贸易措施,促进对外贸易发展,《中华人民共和国进出口货物原产地条例》于 2005 年 1 月 1 日生效。除了实施优惠性贸易措施对进出口货物原产地的确定外,该条例适用于实施最惠国待遇、反倾销和反补贴、保障措施、原产地标记管理、国别数量限制、关税配额等非优惠性贸易措施以及进行政府采购、贸易统计等活动对进出口货物原产地的确定。

专题思考练习

【拓展阅读】"一带一路"与中欧班列

第二部分　国际贸易实务

国际货物贸易的基本形式是单纯的进口、出口业务（逐笔交易），即进出口商为购买出售某种货物进行交易磋商，建立买卖合同关系，然后各自履行合同义务（卖方交货、买方付款），这是最基本的贸易方式。

一、进出口交易的内容

进出口交易的内容包括：交易的商品（货物、数量、质量、包装）、交货时间与交货方式、保险、价格、支付时间与支付方式、预防争议与解决争议的做法等，也即买卖双方之间的合同条款。

二、进出口交易的程序

（1）做好进出口交易前的充分准备。其包括对国际市场进行调查研究、制定商品经营方案、选定客户并与之建立业务关系等。

（2）与客户进行交易磋商。选定客户后，以电子邮件或其他方式与客户就货物买卖进行交易磋商。

（3）订立国际货物贸易合同。合同内容即是双方在交易磋商过程中达成的一致内容。

（4）履行合同。

三、国际货物贸易适用的法律、惯例

国际货物贸易合同适用的法律可以依据合同当事人的自主选择确定，也可以依据与合同联系最密切的国家或地区法律来确定。概括起来有三种。

（一）各国国内法

国际货物买卖合同必须符合国内法。由于当事人所在的国家不同，而不同的国家对同一问题的法律规定往往有所不同，一旦发生关于买卖合同的争议，就会产生究竟适用哪国法律解决争议的问题。为了解决这种法律冲突，通常采用在国内法中规定冲突规范的方法。例如：我国《合同法》规定："涉外合同的当事人可以选择处理合同争议所适用的法律，但法律另有规定的除外。涉外合同的当事人没有选择的，适用与合同有最密切联系的国家法律。"

（二）国际贸易惯例

国际贸易惯例是在国际贸易的长期实践中逐渐形成的一些有较为明确和固定内容的贸易

习惯和一般做法，通常由国际性的组织或商业团体制订统一的通则、准则或规则。国际贸易惯例是国际贸易法的主要渊源之一，但与严格意义上的法律不同，它们对合同当事人并没有普遍的强制性，只有当事人在合同中明确约定采用时，才对当事人具有法律约束力。而且，当事人在采用某惯例时，有权在合同中作出与惯例不符的规定，如对其中的内容进行更改或补充，此时，双方当事人的义务以合同规定为准。尽管如此，在合同中没有约定采用惯例时，惯例往往被有关法院或仲裁机构引用来解决买卖双方的争议。比如，我国法律规定，凡中国法律没有规定的，适用国际贸易惯例。《联合国国际货物销售合同公约》规定："合同没有排除的惯例、已经知道或应当知道的惯例、经常使用反复遵守的惯例适用于合同。"可见，国际贸易惯例对国际贸易实践的指导作用是极为重要的。

本模块涉及的国际贸易惯例主要有：

（1）国际商会《2010年国际贸易术语解释通则》（《INCOTERMS® 2010》）。

（2）国际商会《跟单信用证统一惯例》（《UCP600》）。

（3）国际商会《托收统一规则》（《URC522》）。

（三）国际条约

国际条约是两个或两个以上主权国家为确定彼此的政治、经济、贸易、文化、军事等方面的权利和义务而缔结的诸如公约、协定、议定书等各种协议的总称。《联合国国际货物销售合同公约》是目前为止关于国际货物买卖的最重要的国际公约。

《联合国国际货物销售合同公约》（以下简称《公约》）是联合国国际贸易法委员会于1980年在维也纳会议上通过，并于1988年1月1日正式生效。其中，合同订立、货物销售两部分详细规定了合同订立的程序、买卖双方的义务、违约及其补救。1981年9月30日，中华人民共和国政府代表签署了该《公约》。1986年12月11日，交存核准书。核准书中载明，中国不受《公约》第一条第（1）款（D）、第十一条及与第十一条内容有关的规定的约束，即对以下两项内容作出保留：

（1）关于《公约》适用范围的保留。我国认为，该《公约》的适用范围应仅限于营业地分处于不同缔约国的当事人之间所订立的货物买卖合同，不应扩大至与非缔约国当事人所签订的货物买卖合同。

（2）关于合同形式的保留。我国认为，订立、更改或终止国际货物买卖合同均应采取书面形式。

国际贸易实务以国际货物买卖的内容——合同为中心，以业务流程为主线，设置两大模块、若干项目和任务。

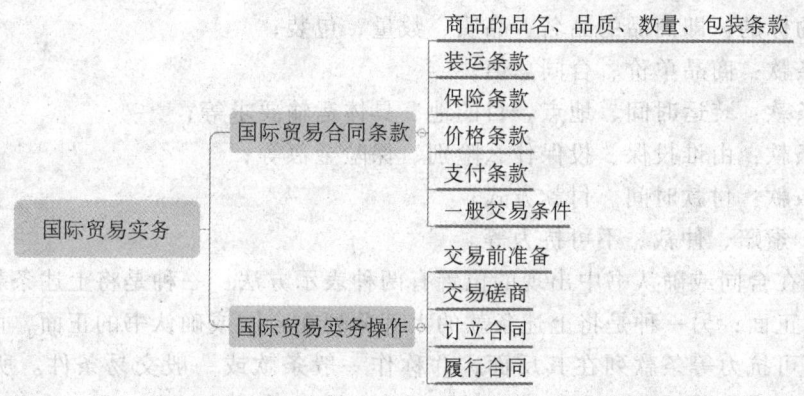

模块一 国际贸易合同

【模块学习目标与要求】
1. 了解国际贸易合同的形式
2. 熟悉国际贸易合同的内容
3. 掌握合同条款的具体内容和注意事项
4. 能够根据业务示范准确拟定合同条款

国际货物买卖合同是进出口双方经交易磋商后达成一致意见的结果。实践中,对国际货物买卖合同的形式并没有统一的规定。国际贸易中允许口头合同的存在,很多国家的国内法并不否认口头合同的效力,但多数交易都要签订书面合同。我国《合同法》规定:"书面形式是指合同书、信件和数据电文(包括电报、电传、传真、电子数据交换和电子邮件)等可以有形地表现所载内容的形式。"

我国的外贸企业常用合同、确认书、协议等。此外,还有意向书、定单及委托订购单等。

合同(Contract)。业务中常用的合同主要有销售合同(Sales Contract)和购货合同(Purchase Contract)。外贸企业一般自己印有固定格式,成交后,业务员逐项填写即可。

确认书(Confirmation)。业务中常用的确认书有销售确认书(Sales Confirmation)和购货确认书(Purchase Confirmation)。其是一种简化的合同形式,经双方签字认可的确认书与合同有同样的法律效力。

正式书面合同的内容分为约首、本文和约尾三大部分。

约首是合同的首部,包括合同的名称、编号、订的日期与地点、订约双方当事人的名称与地址、双方的法律关系等。

本文是合同的主体,包括各项交易条件及相关条款。

- 合同的标的：即商品的品名、品质、数量、包装；
- 价格条款：商品单价、合同总值；
- 装运条款：装运时间、地点、目的地、具体运输要求等；
- 保险条款：由谁投保、投保什么险别、保险金额等；
- 支付条款：付款时间、付款方式；
- 商检、索赔、仲裁、不可抗力等。

这些条款在合同或确认书中出现的位置有两种表示方法：一种是将上述条款全部列在合同或确认书的正面；另一种是将上述条款的大部分列在合同或确认书的正面，而将检验、索赔、仲裁和不可抗力等条款列在其反面，并称作一般条款或一般交易条件。所谓"一般交易条件"是指一方出售或购买商品时提出的对每一笔交易都适用的一些基本条件。

约尾是合同的结尾部分。其内容包括：说明合同的份数，制作合同所使用的文字及其效力，制作合同的依据，双方当事人的签字，双方的详细地址及电报、电传、传真等。

【合同示例】

销售确认书

合同号： Contract No.

日期： 签约地点：

Date： Signed At：

卖方： 地址：

Sellers： Address：

兹买卖双方同意成交下列商品订立条款如下：

The undersigned Sellers and Buyers have agreed to close the following transactions and the terms and conditions stipulated below：

1. 货物名称及规格：

Name of Commodity and Specification：

2. 数量：

Quantity：

3. 单价：

Unit Price：

4. 金额：

Amount：

5. 总值：

Total Value：

数量及总值均得有 ☐ % 的增减，由卖方决定。

With ☐ % more or less both in amount and quantity allowed at the Seller's option.

6. 包装：

Packing：

7. 装运期限：收到可以转船及分批装运之信用证 ☐ 天内装出。

Time of Shipment：Within ☐ days after receipt of L/C allowing transhipment and partial shipment.

8. 装运口岸：

Port of Loading：

9. 目的港：

Port of Destination：

10. 付款条件：☐ 开给我方100%不可撤销保兑即期付款及可转让之信用证，并须注明可在上述装运日期后15天内在中国议付有效。

Terms of Payment：☐ By 100% confirmed, Irrevocable, Transferable Letter of Credit to be available by sight draft and to remain valid for negotiation in China until the 15th day after the aforesaid Time of Shipment.

11. 保险：☐ 按中国保险条款，保综合险及战争险（不包括罢工险）。

Insurance：Covering all risks and war risk only (excluding S.R.C.C.) as per the China Insurance Clauses.

☐ 由客户自理。

☐ To be effected by the buyers.

12. 装船标记：

Shipping Mark：

13. 双方同意以装运港中国进出口商品检验局签发的品质和数量（重量）检验证书作为信用证项下议付所提出单据的一部分。买方有权对货物的品质和数量（重量）进行复验，复验费由买方负担。如发现品质或数量（重量）与合同不符，买方有权向卖方索赔提供经卖方同意的公证机构出具之检验报告。

It is mutually agreed that the Inspection Certificate of Quantity (Weight) issued by the China Import and Export Commodity Inspection Bureau at the port of shipment shall be part of the documents to be presented for negotiation under the relevant L/C. The buyers shall have the right to reinspect the Quality and Quantity (Weight) of the cargo. The reinspection fee shall be borne by the Buyers. Should the Quality and/or Quantity (Weight) be found not in conformity with that of the contract, the Buyers are entitled to lodge with the Sellers a claim which should be supported by survey reports issued by a recognized Surveyer approved by the Sellers.

14. 备注：

Remarks：

(1) 买方须于____年____月____日前开到本批交易的信用证（或通知售方进口许可证号码），否则，售方有权不经通知取消本确认书，或接受买方对本约未执行的全部或一部，或对因此遭受的损失提出索赔。

The buyers shall have the covering Letter of Credit reach the Sellers (or notify the Import License Number) before otherwise the Sellers reserve the right to rescind without further notice or to accept whole or any part of this Sales Confirmation not fulfilled by the Buyers, or to lodge a claim for losses this sustained of any.

（2）凡以 CIF 条件成交的业务，保额为发票的 110%，投保险别以本售货确认书中所开列的为限，买方要求增加保额或保险范围，应于装船前经售方同意，因此而增加的保险费由买方负担。

For transactions concluded on C.I.F. basis it is understood that the insurance amount will be for 110% of the invoice value against the risks specified in the Sales Confirmation. If additional Insurance amount of coverage is required, the buyers must have the consent of the Sellers before Shipment and the additional premium is to be borne by the buyers.

（3）品质数量异议：如买方提出索赔，凡属品质异议须于货到目的口岸之日起 3 个月内提出，凡属数量异议须于货到目的口岸之日起 15 日内提出，对所装运物所提任何异议属于保险公司、轮船公司及其他有关运输机构或邮递机构所负责者，售方不负任何责任。

Quality/Quantity Discrepancy: In case of quality discrepancy, claim should be filed by the Buyers within 3 months after the arrival of the goods at port of destination, while of quantity discrepancy, claim should be filed by the Buyers within 15 days after the arrival of the goods at port of destination. It is understood that the Sellers shall not be liable for any discrepancy of the goods shipped due to causes for which the Insurance Company, Shipping company, other transportation, organization/or Post Office are liable.

（4）本确认书所述全部或部分商品，如因人力不可抗拒的原因，以致不能履约或延迟交货，售方概不负责。

The Sellers shall not be held liable for failure or delay in delivery of the entire lot or a portion of the goods under this Sales Confirmation on consequence of any Force Majeure incidents.

（5）买方开给售方的信用证上请填注本确认书号码。

The buyers are requested always to quote The Number of this Sales Confirmation in the Letter of Credit to be opened in favour of the Sellers.

（6）仲裁：凡因执行本合同或与本合同有关事项所发生的一切争执，应由双方通过友好的方式协商解决。如果不能取得协议时，则在被告国家根据被告仲裁机构的仲裁规则进行仲裁。仲裁决定是终局的，对双方有同等约束力。仲裁费用除非仲裁机构另有决定外，均由败诉一方负担。

Arbitration: All disputes in connection with this Contract or the execution thereof shall be settled by negotiation between two parties. If no settlement can be reached, the case in dispute shall then be submitted for arbitration in the country of defendant in accordance with the arbitration regulations of the arbitration organization of the defendant country. The decision made by the arbitration organization shall be taken as final and binding upon both parties. The arbitration expenses shall be borne by the losing party unless otherwise awarded by the arbitration organization.

（7）买方收到本售货确认书后立即签回一份，如买方对本确认书有异议，应于收到后 5 天内提出，否则认为买方已同意本确认书所规定的各项条款。

The Buyers are requested to sign and return one copy of this Sales Confirmation immediately receipt of the same. Objection, if any, should be raised by the Buyers within five days after receipt of this Sales Confirmation, in the absence of which it is understood that the Buyers have accepted the terms and conditions of the Sales Confirmation.

卖方　　　　　　　　　　　　　　买方
THE SELLERS　　　　　　　　　　THE BUYERS

条款一　合同的标的

【目标与要求】
1. 掌握合同标的条款的内容
2. 掌握标的条款拟定的方法和注意事项
3. 能够根据示范拟定品名、品质、数量、包装条款

合同的标的条款包括商品的品名、品质、数量和包装。

【条款示例】（见表2－1－1－1）

表2－1－1－1　　　　　　　　　　合同标的条款示例

买卖双方同意以下条款达成交易：
This contract is made by and agreed between the BUYER and SELLER, in accordance with the terms and conditions stipulated below.

1. 商品号 Art No.	2. 品名及规格 Commodity & Specification	3. 数量 Quantity	4. 单价 Unit Price	5. 金额 Amount
				CIFMONTREAL, CANADA
46－301A	LADIES COTTON BLAZER （100% COTTON, 40SX20/140X60）	2 550PCS	USD 12.80	USD 32 640.00
	Total:		USD 12.80	USD 32 640.00
允许 With	3%	溢短装，由卖方决定。 More or less of shipment allowed at the sellers' option.		

6. 总值（Total Value）：USD THIRTY TWO THOUSAND SIX HUNDRED AND FORTY ONLY.
7. 包装（Packing）：CARTON

任务一　拟定品名、品质条款

一、品名、品质条款（Commodity & Specification）的内容

品名或称商品的名称，是指某种商品区别于其他商品的一种称呼或概念，是在合同的开

头部分所列明的商品的名称。

品质条款要列明商品的名称、规格、等级、标准、商标或牌名等项内容,如果是凭样品买卖,则要列明样品的编号或寄送日期。

1. 规格 (Specification of Goods)

规格是用来反映商品品质的主要指标,如成分、含量、纯度、性能、大小等。用规格表示质量的方法,简单方便,明确具体,在国际贸易中使用最为广泛。

例如: 精纺呢绒　　　　纱支　　　　　寸密　　　　　幅宽
　　　Worsted Textile　Yarn Counts　No. of Threads　Width
　　　　　　　　　　　30s/2　　　　　49×42　　　　 39/40"

2. 等级 (Grade of Goods)

等级是指同一类商品按其规格的差异分为不同的若干等级,如特级、一级、二级等。

例如: 中国绿茶特珍眉一级货号 9317
Chinese Green Tea Special Chunmee Grade 1 Art. No. 9317

3. 标准 (Standard of Goods)

商品的标准是指标准化了的规格和等级。标准有的由国家或有关政府部门制定,也有的是由商品交易所、同业工会或有关国际组织制定。例如:

国际标准化组织 (ISO): ISO9000 (1-4) 质量标准体系、ISO14000 环境标准体系、SA8000 社会责任管理体系。

国际电工委员会 (IEC): 负责制定电工和电子产品的国际标准。

国际电信联盟 (ITU): 协调全球电信网络和服务的机构,制定电信标准。

我国的标准多而复杂,有国家标准、行业标准、地方标准、企业标准。

例如: 利福平 (甲哌利福霉素) 英国药典 1993 年版
Rifampicin B. P. 1993

【业务链接】良好平均品质 (Fair Average Quality, F. A. Q)

4. 商标或牌名 (Brand Name or Trade Mark)

商标是由字母、数字或图形组成的生产者或商号用来识别其生产或销售的商品的标志。牌名是指工商企业给其所制造或销售的商品所冠的名称。商标和牌名是区分和识别货物的标志,商标是牌名的图案化。凭商标和牌名买卖是指某些商品品质比较稳定,享有良好的声誉,已有一定的市场,在交易时习惯上就采用这些商品的商标和牌名来表示其品质。其主要适合于品质比较稳定的工业制成品。如青岛啤酒、海尔冰箱等。

5. 产地名称 (Name of Origin)

有些产品,由于产地的自然条件、传统加工工艺等因素的影响,品质独具特色,可用产地名称来表示其品质,尤其是一些传统农副产品,如四川榨菜等。

6. 说明书和图样 (Description and Illustration)

一些机械、电子、仪表等技术密集型产品,通常以说明书附以图样、照片等来说明其具体性能和结构特点,以此种方法规定商品品质进行交易的方式,称为凭说明书和图样买卖。

7. 样品（Sample）

样品是指从一批商品中抽取出来的或由生产使用部门加工出来的，足以反映和代表整批商品的品质的少量实物。凭样品买卖（sales by samples）是指买卖的双方约定在合同中以样品来表示质量并用样品来衡量卖方交货是否符合合同的依据。一般凭样品买卖的货物大都具有用文字不易描述的货物的品质规格，如在造型上有特殊要求或具有色、香、味等方面特征的商品。在我国出口业务中，许多服装、工艺品、土特产品等，在交易时一般都采用凭样品买卖。

凭样品买卖的基本前提是样品是表示货物品质的唯一根据以及卖方所交货物必须与样品一致。凭样品买卖由卖方提供样品，称为"凭卖方样品买卖"（Quality as per Seller's S..mples）；由买方提供样品，称为"凭买方样品买卖"（Quality as per Buyer's Sample）。

【业务链接】国际贸易中的样品种类

二、订立品名品质条款的注意事项

品名的确定要遵循以下原则：品名明确、具体，避免空泛、笼统的规定；实事求是，反映商品的实际情况；不应列入不必要或做不到的描述性词句；尽可能使用国际上通用的名称。

订立品质条款要注意：

（1）凡是能够用一种方法表示品质的，一般就不要采用两种或两种以上的方法来表示。

（2）如果同时采用凭样品和凭规格买卖，则卖方交货时，既要与样品一致，又要与规格一致。

（3）如果是凭样品买卖：①样品要有代表性；②要留有复样；③凭买方样品买卖时，要提交对等样；④对于某些在制造、加工技术上确有困难，难以做到货物与样品一致的，可在合同中写明"质量与样品大致相符"（quality to be about equal to the sample）；⑤对凭买方样品成交的，合同中应列入知识产权争议免责条款。

（4）如果交易商品由于生产过程中存在自然损耗，以及受生产工艺、商品本身特点等多方面因素的影响，难以保证质量与合同规定的完全一致，可在合同中规定一些灵活条款，允许卖方交货的质量可控制在一定范围内，即品质机动幅度和品质公差。

品质机动幅度是指允许卖方所交货物的品质指标在一定的范围内上下浮动。只要卖方所交货物的品质没有超出机动范围的幅度，买方就无权拒收货物。这一方法主要是用于某些质量不稳定的初级产品，如农副产品等。例如：棉布幅阔35/36，即卖方所交的棉布幅阔在35英寸到36英寸间均属符合规定。

品质公差（Quality Tolerance）是指国际上公认的产品品质的误差。这一方法主要用于工业制成品。例如：男士手表允许每48小时误差1秒。

一般来说，在品质机动幅度内，价格一般按合同单价计算，价格不做调整，但有时经双方协商同意，也可按比例增减价格。如东北大豆含油量±1%，价格±1.5%。

三、拟定品名品质条款

【条款示例】

1. Commodity and Description: Teddy Bear, Sample S20121008, Size 26", as per the samples dispatched by the seller on May 8th, 2013.

商品与描述：玩具熊样品号 S20121008，尺码 26 英寸，根据卖方于 2013 年 5 月 8 号寄送的样品。

2. Northeast Rice　　　　　　Year 2015　　　　　　FAQ
　　　　　　　　　　Moisture（Max.）　　　　15%
　　　　　　　　　　Admixture（Max.）　　　　1%
　　　　　　　　Broken Grains（Max.）　　　　20%

中国东北大米　　　　　　　2015 年　　　　　　大路货
　　　　　　　　　水分（最高）量　　　　　　15%
　　　　　　　　　杂质（最高）　　　　　　　1%
　　　　　　　　　碎粒（最高）　　　　　　　20%

【同步练习】下列品质条款中使用了什么品质表示方法？

（1）Description of goods: Dyed Interlock, made of 100% cotton combed, yarn 42s/2, weight 140g/m²。

染色棉毛布，40s/2 纯棉精梳，克重 140 克/平方米。

（2）Description of goods: WOMEN'S JACKET 女式夹克，梭织，100% 涤纶，夹棉，涂 PU 胶，BERG 牌。

（3）Commodity and Description: Fuji Apples, Grade: A, Size: 8cm.

富士苹果，等级：A 级，规格：8 厘米。

（4）Description：休闲鞋，材质：网布 + PU 面，PHYLONE 底，款式：低帮，商标：TENTH。

【同步案例及评析】品质条款规定不当致损案

某年，我方某出口公司 A 对英国 B 公司按每公吨 90 英镑 CIF 利物浦成交某农产品一批，合同规定水分最高不超过 15%，碎粒最高不超过 20%，杂质最高不高于 1%。成交前我方也曾向买方寄送过样品，订约后我方又电告对方成交货物与样品一致。货物装运前，由中国商品检验局检验签发品质规格合格证书。货到英国后，B 公司提出，货物的质量比样品低，卖方有责任交付与样品一致的货物。因此要求降价。而此时我方留存的复样已遗失，我方出口公司以合同中并未规定凭样品交货，而只规定了凭规格交货为由，坚持我方所交货物品质符合合同规定，并有装运前商检局出具的商检证明，不同意降价。B 公司又请该国某检验公司进行检验，出具了所交货物平均品质比样品低 7% 的检验证明，并据此要求我方赔偿，而我方拒赔。理由是：该批货物是凭规格买卖而不是凭样品买卖。

你认为我方拒赔的理由充分吗？

【评析】

任务二 拟定数量条款

商品数量（Quantity）是指以一定的度量衡单位表示的货物重量、个数、长度、宽度、面积、体积等。

一、数量条款的内容

数量条款主要包括成交商品的数量和计量单位。按重量成交的商品还要订明计算重量的方法，如按毛重、净重等。交货数量允许有一定比例浮动的，条款中还要规定浮动比例、浮动部分由谁决定、如何计价等。

1. 计量单位和计量制度

国际贸易中常用的计量单位有以下六种：

（1）重量（Weight）。对大量的农副产品、矿产品等货物的贸易，一般按毛重计量。其计量单位常见的有：公吨（M/T）、长吨（L.T）、短吨（S.T）、公斤（kg）、磅（1b）、盎司（oz）等。

（2）个数（Number）。许多工业制成品，如消费品、轻工业品、机械产品等习惯于按个数计量。其计量单位有：件（piece）、双（pair）、套（set）、打（dozen）、卷（roll）、令（ream）、袋（bag）、包（bag）等。

（3）长度（Length）。在金属绳索、丝绸、布匹等商品交易中适宜计量其长度。长度的计量单位主要有：米（meter）、英尺（foot）、码（yard）等。

（4）面积（Area）。在玻璃板、地毯、皮革等商品交易中，常用面积大小来做计量。其计量单位主要有：平方米（square meter）、平方英尺（square foot）、平方（square yard）等。

（5）体积（Volume）。在木材等商品的交易中常用体积表示商品的数量。其主要计量单位有：立方米（cubic meter）、立方英尺（cubic foot）、立方码（cubic yard）等。

（6）容积（Capacity）。各种流体货物一般按其容积计算数量。其计量单位主要有：升（liter）、加仑（gallon）、蒲式耳（bushel）。

国际贸易中通常使用的度量衡制度有四种：

（1）公制或米制（Metric System）。其基本单位为千克和米。欧洲大陆及世界大多数国家采用。

（2）国际单位制（International System of Units）。其由国际标准计量组织在公制基础上制定公布的，基本单位包括千克、米、秒、摩尔、坎德拉、安培和开尔文等7种。

（3）英制（British System）。其基本单位为磅和码。英联邦国家采用。

（4）美制（US System）。其基本单位和英制相同，为磅和码，但有个别派生单位不一致。如英制为长吨等于2 200磅，而美制为短吨等于2 000磅。此外容积单位加仑和蒲式耳，英美制名称相同，大小不同。

我国所采用的是以国际单位制为基础的法定计量单位。《中华人民共和国计量法》明确规定:"国家采用国际单位制。国际单位制计量单位和国家选定的其他计量单位,为国家法定计量单位。"

【同步练习】 查询、比较"公吨""长吨""短吨"。

2. 计算重量的方法

国际贸易中,有很多货物是按重量计算的。计算重量的方法有以下几种:

(1) 毛重(Gross Weight)。其是指商品本身的重量加上包装的重量。一些价值不高的产品可采用按毛重计价,即习惯上所称"以毛作净"(Gross for Net)的办法。

(2) 净重(Net Weight)。其是指商品本身的重量,即除掉包装后商品本身的重量。《联合国国际货物销售合同公约》规定,如果在合同中没有规定商品重量是按毛重还是净重计量,则按净重计量。

(3) 公量(Conditioned Weight)。其是指用科学方法抽去商品中的水分后,再加上标准含水量所求得的重量。其适用于价值较高而含水量不稳定的羊毛、生丝等商品。公量是以货物的标准回潮率计算出来的。所谓标准回潮率是交易双方约定的货物中的水分与干量之比。而货物中的实际水分与干量之比称为实际回潮率。

(4) 理论重量(Theoretical Weight)。其是指某些有固定和统一规格的货物,如马口铁、钢板等,有统一形状和尺寸,只要规格一致、尺寸符合,其重量大致相同,就可以据其件数推算总毛重。

(5) 法定重量(Legal Weight)。其是指商品重量加上直接接触商品的包装材料如销售包装等的重量。法定重量主要为海关征税时使用。

二、订立数量条款的注意事项

在国际货物买卖中,货物的数量是国际货物买卖合同的主要交易条件之一,根据一些国家的法律的规定,卖方交货数量必须与合同相符,否则,买方有权提出索赔,甚至拒收货物。

因此,订立数量条款要注意:

(1) 数量条款应明确、具体;

(2) 合理规定数量机动幅度。

数量机动幅度条款又称溢短装条款(More or Less Clause),是指在数量条款中明确规定卖方可以多装或少装的百分比,但以不超过规定的百分比为限。在订立溢短装条款时,应注意:

允许溢短装的比例一般在3%~10%,不宜过高,主要考虑船只的承载能力和货物的自然损耗;溢短装的选择权可以规定由买方决定、由卖方决定或者由船方决定,一般情况下规定由卖方决定;溢短装数量的计价方法可以规定按照合同价格或者按照交货时的市场价格,防止卖方根据市场行情的变动随意选择多装少装,造成买方损失。

【法规惯例链接】《联合国国际货物销售合同公约》对交货数量的规定

《联合国国际货物销售合同公约》规定:"卖方必须按合同数量条款的规定交付货物。如果卖方交货数量大于合同规定的数量,卖方可以收取,也可以拒收多交部分货物的全部或一部分,如果买方收取多交部分,应按合同价格付款;如果卖方交货数量少于合同规定的数量，买方应在规定的交货期前补交，但不得使买方遭受不合理的不便或承担不合理的开支，即使如此，买方也有保留要求损害赔偿的权利。"

国际商会《跟单信用证统一惯例（UCP600）》对交货数量的规定

第30条 信用证金额、数量与单价的伸缩度

a."约"或"大约"用于信用证金额或信用证规定的数量或单价时，应解释为允许有关金额或数量或单价有不超过10%的增减幅度。

b. 在信用证未以包装单位件数或货物自身件数的方式规定货物数量时，货物数量允许有5%的增减幅度，只要总支取金额不超过信用证金额。

c. 如果信用证规定了货物数量，而该数量已全部发运，及如果信用证规定了单价，而该单价又未降低，或当第30条b款不适用时，则即使不允许部分装运，也允许支取的金额有5%的减幅。若信用证规定有特定的增减幅度或使用第30条a款提到的用语限定数量，则该减幅不适用。

三、拟定数量条款

【条款示例】

Quantity：Northeast Soybean 60,000 M/T，5% more or less at seller's option at contract price.

数量：东北大豆60 000吨，以毛作净，5%溢短装，由卖方决定，增减部分按合同价计算。

任务三 拟定包装条款

一、包装条款的内容

包装条款一般包括包装材料、包装方式、包装费用的负担和运输标志等。

1. 包装材料与包装方式

（1）运输包装。运输包装（Transport Packing）又称大包装或外包装（Outer Packing），是指将货物装入特定容器，或以特定方式成件或成箱的包装。运输包装的主要作用：一是保护商品，防止货损、货差；二是便于运输、储存和保管。

运输包装分为单件运输包装和集合运输包装两类。

单件运输包装是指货物在运输过程中作为一个计件单位的包装，如箱（Case）、桶（Drum）、包（Bale）、袋（Bag）、捆（Bundle）等。

集合运输包装又称成组化包装，是指将一定数量的单件包装组合成一件大包装。集合运输包装有提高装卸效率、保护商品、节省费用的作用。

【业务链接】常见的集合运输包装

（2）销售包装。销售包装又称小包装或内包装，是指直接接触商品并随商品进入零售网点和消费者直接见面的包装。其具体有挂式包装、堆叠式包装、便携式包装、易开包装、

喷雾包装、一次用量包装、配套包装、礼品包装等。

2. 包装标志、标示

运输包装上的标志、标示如下：

（1）运输标志（Shipping Mark）。运输标志又称唛头，是指在运输包装上刷制的简单图形、字母、数字及简单的文字。其主要作用是使有关人员在运输过程中便于识别货物，避免错发、错运和便于核对单据。其主要包括三项内容，即收/发货人名称代号、目的地的名称或代号、件号或批号。

国际标准化组织制定了标准运输标志向各国推荐使用。标准运输标志包括四项内容：收货人或买方名称的英文字母缩写或简称；参考号，如运单号、订单号或发票号；目的地；件号。例如：

N. E OT——收货人名称缩写

NEO2013/026——参考号

DAMMAN PORT——目的地

B/N 1-600——件号

实践中，唛头有正唛和侧唛之分。常规唛头的内容为：正唛为收货人名称，侧唛为产品名称、编号、规格、毛净重、尺寸、箱数和订单数量等。如果客户对唛头没有特殊的要求，出口企业可自行设计，如采用标准化唛头：收货人的简称、合同号、目的地、件数之类的信息，没有唛头就写 N/M。

（2）指示性标志（Indicative Mark）。指示性标志是指为指示有关人员在装卸、搬运和存储易碎、易损、易变质货物时应注意的事项，而在运输包装上刷制的图形和简单文字。例如："小心轻放""易碎""怕湿"等。

（3）警告性标志（Warning Mark）。警告性标志又称危险品标志，是指在爆炸品、易燃品、有毒物品、放射性物品等危险性货物的运输包装上，刷制的醒目图形和简单文字，以示警告。各国政府一般都对危险性货物的包装、运输、储存有专门的管理规定，应严格遵照执行。我国在出口危险品货物时，要求标打我国《危险货物包装标志》和《联合国危险货物运输标志》中规定的危险品标志。

【业务链接】销售包装的标示

3. 中性包装与定牌生产

中性包装（Neutral Packing）是指既不标明生产国别、地名和厂商名称，也不标明商标或牌名的包装。中性包装有两种形式：一是无牌中性包装，既无生产国别、地名、厂名，也无商标牌号；二是有牌中性包装，不注明商品生产国别、地名、厂名，但要注明买方指定商标或牌号，也称作定牌中性。

【业务链接】各国海关对进口商品中性包装的规定

定牌是指卖方应买方的要求在其出售的商品或包装上标明买方指定的商标或牌名的做法。在定牌业务中，要特别注意买方指定的商标是否存在侵权的行为。

二、订立包装条款的注意事项

（1）对包装的规定要明确、具体。

（2）明确包装费用由谁负担。包装费用一般包括在货价中，不另计收。

（3）注意有关国家对包装的特殊要求。

（4）为了避免在定牌业务中造成被动，可以在合同中规定："买方指定的商标，当发生被第三者控告为侵权时，应由买方与控告方交涉，与卖方无关，并由此给卖方造成的损失由买方负责赔偿。"

三、拟定包装条款

【条款示例】

（1）Packing: each set in a polybag printed with stylediagram, size, composition, solid design in assorted sizes 40 sets per carton, marked with design number, sizes and quantity.

包装：每套装一个塑料袋，印制有款式图、尺码、组成，独款混码每箱40套，纸箱上注明款式号、尺码和数量。

（2）Packing: In cartons containing 60 tins of 1,000 tab each.

包装：纸箱装，每箱60听，每听1 000片。

项目实训练习

一、实训操作

1. 制作一个标准化运输标志。
2. 选择一种商品，拟定标的条款。

二、习题训练

（一）填空题

1. 凭样品买卖中，衡量卖方交货是否符合要求的唯一标准是_____。

2. _____是指允许交付货物的特定质量指标在公认的一定范围内的差异。

3. 有些单位价值不高的商品可采用毛重计量，即以毛重作为计算价格和交付货物的计量基础，这种计重方法被称为_____。

4. 包装标志主要包括_____、_____、_____三种。

5. 商品包装按照其在流通过程中起到的作用的不同，可分为_____和_____两大类。

6. "KEEP DRY"是_____性标志；"EXPLOSIVE"是_____性标志。

7. 按照国际贸易习惯，唛头一般由_____决定，并无必要在合同中作具体规定。

（二）判断题

1. 中国 A 公司向《联合国国际货物销售合同公约》缔约国 B 公司出口大米，合同规定数量为 50 000 吨，允许卖方可溢短装 10%。A 公司在装船时共装了 58 000 吨，遭到买方拒收全部货物。按《联合国国际货物销售合同公约》的规定，买方有权这样做。（　）
2. 毛重就是商品本身的重量加上包装材料的重量。（　）
3. 合同中未规定以毛重还是净重计算时，一般以毛重计算。（　）
4. 包装费用一般包括在售价中，不需要在合同中另行规定。（　）

（三）选择题
1. 在凭样品进行买卖时，样品（　）。
A. 只能由卖方提出
B. 只能由买方提出
C. 既可由卖方提出，又可由买方提出
2. 卖方凭规格达成一笔交易，并将参考样品留给买方，货到目的港，经检验各项指标与合同相符，但有一项不符合参考样品，买方（　）。
A. 有权提出索赔，品质应符合参考样品
B. 无权提出索赔，卖方不受参考样品的约束
C. 有权提出索赔，品质不但要符合合同规定，还应符合参考样品
3. 出口羊毛计算重量的方法通常是按（　）。
A. 毛重　　　　B. 净重　　　　C. 公量
4. 按照 UCP600 的规定：在交货数量前加"约"字，应解释为伸缩幅度为（　）。
A. 2.5%　　　　B. 5%　　　　C. 10%
5. 某公司与外商签订了一份出口某商品的合同，合同中规定的出口数量为 500 吨。在溢短装条款中规定，允许卖方交货的数量可增减 5%，但未对多交部分如何作价给予规定。卖方依合同规定多交了 20 吨。根据《联合国国际货物销售合同公约》的规定，此 20 吨应按（　）作价。
A. 到岸价　　　B. 合同价　　　C. 离岸价　　　D. 议定价

三、案例分析
某单位对中东某海湾国家出口电扇 1 000 台，国外开来信用证规定不允许分批装运。但在出口装船时发现有 40 台电扇的包装破裂，有的风罩变形，有的开关钮脱落，临时更换已来不及。为保证质量，发货人员根据 UCP600 规定：即使不准分运，在数量上也可有 5% 的伸缩。如甩下 40 台并未超过 5%，结果实装 960 台。当持单到银行议付时，银行拒绝接受单据。

分析：银行不接受单据、拒绝付款的原因是什么？

【名词术语（中英文）】

品名（Name of Commodity）　　　标准（Standard）
品质（Quality）　　　　　　　　良好平均品质（F.A.Q）
规格（Specification）　　　　　样品（Sample）
等级（Grade）　　　　　　　　　凭样品买卖（Sale by Sample）

确认样（Approval Sample）
产前样（Pre-production Sample）
复样（Duplicate Sample）
封样（Sealed Sample）
对等样品（Counter Sample）
回样（Return Sample）

毛重（Gross Weight）
以毛作净（Gross for Net）
净重（Net Weight）
TEU（Twenty – Foot Equivalent Unit）
运输标志（Shipping Mark）

条款二　价格

【目标与要求】

1. 掌握合同中价格条款的内容
2. 掌握计价货币的选择原则
3. 掌握贸易术语的使用和选用
4. 掌握价格的构成、计算、换算与简单的成本核算
5. 能够根据示范拟定价格条款

合同中的价格条款内容包括单价（Unit price）和总值（Amount），单价主要包括计价单位、计价货币、单位价格和贸易术语。

例如：

   每公吨   200   美元   CIF 纽约
  计价数量单位 单位价格 计价货币 贸易术语

【条款示例】（见表 2 – 1 – 2 – 1）

表 2 – 1 – 2 – 1 　　　　　　　　　价格条款示例

Unit price	Amount
FOB SHANGHAI USD380.00/pc USD170.00/pc	USD19 000.00 USD 8 500.00
	USD27 500.00

Total Amount：SAY U.S. DOLLARS TWENTY SEVEN THOUSAND AND FIVE HUNDRED ONLY

任务一　选择计价货币

国际贸易中的"元"有美元、日元、加拿大元、港元等多种，使用哪国的货币作为合同中货物的计价货币，必须明确规定出来。在选用计价货币时应注意以下问题：

（1）尽量使用可自由兑换的货币。合同中的计价货币可以选择出口国货币、进口国货币或进出口双方同意的第三国货币。在实际业务中，具体选用哪国货币是由买卖双方协商而定的，但应尽量使用可自由兑换的货币。

(2)出口争取使用"硬币",进口争取使用"软币"。在进口业务中,一般应争取多使用从成交至付汇这段时期内汇价比较疲软且趋势下浮的货币,即"软币"或称"弱币";在出口业务中,一般应争取多使用从成交至收汇这段时期内汇价比较稳定且趋势上浮的货币,即"硬币"或称"强币"。

任务二　确定贸易术语

一、贸易术语与国际贸易惯例

(一)贸易术语的含义

国际贸易中,买卖双方各自应承担什么义务?

根据《联合国国际货物销售合同公约》

卖方必须按照合同和本公约的规定,交付货物,移交一切与货物有关的单据并转移货物所有权。

买方必须按照合同和本公约规定支付货物价款和收取货物。

卖方如何交付货物、移交单据并转移货物所有权?
买方如何支付价款和收取货物?

在哪里交货?
谁办理货物运输?谁支付运输费用?
谁办理货物保险?谁支付保险费用?
谁办理出口清关?谁支付清关费用?
谁办理进口清关?谁支付清关费用?
谁负责货物运输中的风险?

国际贸易术语——"对外贸易的语言"

| 代表价格构成 | 说明交货地点,明确责任、风险、费用划分 |

贸易术语是指用一个简短的概念或三个字母的英文缩写来表示商品的价格构成,说明交货地点,明确货物交接过程中有关的责任、风险、费用的划分问题的专门用语。

贸易术语用简短的概念明确了买卖双方的权利和义务,每种术语代表特定的交货条件,表明买卖双方各自承担的不同的责任、费用和风险,供交易双方选择使用,从而取代了烦琐、冗长的交易磋商。同时,卖方因承担具体责任、风险而产生的成本、费用会作为货价的组成部分,所以贸易术语又具有了另一重性质:表示商品的价格构成。承担的责任、费用和风险的大小影响着成交商品的价格。例如:出口商承担的风险大、责任广、费用多,他便会将这些计入货价中，货价自然会高；反之，如果进口商承担的风险、责任、费用多，而出口商承担得少，货价自然就会低。按不同的贸易术语成交，会表示出成交商品具有不同的价格，所以，贸易术语有时也被称为"价格术语"或"价格条件"。

因此，贸易术语具有两重性质：一是表明交货条件，即交货地点、责任划分、风险划分、费用分担；二是表示商品的价格构成。

（二）关于贸易术语的国际贸易惯例

为了解决对贸易术语理解不同而形成分歧这一问题，国际商会、国际法协会等国际组织以及美国的一些商业团体纷纷制定了解释国际贸易术语的规则，这些规则被广泛采用，形成了有关贸易术语的国际贸易惯例。

目前，国际上有关贸易术语的惯例主要有三种。

1. 《1932年华沙—牛津规则》

该规则由国际法协会制定，对 CIF 合同的性质、特点及买卖双方的权利和义务都作了具体的规定和说明。

《1932年华沙—牛津规则》自1932年公布后，一直沿用至今，并成为国际贸易中颇有影响的国际贸易惯例，它在一定程度上反映了各国对 CIF 合同的一般解释。

按照该规则，CIF 合同的卖方所需承担的主要义务是：

（1）提供符合合同的货物，并按港口习惯方式，在合同规定的时间或期限内，在装运港将货物装到船上；负担货物损坏或灭失的风险，直到货物装上船为止。

（2）根据货物的性质和预定航线或特定行业通用的条件，自负费用，订立合理的运输合同。该运输合同必须以"已装船"提单为证据。

（3）自负费用，为出口货物向一家信誉良好的保险商或保险公司购买一份海运保险单。除买卖合同特别规定外，该保险单需按特定行业或预定航线上的惯例承保所有的风险，但不包括战争险，其保险金额按特定行业惯例予以确定，如无此惯例，则按 CIF 发票价值加预期利润的 10%。

（4）在货物已装船时通知买方船名、唛头和详细细节。但如果买方未收到通知，或偶然遗漏发出通知，买方无权拒收卖方提交的单据。

（5）尽力以各种适当的方式将单据提交买方，单据是指提单、发票和保险单以及根据买卖合同，卖方有责任取得并提交买方的其他单据。

买方的主要权利和义务是：

接受卖方提交的正当的单据，并按买卖合同规定支付价款；有权在合理时间内检查单据是否正确，但无权以没有机会检验货物为借口，拒绝接受正当的单据或拒绝按合同支付价款。

2. 《1941年美国对外贸易定义（修订本）》

1919年，美国九大商业团体在纽约制定并于1941年修订、命名为《1941年美国对外贸易定义（修订本）》（Revised American Foreign Trade Definitions 1941）是美洲国家通用的主要贸易惯例。

该修订本对以下 6 种贸易术语作了解释：

EX（Point of Origin），即产地交货。

FOB（Free on Board），即在运输工具上交货。
FAS（Free Along Side），即在运输工具旁边交货。
CFR（Cost and Freight），即成本加运费。
CIF（Cost, Insurance and Freight），即成本加保险费、运费。
EX Dock（named port of importation），即进口港码头交货。

3. 《2010年国际贸易术语解释通则》

1936年，国际商会制定了一套解释贸易术语的具有国际性的统一规则，称为《国际贸易术语解释通则》。随后，为了适应国际贸易业务的不断发展，国际商会先后于1953年、1967年、1976年、1980年、1990年、2000年、2010年推出该通则的修订本，现在通用的是2010年1月1日生效的新修订本，名为《2010年国际贸易术语解释通则》（INCOTERMS 2010），简称《2010通则》。它是内容最多、使用范围最广、影响最大的有关贸易术语的国际贸易惯例。

《2010通则》解释了11种贸易术语（见表2-1-2-2），分为特征明显的两大类：

适用于任何运输方式或多种运输方式的术语7种：EXW、FCA、CPT、CIP、DAT、DAP、DDP；适用于海运及内河水运的术语4种：FAS、FOB、CFR、CIF。

表2-1-2-2　　　　　　　　《2010年通则》贸易术语一览表

适用的运输方式	术语缩写	含义	
		英文	中文
适合任何运输方式或多种运输方式	EXW	EX Works	产地交货
	FCA	Free Carrier	货交承运人
	CPT	Carriage Paid to	运费付至
	CIP	Carriage Insurance Paid to	运费、保险费付至
	DAT	Delivered at Terminal	运输终端交货
	DAP	Delivered at Place	目的地交货
	DDP	Delivered Duty Paid	完税后交货
适合海运及内河水运	FAS	Free alongside Ship	船边交货
	FOB	Free on Board	船上交货
	CFR	Cost and Freight	成本加运费
	CIF	Cost Insurance and Freight	成本加保险费、运费

国际贸易术语传统上用于货物跨越国界的国际货物买卖合同。但在世界许多地区，像欧盟一样的贸易同盟已使不同成员国间的边界形式显得不再重要，因此，《2010通则》正式确认这些术语对国际和国内货物买卖合同均可使用。

根据《2010通则》的规定，贸易术语的使用应包括贸易术语、指定地点或地址、所选贸易术语的版本三个内容。例如：

FCA 123 Example Street, Paris, France Incoterms 2010

FCA——贸易术语；

123 Example Street, Paris, France——地点或地址；

Incoterms 2010——所选贸易术语最新版本的说明。

值得注意的是，买卖双方可以变通国际贸易术语，但应该在买卖合同中清晰地明确他们希望通过修改达到的效果。例如：在通过变通对某术语的费用分摊作出改变时，也应清楚表明是否同时改变风险转移点。

注意：以上这些有关贸易术语的规则、定义、解释通则并不具有普遍的法律约束力。买卖合同的交易当事人可以自主决定采用某惯例，并有权在合同中作出与某项惯例不符的规定。只要合同有效成立，买卖双方都要履行合同规定的义务，一旦发生争议，法院和仲裁机构也要维护合同的有效性。但如果买卖双方在合同中既未排除，也未注明适用某项惯例，则在合同执行中发生争议时，法院或仲裁机构往往会引用某一国际贸易惯例进行判决或裁决。因此，贸易惯例对国际贸易实践具有重大的指导意义。

二、《2010 通则》中适合水运的贸易术语

（一）FOB 术语

全称：FREE ON BOARD 船上交货

FOB（insert named port of shipment）Incoterms® 2010

FOB（插入指定装运港）国际贸易术语解释通则® 2010 或 Incoterms® 2010

含义："船上交货"是指卖方以在指定装运港将货物装上买方指定的船舶或通过取得已交付至船上货物的方式交货。货物灭失或损坏的风险在货物交到船上时转移，同时买方承担自那时起的一切费用。

适用：只适用于海运或者内河运输，不适用于货物在上船前已经交给承运人的情况，如集装箱运输的货物通常在集装箱码头交货，此时应使用 FCA 术语。

买卖双方义务划分，见表 2-1-2-3。

表 2-1-2-3　　　　　　　FOB 术语中买卖双方义务划分

卖方	买方
A1 卖方一般义务 　　卖方必须提供符合买卖合同约定的货物和商业发票，以及合同可能要求的其他与合同相符的证据。	B1 买方一般义务 　　买方必须按照买卖合同约定支付价款。 　　B1-B10 中所指的任何单证在双方约定或符合惯例的情况下，可以是同等作用的电子记录或程序。
A2 许可证、授权、安检通关和其他手续 　　如适用时，卖方必须自负风险和费用，取得所需的出口许可和其他官方授权，办理货物出口所需的一切海关手续。	B2 许可证、授权、安检通关和其他手续 　　如适用时，应由买方自负风险和费用，取得所有进口许可或其他官方授权，办理货物进口和从他国过境运输所需的一切海关手续。

续表

卖方	买方
A3 运输合同与保险合同 　　a. 运输合同。卖方对买方无订立运输合同的义务。但若买方要求，或是按商业实践，而买方未适时做出相反指示，卖方可以按照通常条件签订运输合同，由买方负担风险和费用。哪种情况，卖方都可以拒绝签订运输合同，如予拒绝，卖方应立即通知买方。 　　b. 保险合同。卖方对买方无订立保险合同的义务。但应买方要求并由其承担风险和费用（如有的话），卖方必须向买方提供后者取得保险所需的信息。	B3 运输合同与保险合同 　　a. 运输合同。除了卖方按照A3a签订运输合同情形外，买方必须自付费用签订自指定的装运港起运货物的运输合同。 　　b. 保险合同。买方对卖方无订立保险合同的义务。
A4 交货 　　卖方必须在指定的装运港内的装货点（如有的话），将货物置于买方指定的船舶旁边，或以取得已经在船边交付的货物的方式交货。哪种情况，卖方都必须在约定日期或期限内，按照该港的习惯方式交货。 　　如果买方没有指定特定的装货点，卖方则可在指定装运港选择最适合其目的的装货点。	B4 收取货物 　　当货物按照A4交付时，买方必须收取。
A5 风险转移 　　除按照B5的灭失或损坏情况外，卖方承担按照A4完成交货前货物灭失或损坏的一切风险。	B5 风险转移 　　买方承担按照A4交货时起货物灭失或损坏的一切风险。 　　如果 a. 买方未按照B7通知指定的船舶名称；或 b. 买方指定的船舶未准时到达，卖方未能按A4装载货物或早于B7通知的时间停止装货；买方则按下列情况承担货物灭失或损坏的一切风险：（i）自约定之日起，或如没有约定日期的，则（ii）自卖方在约定期限内按照A7通知的日期起，或如没有通知日期的，则（i）自任何约定交货期限届满之日起但以该货物已清楚地确定为合同项下之货物者为限。
A6 费用划分 　　卖方必须支付 　　a. 按A4完成交货前与货物相关的一切费用，但按B6应由买方支付的费用除外；及 　　b. 如适用时，货物出口所需海关手续费用，以及出口应交纳的一切关税、税款和其他费用。	B6 费用划分 　　买方必须支付 a. 自按照A4交货之时起与货物相关的一切费用，如适用时，按照A6b为出口所需海关手续的费用，及出口应交纳的一切关税、税款和其他费用除外；b. 由于以下原因之一发生的任何额外费用：（i）买方未能按照B7给予卖方相应的通知，或（ii）买方指定的船舶未准时到达，不能装载货物或早于B7通知的时间停止装货，但以该货物已清楚地确定为合同项下之货物者为限；及 c. 如适用时，货物进口应交纳的一切关税、税款和其他费用，及办理进口海关手续的费用和从他国过境运输费用。
A7 通知买方 　　由买方承担风险和费用，卖方必须就其已经按照A4交货或船舶未在约定时间内收取货物给予买方充分的通知。	B7 通知卖方 　　买方必须就船舶名称、装船点和在需要时其在约定期间内选择的交货时间向卖方发出充分的通知。

续表

卖方	买方
A8 交货凭证 　　卖方必须自付费用向买方提供已按照 A4 交货的通常证据。除非上述证据是运输凭证，否则，应买方要求并由其承担风险和费用，卖方必须协助买方取得运输凭证。	B8 交货证据 　　如果单证与合同相符的话，买方必须接受按照 A8 提供的运输凭证。
A9 查对 - 包装 - 标记 　　卖方必须支付为了按照 A4 进行交货，所需要进行的查对费用（如查对质量、丈量、过磅、点数的费用），以及出口国有关机构强制进行的装运前检验所发生的费用。 　　除非在特定贸易中，某类货物的销售通常不需要包装，卖方必须自付费用包装货物。 　　除非买方在签订合同前已通知卖方特殊包装要求，卖方可以适合该货物运输的方式对货物进行包装。包装应作适当标记。	B9 货物检验 　　买方必须支付任何装运前必须的检验费用，但出口国有关机构强制进行的检验除外。
A10 协助提供信息及相关费用 　　如适用时，应买方要求并由其承担风险和费用，卖方必须及时向买方提供或协助其取得相关货物进口和/或将货物运输到最终目的地所需要的任何单证和信息，包括安全相关信息。 　　卖方必须偿付买方按照 B10 提供或协助取得单证和信息时所发生的所有花销和费用。	B10 协助提供信息及相关费用 　　买方必须及时告知卖方任何安全信息要求，以便卖方遵守 A10 的规定。 　　买方必须偿付卖方按照 A10 向买方提供或协助其取得单证和信息时发生的所有花销和费用。 　　如适用时，应卖方要求并由其承担风险和费用，买方必须及时向卖方提供或协助其取得货物运输和出口及从他国过境运输所需要的任何单证和信息，包括安全相关信息。

使用 FOB 术语应注意：

（1）船货衔接。按 FOB 术语成交的合同，卖方应按合同规定的装船期和装运港，将货物装上船。但订立运输合同、安排船只是买方的义务，买方应租船订舱，将船名、装船时间等及时通告卖方，以便卖方备货装船。这就存在船货衔接的问题，如果处理不好这一问题，发生货等船或船等货的情况，势必影响合同的正常履行。

如买方对买卖双方义务的规定，如果买方按期派船到装运港并给予了卖方充分的通知，而卖方因货未备妥未能及时装运，则卖方应承担未按合同履约的后果，包括负担空舱费或滞期费；如果买方延迟派船导致卖方不能按合同规定时间装船交货，则由买方承担由此产生的损失和费用。

（2）FOB 术语下卖方的通知义务。为了配合买方及时派船和办理保险，在交货期比较长的情况下，要求卖方发送货已备妥通知，货物装船后发送已装船通知。

（3）注意《1941 年美国对外贸易定义（修订本）》对 FOB 的不同解释。《1941 年美国对外贸易定义（修订本）》将 FOB 分成 6 种解释，其中的第 5 种"装运港船上交货"与《2010 通则》的解释基本相近。与美洲国家的商人进行交易，要注意两个惯例规定的区别。

一是《1941 年美国对外贸易定义（修订本）》中的第 5 种解释"FOB Vessel"是指"装

运港船上交货",要注意在 FOB 术语后加上 "Vessel" 一词,例如:FOB Vessel New York。

二是关于出口清关问题,《2010 通则》规定卖方办理出口清关,而《1941 年美国对外贸易定义(修订本)》规定卖方只是"在买方请求并由其负担费用的情况下,协助买方取得由原产地及/或装运地国家签发的,为货物出口或在目的地进口所需的各种证件",即买方应负担一切出口捐税及各种费用。

【资料链接】《1941 年美国对外贸易定义(修订本)》对 FOB 术语的解释

(4) 注意在程租船运输方式下使用 FOB 的变形。在程租船运输中,如果船方不愿意负担装船费用,买卖双方往往在 FOB 术语后加列附加条件,用来说明装船费用由谁负担,称为贸易术语的变形。

FOB Liner Terms(FOB 班轮条件)。其是指装船费用的负担按照班轮的做法处理,由负责运输的一方承担。所以采用这一变形卖方不负担装船费用。

FOB Under Tackle(FOB 吊钩下交货)。其是指卖方仅负担将货物交到买方所派船只的吊钩所及之处的费用,而吊装入舱以及其他各项费用一概由买方负担。

FOB Stowed(FOB 包括理舱费)。其是指卖方负责将货物装入船舱并承担包括理舱费在内的装船费用。理舱是指货物入舱后放置和整理货物。

FOB Trimmed(FOB 包括平舱费)。其是指卖方负责将货物装入船舱并承担包括平舱费在内的装船费用。平舱是指对装入船舱的散装货物进行平整。

在许多标准合同中,为表明由卖方承担包括理舱费和平舱费在内的各项装船费用,常采用 FOBST(FOB Stowed and Trimmed)方式。

(二)CFR 术语

全称:COST AND FREIGHT 成本加运费

CFR(insert named port of destination)Incoterms® 2010

CFR(插入指定目的港)Incoterms® 2010

含义:"成本加运费"是指卖方在船上交货或以取得已装船货物的方式交货。货物灭失或损坏的风险在货物交到船上时转移。卖方必须签订合同,并支付必要的成本和运费,将货物运至指定的目的港。

适用:CFR 术语只适用于海运和内河航运。可能不适用于货物在上船前已经交给承运人的情况,此时应当使用 CPT 术语。

当使用 CFR 时,卖方按照所选择术语规定的方式将货物交付给承运人时,即完成其交货义务,而不是货物到达目的地之时。

买卖双方义务划分,见表 2-1-2-4。

表 2-1-2-4　　　　　　　　CFR 术语中买卖双方义务划分

卖方	买方
1. 负责租船订舱，支付货物运至目的港的运费；在合同规定的时间和交货地的约定交货点将货物装上船，或者取得已装船货物的方式交货；装船后及时通知买方。	1. 接受卖方提供的与合同相符的单据，受领货物，支付货款。
2. 承担货物在装运港交货前的一切费用和风险。	2. 承担货物在装运港交货后的一切风险。
3. 负责办理货物出口清关。	3. 负责办理货物进口清关。
4. 负责提供商业发票，以及合同可能要求的其他与合同相符的证据，或具有同等效力的电子单证。	

价格构成：CFR 术语代表的价格构成除 "成本"（即 FOB 价）外，还应包括出口运费。

使用 CFR 术语应注意：

（1）卖方应及时发出装船通知。采用 CFR 术语，卖方应按约定或惯常方式，在货物装船后及时以电传、传真、电子邮件等方式向买方发出装船通知。这是因为在 CFR 条件下，卖方仅负责办理货物的出口运输，不负责办理货物自装运港至目的港的货运保险，而货物在装运港装上船后，风险即由买方负担，因此，卖方应在装船后及时向买方发出装船通知，以便买方及时投保。按有关法律及惯例的规定，如果货物在运输途中受损，而卖方未及时发出装船通知导致买方漏保，那么卖方不能以风险在装运港装上船后转移为由免除责任。

（2）程租船运输方式下 CFR 的变形。在程租船运输中，如果船方不愿负担卸货费，买卖双方就必须在合同中明确由谁负担卸货费。这在实践中是通过 CFR 术语的变形，即在 CFR 术语后加列附加条件来说明的。

CFR Liner Terms（CFR 班轮条件）。其是指卸货费用按班轮办法处理，由支付运费的一方承担，即卖方负担卸货费。

CFR Landed（CFR 卸到岸上）。其是指由卖方负担卸货费，包括因船不能靠岸，需将货物用驳船运至岸上而支出的驳运费。

CFR Ex Tackle（CFR 吊钩交货）。其是指卖方负责将货物从船舱吊起卸到船舶吊钩所及之处（码头上或驳船上）的费用。在船舶不能靠岸的情况下，租用驳船的费用和货物从驳船卸到岸上的费用，一概由买方负担。

CFR Ex Ship's Hold（CFR 舱底交货）。其是指货物运到目的港后，由买方自行启舱，并负担货物从舱底卸到码头的费用。

与 FOB 术语的变形相同，CFR 术语的变形通常也仅仅说明卸货费用的划分，并不改变买卖双方交货地点、风险划分等。但按《2010 通则》的规定，最好在合同中明确注明费用划分的方法，或注明附加的条件并不改变除费用划分外的任何规定。

（三）CIF 术语

全称：COST INSURANCE AND FREIGHT 成本、保险费加运费

CIF（insert named port of destination）Incoterms® 2010

CIF（插入指定目的港）Incoterms® 2010

含义："成本加保险费、运费"是指卖方在船上交货或以取得已经这样交付的货物方式

交货,货物灭失或损坏的风险在货物交到船上时转移。卖方必须签订合同,并支付必要的成本和运费,以将货物运至指定的目的港。

适用:本术语只能用于海运和内河运输。CIF 术语可能不适用于货物在上船前已交给承运人的情况,应当使用 CIP 术语。

当使用 CIF 时,卖方按照所选择的术语规定的方式将货物交付给承运人时,即完成其交货义务,而不是货物到达目的地之时。

买卖双方义务划分,见表 2-1-2-5。

表 2-1-2-5　　　　　　　　CIF 术语中买卖双方义务划分

卖方	买方
1. 负责租船或订舱,支付至目的港的运费;在合同规定的日期或期限内,在装运港将符合合同的货物装上船或者取得已这样交付的货物的方式交货;装船后及时通知买方。	1. 接受卖方提供的与合同相符的单据,支付货款,受领货物。
2. 承担货物在装运港交货之前的一切费用和风险。	2. 承担货物在装运港交货后的一切风险。
3. 负责办理货物运输保险,支付保险费。	3. 负责办理货物进口清关。
4. 负责办理货物出口清关。	
5. 负责提供商业发票、保险单和在目的港提货用的运输单据或具有同等效力的电子单证。	

价格构成:CIF 术语与 FOB 术语、CFR 术语同属装运港交货的术语,卖方只要在装运港将货物装上船或者取得这样交付的货物,就完成了交货义务,对货物交付后发生的一切风险和由此产生的额外费用不负责任。不同的是,在 CIF 术语下,卖方为运输过程中的买方风险办理保险,并支付保险费,因此从商品的价格构成来说,CIF 价等于在 CFR 价基础上加上保险费。

使用 CIF 术语应注意的问题:

(1) CIF 是一个典型的象征性交货术语。象征性交货是指卖方只要按期在约定地点完成装运,并向买方提交包括物权证书在内的有关单证,就算完成了交货义务,而无须保证到货。与此相对的交货方式是实际交货,其是指卖方必须按照合同规定的时间和方式,将符合合同的货物交给买方或其指定人,不能以交单代替交货。在这种交货方式下,卖方凭单交货,买方凭单付款。只要卖方如期向买方提交了合同规定的全套单据(种类、名称、内容、份数相符),即使货物在运输途中损坏或灭失,买方也必须履行付款义务。反之,如果卖方提交的单据不符合要求,即使货物完好无损地到达目的地,买方仍有权拒付货款。

(2) 卖方办理保险的责任。在 CIF 合同中,卖方是为了买方的利益而办理货运保险的。按《2010 通则》的规定,如合同中没有另外规定,卖方只需按最低险别投保;如果买方有要求并承担费用,卖方应办理买方要求的附加险别。

(3) CIF 的变形。采用程租船运输时,如果船方不愿承担卸货费,买卖双方就要通过 CIF 的变形来明确卸货费用由谁承担。与 CFR 相同,CIF 的变形仅是为了说明卸货费用的负担,并不改变交货地点和风险划分。

CIF Ex Ship's Hold（CIF 舱底交货）。其是指卸货费用由买方负担。

CIF Liner Terms（CIF 班轮条件）。其是指卸货费用按班轮办法处理，由支付运费的一方承担，即卖方负担卸货费。

CIF Landed（CIF 卸到岸上）。其是指卖方负担卸货费，包括可能支出的驳船费在内。

CIF Ex Tackle（CIF 吊钩交货）。其是指卖方负责将货物从船舱吊起卸到船舶吊钩所及之处（码头上或驳船上）的费用。

【同步练习】

CIF 出口货物灭损案

我方某出口公司按 CIF 条件向欧洲某国进口商出口一批纺织品，向中国人民保险公司投保了一切险，并规定了用信用证方式支付。我方在规定的期限、指定的我国某港口装船完毕，凭单据到银行议付了款项。第二天，我方接到客户来电，称装货的海轮在海上失火，该批纺织品全部烧毁，客户要求我方出面向中国人民保险公司提出索赔，否则要求我方退回全部货款。

分析：对客户的要求，我方该如何处理？为什么？

（四）FAS 术语

FAS 的全称是 Free alongside Ship（...named port of shipment），即船边交货（……指定装运港），是指当卖方在指定装运港将货物交到买方指定的船边（如置于码头或驳船上）时，即为交货。货物灭失或损坏的风险在货物交到船边时发生转移，同时买方承担自那时起的一切费用。

与 FOB 术语相同，FAS 适用于海运和内河航运，但卖方的交货地点不是在装运港船上，而是在装运港船边，因而卖方所负担的风险、费用仅止于船边。卖方应负责货物的出口清关。由于卖方承担在特定地点交货前的风险和费用，而且这些费用和相关作业费可能因各港口管理不同而变化，特别建议双方尽可能清楚地订明指定的装运港内的装货点。

当货物装在集装箱里时，卖方通常将货物在集装箱码头移交给承运人，而非交到船边。这时，FAS 术语不适用，而应当使用 FCA 术语。

三、《2010 通则》中适合各种运输方式的贸易术语

（一）FCA 术语

全称：Free Carrier，即货交承运人（……指定交货地点）

含义："货交承运人"是指卖方在卖方所在地或其他指定地点将货物交给买方指定的承运人或其他人。

买卖双方义务划分，见表 2-1-2-6。

表 2-1-2-6　　　　　　　　FCA 术语中买卖双方的义务划分

卖方	买方
1. 负责办理货物出口清关。	1. 签订自指定地点承运货物的合同，支付货物运至目的地的运费，将承运人名称及有关情况及时通知卖方。

续表

卖方	买方
2. 在合同规定的时间、地点，将货物交给买方指定的承运人或其他人，并及时通知买方。	2. 负担货交承运人后的一切费用及风险。
3. 承担货交承运人之前的一切费用和风险。	3. 负责办理货物进口清关。
4. 负责向买方提交交货的单据或同等效力的电子单证。	4. 根据合同规定受领货物，支付货款。

FCA 术语实际是在 FOB 术语的基础上发展起来的，买卖双方的义务划分原则与 FOB 术语相同，只不过在适用的运输方式上作了很大的扩展，既可用于海运，又可用于空运、陆运、多式联运，而尤其适用于集装箱运输和多式联运。卖方的交货责任都是在装运地将经出口清关的货物交给买方指定的承运人（FOB 术语要求卖方将经出口清关的货物交到装运港船上），因此，FOB 术语实际上是 FCA 术语的一个特例。但在实际业务中，显然 FCA 术语应用更为广泛，并对卖方更为有利。

使用 FCA 术语应注意的问题：

（1）关于交货。《2010 通则》规定，所在地交货，卖方负责装货（指卖方要负责将货物装到买方提供的运输工具上）；在某些情况下，则卖方不负责卸货（如当货物在卖方的运输工具上可供卸载，并可由承运人或买方指定的其他人处置时）。

（2）关于运输。按《2010 通则》规定，FCA 术语适用于任何运输方式，包括多式联运。FCA 术语由买方负责指定承运人，订立自装运地至目的地的运输合同。但《2010 通则》同时又规定，如卖方被要求协助与承运人订立合同，只要买方承担风险和费用，卖方可以办理，也可以拒绝。如卖方拒绝，应立即通知买方，以便买方另作安排。

（二）CPT 术语

全称：Carriage Paid to (... named place of destination)，即运费付至（……指定目的地）。

含义："运费付至"是指卖方将货物在双方约定地点交给卖方指定的承运人或其他人。卖方必须签订运输合同并支付将货物运至指定目的地所需费用。

适用：适用于任何运输方式，包括多式联运。

买卖双方义务划分，见表 2-1-2-7。

表 2-1-2-7　　　　　　　CPT 术语中买卖双方的义务划分

卖方	买方
1. 负责办理货物出口清关。	1. 负责办理货物进口清关。
2. 订立将货物运至目的地的合同并支付运费，在合同规定的时间、地点将货物交给承运人，及时通知买方。	2. 承担货交承运人后的一切风险和费用。
3. 承担货交承运人前的一切风险。	3. 接受卖方提交的单据，受领货物，支付货款。
4. 向买方提供交货的单据或具有同等效力的电子单证。	

从以上买卖双方义务划分可知，CPT 术语下的卖方义务仅比 FCA 术语下多了办理出口运输，因此 CPT 的价格构成中含有出口运费，即 CPT 价 = FCA 价 + 运费。其余在交货地点、风险划分上两者是相同的。

使用 CPT 术语应注意的问题：

（1）风险划分。建议双方尽可能在合同中明确交货地点（风险在这里转移至买方），以及指定的目的地（卖方必须签订运输合同运到该目的地）。CPT 术语虽然要求卖方负责办理货物的运输并支付运费，但并不要求卖方负担运输途中的风险和由此产生的额外费用。卖方只承担货物交给承运人控制之前的风险，在多式联运情况下，承担货物交给第一承运人之前的风险。

（2）装运通知。CPT 术语实际上是 CFR 术语在运输方式上的延伸。两者除适用的运输方式不同，在买卖双方义务划分原则上是完全相同的，卖方要负责订立自装运地至目的地的运输合同并支付运费，但不负担货物在运输途中发生的风险及产生的额外费用。因此两者都属于装运合同。与 CFR 术语一样，卖方要在装货后及时通知买方，以便买方投保。

（三）CIP 术语

全称：Carriage and Insurance Paid to（…named place of destination），即运费和保险费付至（……指定目的地）。

含义："运费和保险费付至"是指卖方将货物在双方约定地点交给其指定的承运人或其他人。卖方必须签订运输合同并支付将货物运至指定目的地的所需费用，还必须为买方在运输途中货物的灭失或损坏风险签订保险合同。

CIP 术语下的卖方义务是在 CPT 术语基础上增加了办理保险并支付保险费，其他如运输方式、交货地点、风险划分都相同。

价格构成：CIP 价 = CPT 价 + 保险费 = FCA 价 + 运费 + 保险费

使用 CIP 术语应注意的问题：

按 CIP 术语成交的合同，卖方要办理货运保险并支付保险费，但货物从交货地点运往目的地的运输途中的风险由买方承担，所以卖方的投保属于代办性质。根据《2010 通则》的规定，与 CIF 术语相同，如买卖双方未约定具体投保险别，按惯例卖方投保最低险别即可，保险金额为 CIP 价格基础上加成 10%。

【小结】FCA、CPT、CIP 术语与 FOB、CFR、CIF 术语的比较

（四）EXW 术语

EXW 全称是 EX Works（…named place），即工厂交货（……指定地点），是指当卖方在其所在地或其他指定地点将货物交给买方处置时，即完成交货。卖方不需将货物装上任何前来接收货物的运输工具，需要清关时，卖方也无须办理出口清关手续。

EXW 术语是卖方承担责任最小的术语。该术语在一些国家，特别是在陆地接壤国家之间应用得比较普遍。在使用该术语时，买方要承担的责任、风险和费用是所有术语中最大的。但按该术语成交的价格低廉，对许多进口商具有一定的吸引力。买方应认真考虑可能遇

到的各种风险、运输环节及在出口国的出口清关问题，权衡利弊。如果买方不能直接或间接地办理出口手续，则不应使用该术语，而应使用 FCA 术语。

（五）DAT 术语

DAT 的全称是 Delivered at Terminal（… named terminal at port or place of destination），即运输终端交货（……指定港口或目的地的运输终端）。"运输终端交货"是指当卖方在指定港口或目的地的指定运输终端将货物从抵达的载货运输工具上卸下，交给买方处置时，即为交货。卖方承担将货物运至指定港口或目的地的运输终端并将其卸下期间的一切风险。"运输终端"意味着任何地点，如码头、仓库、集装箱堆场或公路、铁路、航空货运站。卖方负责办理货物的出口手续，买方负责办理货物的进口手续，其是一个表示实际交货的术语。

（六）DAP 术语

DAP 的全称是 Delivered at Place（… named place of destination），即目的地交货（……指定目的地）。"目的地交货"是指卖方在指定目的地将仍处于抵达的运输工具上，且已做好卸载准备的货物交由买方处置时，即为交货。卖方承担将货物运到指定地点的一切风险。其是一个表示在目的地实际交货的术语，代替了《2000 通则》中的 DAF、DES 和 DDU 术语，适用于各种运输方式。

由于卖方承担在特定地点交货前的风险，建议双方尽可能清楚地约定指定的目的地内的交货点；建议卖方取得完全符合该选择的运输合同，但是卖方无义务办理进口清关、支付任何进口关税或办理任何进口海关手续。如果双方希望卖方办理进口清关，支付所有进口关税，并办理所有进口海关手续，则应当使用 DDP 术语。

（七）DDP 术语

DDP 的全称是 Delivered Duty Paid to（… named place of destination），即完税后交货（……指定目的地）。"完税后交货"是指当卖方在指定目的地将仍处于抵达的运输工具上，但已完成进口清关，且已做好卸载准备的货物交由买方处置时，即为交货。卖方承担将货物运至目的地的一切风险和费用，并且有义务完成货物的出口和进口清关，支付所有出口和进口的关税和办理所有海关手续。

这一术语是卖方负担义务最大的术语。按《2010 通则》的规定，卖方可以要求买方协助办理进口清关，但费用和风险仍由卖方负担。如果双方当事人愿意从卖方的义务中扣除货物进口时需支付的某些费用，如增值税，应在合同中订明。

【同步练习】

选用合适的贸易术语

1. 某公司需通过海运出口一批货物到纽约，愿意自行寻找船公司，但不愿承担保险责任，应选用哪个术语？

2. 青岛金桥进出口公司要向德国 GH 公司出口圣诞玩具一批，数量为 5 000 个，装入 1 个 20 英尺的集装箱，运输方式为海运，出口港为青岛，供货商是济南一家玩具厂。从《2010 通则》中选择一种适合的贸易术语，出口商在济南完成交货，不承担济南到青岛的国内运费，不负责办理海运订舱，不承担海运保险费，但是卖方办理货物的出口手续。应如何选择？

任务三　选择定价方法

进出口商品的作价方法主要有两种：固定价格和非固定价格。

1. 固定价格

买卖双方明确约定成交价格，履约时按此价格结算货款。这是我国进出口贸易中最常见的作价方法，也是国际上常用的方法。采用固定价格，买卖双方在协商一致的基础上明确规定货物的价格，一般是货物的单价，例如：每吨 300 美元 CIF 纽约（USD 300 per metric ton CIF New York）。

2. 非固定价格

非固定价格是指一般业务上所说的"活价"，适用于行情频繁变动、价格涨落不定且交货期较长的合同，可以使买卖双方避免承担市价变动的风险。从我国进出口合同的实际来看，主要有以下几种做法。

（1）具体价格待定。即在价格条款中不规定具体价格，而是规定定价时间和定价方法或只规定作价时间而不规定作价方法。例如："在装运月前 30 天参照当地及国际市场价格水平协商确定价格"，或"按提单日期的国际市场价格计算"。

（2）暂定价格。在合同中先订立一个初步价格作为开立信用证和初步付款的依据，在双方确定最后价格后再进行清算。有时与信用可靠、业务关系密切的客户洽商大宗货物的远期交易时，采用这种做法。例如：每件 150 港元 CIF 香港（备注：上列价格为暂定价，于装运月份 15 天前由买卖双方另行协商确定价格）。

（3）部分固定价格、部分非固定价格。为了照顾买卖双方的利益，解决在定价方法上可能存在的分歧，可以采用部分固定价格、部分非固定价格的方法。尤其是分期交货的合同，可以在订约时将近期交货的部分合同价格固定，其余的在交货前一定期限内由双方议定价格。

任务四　掌握价格计算、换算与成本核算

国际贸易中的商品价格包括三部分：进货成本、费用和利润。以出口商品价格为例。

进货成本是出口商品购进价。实际计算中应将进货成本扣除出口退税收入。

费用是价格构成中最复杂的部分，通常包括国内费用和国外费用两部分，见表 2-1-2-8。

利润是进出口价格的三要素之一。价格中所包含的利润的大小往往根据商品、行业、市场需求以及企业的价格策略等因素来决定。与保险费、银行费用和佣金的计算不同，利润作为企业自己的收入，其核算的方法由企业自行决定，通常采用一定的百分比作为经营的利润率来核算。计算利润的基数一般是出口成本，也有采用成交价格计算的。

一、成本核算

以出口为例，为了确保盈利，应该在对外成交前将出口总成本、出口外汇净收入、出口换汇成本和出口盈亏率等数据一一确定，进行盈亏核算，然后报出一个合理的价格。

表 2-1-2-8　　　　　　　　　国内费用和国外费用的内容

国内费用	加工整理费用
	包装费用
	保管费（包括仓租、火险等）
	国内运输费用（仓至码头、车站、空港、集装箱货运站、集装箱堆场）
	装船费（装船、起吊费和驳船费等）——采用 FOB、CFR、CIF 装运港交货术语时
	拼箱费（货物构不成一整集装箱）——采用 FCA、CPT、CIP 货交承运人术语时
	证件费（包括商检费、公证费、产地证费、许可证费、报关单费等）
	银行费用（贴现利息、手续费等）
	预计损耗（耗损、短损、漏损、破损、变质等）
	邮电费（电报、电传、邮件等费用）
国外费用	国外运费（自装运港至目的港的海上运输费用——装运港交货术语；自出口国起运地至国外目的地的运输费用——货交承运人术语）
	国外保险费
	如果以含佣价成交，还应包括付给中间商的佣金

1. 出口总成本

出口总成本是指出口企业为出口商品支付的国内总成本，包括进货成本和国内费用（出口前的一切费用和税金）两部分。

进货成本：即出口商品购进价，其中包含增值税。如企业自营出口，进货成本即其生产成本。

国内费用：通常由各企业按进货成本的 5%~10% 不等的定额费率自行核定。

出口总成本 = 出口商品购进价（含增值税）+ 定额费用 - 出口退税收入

出口退税收入 = 出口商品购进价（含增值税）÷（1 + 增值税率）× 退税率

【法规惯例链接】

我国的增值税与出口退税

增值税是以商品生产流通和劳务服务各个环节的增值额为课税对象征收的一种流转税。为降低出口商品成本，增强我国商品在国际市场上的竞争力，我国于 1985 年起全面实行出口退税办法。2005 年，国家税务总局发布了《出口货物退（免）税管理办法（试行）》，出口商自营或委托出口的货物，除另有规定者外，可在货物报关出口并在财务上做销售核算后，凭有关凭证报送所在地国家税务局批准退还或免征其增值税、消费税。

2018 年 5 月 1 日起，我国调整增值税率，主要包括：一是将纳税人发生增值税应税销售行为或者进口货物，原适用 17% 和 11% 税率的分别调整为 16% 和 10%。二是纳税人购进农产品，原适用 11% 扣除率的，扣除率调整为 10%。三是纳税人购进用于生产销售或委托加工 16% 税率货物的农产品，按照 12% 的扣除率计算进项税额。四是原适用 17% 税率且出口退税率为 17% 的出口货物，出口退税率调整至 16%；原适用 11% 税率且出口退税率为 11% 的出口货物、跨境应税行为，出口退税率调整至 10%。

2. 出口外汇净收入

出口外汇净收入是指出口外汇总收入中扣除劳务费用如运费、保险费、佣金等非贸易外汇后的外汇收入，即以 FOB 价成交所得的外汇收入。如果以 CFR 或 CIF 术语成交，价格中扣除国外运费、保险费后，为出口外汇净收入。以含佣价成交的，还要扣除佣金。

出口人民币净收入是指出口外汇净收入按当时外汇牌价折算的人民币数额。

根据出口商品的这些数据，可以计算出出口换汇成本、出口盈亏率。

3. 出口换汇成本

出口换汇成本是指出口商品净收入一个单位的外汇需多少元本国货币。其计算公式如下：

$$出口换汇成本 = \frac{出口总成本（人民币）}{出口外汇净收入（美元）}$$

【案例】某公司某年出口某商品 1 000 件，每件 22.30 美元 CIF 纽约，总价为 22 300 美元，其中运费 2 160 美元，保险费 112 美元。进价每件人民币 117 元，共计 117 000 元（含增值税，税率 17%），费用定额率为 10%，出口退税率为 9%。当时银行美元买入价为 6.28 元。求该笔业务的出口换汇成本。

【答案】

出口换汇成本是衡量外贸企业进出口盈亏的重要指标，与外汇牌价相比，能直接反映出商品出口是否盈利。出口换汇成本如高于银行外汇牌价，说明出口亏损；出口换汇成本低于银行外汇牌价，则说明出口盈利。

4. 出口盈亏率

出口所得人民币净收入扣除出口总成本，即为出口盈亏额。出口盈亏率是指出口盈亏额与出口总成本的比例，用百分比表示。它是衡量出口盈亏程度的重要指标，其计算公式为：

$$出口盈亏率 = \frac{出口盈亏额}{出口总成本} \times 100\%$$

$$= \frac{出口销售人民币净收入 - 出口总成本}{出口总成本} \times 100\%$$

【案例】某公司某年出口商品 1 250 只，出口总价为 USD 13 500 FOB 上海。商品进价总计为 62 000 元人民币（含增值税，税率 17%），费用定额率为 6%，出口退税率为 9%，当时银行汇价美元买入价为 6.30 元人民币。求该笔业务出口盈亏率。

【答案】

二、价格换算

当客户要求报出不同贸易术语价格时，就需要进行价格换算。

CIF、CFR、FOB 价的价格换算：

CIF 价 = CFR 价 + 国外保险费 (I)
       = FOB 价 + 国外运费 (F) + 国外保险费 (I)

其中，保险金额 = CIF(CIP)价 × (1 + 投保加成率)

保险费 = CIF(CIP)价 × (1 + 投保加成率) × 保险费率

$$CIF 价 = \frac{FOB 价 + 国外运费}{1 - (1 + 投保加成率) \times 保险费率}$$

【案例】我方某公司出口货物1 000吨，出口价格为每吨2 000美元CIF纽约，现客户要求改报FOB上海价。已知该种货物每吨出口运费为150美元，原报CIF价中，投保险别为一切险，保险费率为1%，按CIF价的110%投保。求应报的FOB上海价。

【答案】

三、含佣价、含折扣价计算

当客户要求获得佣金或折扣时，就需要计算含佣价与含折扣价。

佣金（Commission）是指代理人或经纪人为委托人服务而收取的报酬。凡成交价格中含有需支付给中间商的佣金的，称为含佣价。不含佣金的价格，称为净价。佣金可以明确表示在价格条款中（明佣），也可以不在合同中表示出来，由当事人按约定另行私下交付（暗佣）。国外的一些中间商或买主为了赚取"双头佣"（从买卖双方处都获取佣金），或为了达到逃汇或逃税的目的，往往提出使用"暗佣"。

佣金的表示方法：

（1）规定佣金率。例如：每吨1 000美元CIF香港包括佣金3%（USD 1，000 per metric ton CIF Hong Kong including 3% commission）。

也可以在贸易术语后直接加注佣金的英文缩写"C"并注明百分比。例如：每吨1 000美元CIF C3%香港（USD 1，000 per metric ton CIF C3% Hong Kong）。

（2）以绝对数表示佣金。例如：每吨支付佣金30美元。

佣金的计算方法：

在国际贸易中，佣金的计算方法各不一样，主要体现在以佣金率的方法规定佣金时，计算佣金的基数怎样确定。常用的方法是将成交金额（发票金额）作为计佣基数，例如：按CIF C3%成交，发票金额为10 000美元，则应付佣金为10 000×3% = 300美元。

佣金的计算公式：

单位货物佣金额 = 含佣价 × 佣金率

净价 = 含佣价 - 单位货物佣金额
     = 含佣价 × (1 - 佣金率)

$$含佣价 = \frac{净价}{1 - 佣金率}$$

【案例】

1. 某出口公司对外报价某商品每吨2 000美元CIF纽约，外商要求4%佣金。在保持我方净收入不变的情况下，应该报含佣价为多少？

【答案】

2. 某出口公司对外报价某商品每吨2 000美元CIF C2%纽约，外商要求将佣金率提高至4%。在保持我方净收入不变的情况下，应报价多少？

【答案】

佣金的支付有以下做法：

第一种做法，出口企业收到全部货款后将佣金另行支付给中间商或代理商。

第二种做法，中间商在付款时直接从货价中扣除佣金。

第三种做法，有的中间商要求出口企业在交易达成后就支付佣金。

第二种做法不能保证交易的顺利履行，因而一般不能接受。我国出口业务中常用的是第一种做法，即收到全部货款后再另行支付佣金。可以在合同履行后逐笔支付，也可以与中间商或代理商签订协议，按月、按季、按半年甚至一年汇总支付。

折扣（Discount）是指卖方给予买方一定的价格减让，即在原价基础上给予适当的优惠。

折扣的规定方法：

（1）用百分比表示折扣比例。例如：每吨1 000美元CIF香港折扣2%（USD 1,000 per metric ton CIF Hong Kong including 2% discount）。

每吨1 000美元CIF香港减2%折扣（USD 1,000 per metric ton CIF Hong Kong less 2% discount）。

（2）用绝对数表示折扣。例如：每吨折扣10美元。

折扣的计算与支付：折扣通常是以成交额或发票金额为基础计算出来的。其计算方法为：

单位货物折扣额＝原价（或含折扣价）×折扣率

卖方实际净收入＝原价（含折扣价）－折扣额

折扣一般可在买方支付货款时预先扣除。如果是暗扣，在合同中并不表示出来，而按双方私下达成的协议，由卖方另行支付给买方。

任务五　拟定价格条款

【条款示例】

1. 净价条款

单价：每件2.58美元FOB青岛

总值：25 800美元

Unit Price: at USD 2.58 per pc FOB Qingdao

Total Value: USD 25800 (Say US Dollars Twenty Five Thousand Eight Hundred Only)

2. 含佣价条款

单价：每吨 1 000 人民币元 CIF 新加坡含 3% 佣金

总值：50 000 元人民币

Unit Price: at CNY 1,000 per M/T CIF Singapore including 3% Commission

Total Value: CNY 50,000

3. 含折扣价条款

单价：每件 45 英镑 CIF 汉堡折扣 2%

总值：44 100 英镑

Unit Price: at GBP 45 per piece CIF Hamburg including 2% discount

Total Value: GBP 44,100 (Say Pounds Sterling Forty-four Thousand One Hundred Only)

项目实训练习

一、实训操作

1. 判断以下价格条款是否正确，有错的请进行修改：

（1）每码 60 美元上海。

（2）每打 20 欧元 CIF SHANGHAI。

（3）每套设备 30 000 英镑 FOB LONDON。

（4）20 元 CFR QINGDAO 减 2% 折扣。

（5）每桶 50 英镑 CFR 法兰克福。

（6）每吨 1 000 美元 FOB 青岛。

（7）每打 100 法国法郎 CFR 净价含 2% 佣金。

2. 选择一种商品，设定一项进口或出口交易，拟定一个完整的价格条款。

二、习题训练

（一）填空题

1. 有关贸易术语的国际贸易惯例有_____、_____、_____。

2. FOB 术语变形主要是为了明确_____费用的负担，而 CFR、CIF 的变形主要是为了明确_____费用的负担。

3. 在同北美国家的商人进行交易时采用 FOB 术语，应在 FOB 后加上_____字样，才是装运港船上交货。

4. 在象征性交货方式下，卖方是_____交货，买方是_____付款。

5. 《1932 年华沙—牛津规则》是_____专门为解释_____合同而制定的。

（二）判断题

1. 以 FOB 吊钩下交货成交，卖方只需将货物置于船只吊钩可及之处，就算完成交货，以后的风险概不承担。　　　　　　　　　　　　　　　　　　　　　（　　）

2. 以 CIF 班轮条件成交，卖方必须用班轮装运货物。   （ ）
3. FOB、CFR、CIF 三种术语的风险划分点是相同的。   （ ）
4. 《2010 年国际贸易术语解释通则》中的 11 种术语，买方承担责任最大的是 EXW，最小的是 DDP。   （ ）
5. 因为是象征性交货，所以在 CIF 条件下买方在目的港无权对货物提出异议。（ ）
6. FCA、CPT、CIP 三种术语不仅适用于各种单一运输方式，而且适用于多式联运。
                                                            （ ）
7. 以 FCA 条件成交，卖方将货物交给承运人后，即履行完交货义务，出口报关等手续由买方办理。   （ ）
8. 在采用 FOB、CFR、CIF 三种贸易术语成交时，货物在装运港装上船以后，风险即告转移。因此，当货物到达目的港后，买方如发现到货物品质、数量或包装等有任何与合同规定不符的情况，卖方概不负责。   （ ）

（三）选择题
1. 按照现行的《2010 年国际贸易术语解释通则》，若以 CFR 条件成交，买卖双方风险划分是以（　　）为界。
   A. 货物交给承运人保管
   B. 货物交给第一承运人监管
   C. 装运港交到船上，或者取得如此提交的货物
2. CFR 合同由买方投保，运输途中的风险由买方承担，但是如果卖方在货物装船后，没有及时发出装船通知，致使买方在货物发生风险时没有投保，此时的风险（　　）。
   A. 由卖方承担
   B. 由买方承担，因为 CFR 术语双方风险划分的界限是装运港货物装上船
3. CIF 合同的货物在装船后因火灾被焚，应由（　　）。
   A. 卖方承担损失
   B. 如果已经投保的话由卖方向保险公司索赔
   C. 买方向保险公司索赔
4. 就卖方承担的风险而言，（　　）。
   A. CFR 比 CIF 大   B. CFR 比 CIF 小   C. CFR 和 CIF 一样大
5. 在 FOB 条件下，买方常委托卖方代为租船、订舱，其费用由买方负担。如果到期订不到舱，租不到船，（　　）。
   A. 卖方不承担责任，其风险由买方承担
   B. 卖方承担责任，其风险也由卖方承担
   C. 买卖双方共同承担责任、风险
   D. 双方均不承担责任，合同停止

三、案例分析

内陆地区产品出口中贸易术语的选择

2011 年 5 月，美国某贸易公司（以下简称进口方）与我国江西某进出口公司（以下简

称出口方）签订合同购买一批日用瓷具，价格条件为 CIF LOSANGELES，支付条件为不可撤销的跟单信用证。出口方随后与宁波某运输公司（以下简称承运人）签订运输合同。8月初，出口方将货物备妥，装上承运人派来的货车。途中由于驾驶员的过失发生了车祸，耽误了时间，错过了信用证规定的装船日期。得到发生车祸的通知后，我出口方即刻与进口方洽商要求将信用证的有效期和装船期延展半个月，并本着诚信原则告知进口方两箱瓷具可能受损。美国进口方回电称同意延期，但要求货价降5%。最终我出口方作出让步，受震荡的两箱降价2.5%，其余降价1.5%，为此受到货价、利息等有关损失共计达15万美元。事后，承运人赔偿各方面损失共计5.5万美元，出口方实际损失9.5万美元。

分析此案可以吸取的教训。

【名词术语（中英文）】

产地交货（EXW EX Works）　　　　　船边交货（FAS Free alongside Ship）

货交承运人（FCA Free Carrier）　　　船上交货（FOB Free on Board）

运费付至（CPT Carriage Paid to）　　成本加运费（CFR Cost and Freight）

运费、保险费付至（CIP Carriage Insurance Paid to）　　成本加保险费、运费（CIF Cost Insurance and Freight）

运输终端交货（DAT Delivered at Terminal）　　单价（Unit price）

目的地交货（DAP Delivered at Place）　　总值（Amount, Total Value）

佣金（Commission）

完税后交货（DDP Delivered Duty Paid）　　折扣（Discount）

条款三　装运

【目标与要求】

1. 掌握合同中装运条款的内容
2. 熟悉运输方式、运输单据，能够根据货物和交易情况选用合适的运输方式
3. 掌握装运时间的规定方法
4. 掌握装运地点（装运港和目的港）的规定方法
5. 掌握分批装运和转运的规定方法
6. 能够根据示范拟定装运条款

合同中的装运条款（Shipment）内容包括装运时间、装运地和目的地、分批装运和转运等内容，有的合同还需要列明运输方式、选择的运输工具以及有关费用负担等事项。

【条款示例】

TIME OF SHIPMENT: During July, 2017.

PLACE OF LOADING AND DESTINATION: From Shanghai, China to Stockholm, Sweden Partial shipment and transshipment are allowed.

SHIPPING MARKS: HAZZE
　　　　　　　　AD2013007
　　　　　　　　STOCKHOLM, SWEDEN
　　　　　　　　NOS. 1 – UP

任务一　熟悉运输方式和运输单据

根据使用运输工具的不同,国际货物运输主要可分为以下几种方式(见图 2-1-3-1):

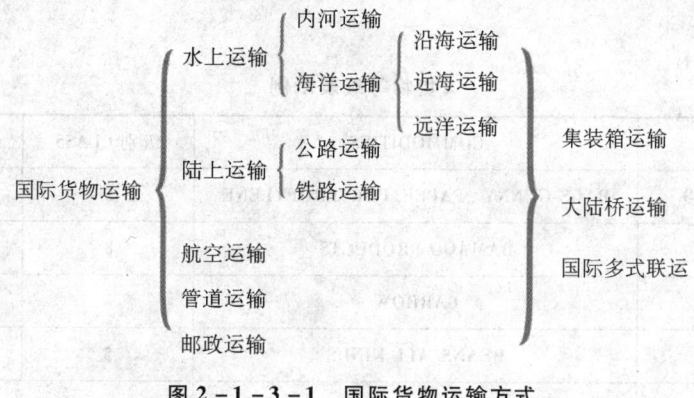

图 2-1-3-1　国际货物运输方式

一、海洋运输

海洋货物运输是国际货物运输中使用最广泛的一种方式,其货运量占国际货物运输总量的 80% 以上。

(一) 海洋运输的方式

1. 班轮运输 (Liner Transport)

班轮运输又称定期船运输,是指船舶按照固定的船期表,沿着固定的航线和港口来往运输,并按相对固定的运费率收取运费。特别适用于运量不大、批次较多、到港分散的零星货物运输。班轮公司定期公布船期表,为货主提供了极大的方便,因而深受货主的欢迎,使班轮运输成为海洋货物运输中的主要运输方式。

2. 租船运输 (Charter Transport)

租船运输又称不定期船运输,是指船方与货方签订租船合同,按照承租人(货方)的要求来安排船舶的航线和停靠的港口、运输货物的种类以及航行时间等,运费或租金也由双方根据租船市场行情在租船合同中加以约定。

租船运输的方式有三种。定程租船 (Voyage Charter) 又称航次租船或程租船,是指由船舶所有人负责提供船舶,在指定港口之间进行一个航次或数个航次承运指定货物的租船运输。定期租船 (Time Charter) 又称期租船,是指船舶所有人将船舶出租给承租人,供其使用一段时间的租船运输。光船租船 (Demise Charter) 是指船舶所有人将空船出租给承租人使用一段时间,船长、船员的配置、船舶的给养及船舶营运管理所需费用等均由承租人负责。这种租船方式属于单纯的财产租赁,在当前国际贸易中很少使用。航次期租船 (Time

Charter on Trip Basis，TCT）是介于定程租船和定期租船之间的一种租船方式，它是以完成一个航次运输为目的整船租赁，却按实际使用的天数计算租金，又称为"日租租船"。

（二）海洋运输的运费

以班轮运输为例。班轮运输费用简称班轮运费，由基本运费和附加运费构成。

1. 基本运费

基本运费（见表 2-1-3-1）是班轮航线内各港口之间对每种货物规定的必须收取的费率，是构成全程运费的主要部分，按班轮运价表规定的标准计收。其计算标准通常采用以下几种：

表 2-1-3-1　　　　　　　　　货物等级表示例

货名	COMMODITIES	级别 CLASS	计费标准 BASIS
麻，纸，塑料包装袋	BAGS GUNNY . PAPER. POLYPROPYLENE	5	M
竹制品	BAMAOO PRODUCTS	8	M
推车	BARROW	8	W/M
各种豆	BEANS. ALL KINDS	5	W/M
自行车及零件	BICYCLES & PARTS	9	W/M

（1）按货物的重量吨（Weight Ton）计算。班轮运价表中以"W"表示，每一重量吨是按货物的毛重计收，一般以 1 吨为计费单位。

（2）按货物的尺码吨（Measurement Ton）计算。班轮运价表中以"M"表示，每一尺码吨是按货物的体积计收，一般以 1 立方米为计费单位。

按重量吨或尺码吨计收运费的单位通称运费吨（Freight Ton）。

（3）按毛重或体积从高计收，在运价表中用"W/M"表示。按惯例，凡一重量吨货物的体积超过 1 立方米或 40 立方英尺者，按体积计收；一重量吨货物的体积不足 1 立方米或 40 立方英尺者，按毛重计收。

（4）按货物的价格计收，称为从价运费，即以有关货物的 FOB 总价值按一定的百分比收取。运价表中用"A. V."或"ad. val"表示。

（5）按货物的毛重、体积、价格从高计收，运价表中用"W/M or A. V."表示，指在重量吨、尺码吨或从价三种计收方式中选择高的收费。

（6）按货物的毛重或体积从高计收，另加一定百分比的从价运费，运价表中用"W/M plus A. V."表示。

（7）按货物的件数计收，如活牲畜牛、羊按头，车辆按辆等。

（8）临时议定运价。在运价表中，注有"open rate"字样。

2. 附加运费

附加运费是指除基本运费外，针对一些需要特殊处理的货物，或突发事件及客观情况变化等原因需另外加收的费用，见表 2-1-3-2。

表 2-1-3-2　　　　　　　　　　海运附加费一览表

附加费	英文名与缩写
超重附加费	Heavy Lift Additional
超长附加费	Long Length Additional
选卸附加费	Additional on Optional Discharge Port
直航附加费	Additional on Direct
转船附加费	Transshipment Additional
港口附加费	Port Additional
燃油附加费	Bunker Surcharge (BS)
港口拥挤附加费	Port Congestion Surcharge
货币贬值附加费	Currency Adjustment Factor (CAF)
绕航附加费	Deviation Surcharge

班轮运价的计算公式为：

$$F = F_b + \sum s = fQ + (S_1 + S_2 + \cdots + S_n) \times fQ$$
$$= (1 + S_1 + S_2 + \cdots + S_n) \times fQ$$

公式中，F 代表运费总额，F_b 代表基本运费，$\sum s$ 代表各种附加费总额，f 代表基本运费率，Q 代表货运量（运费吨），S 代表某项附加税。

【案例】由青岛运往南非开普敦港口"门锁"一批共计 1 000 箱，每箱体积为 20 厘米×30 厘米×40 厘米，毛重为 25 千克，燃油附加费为 15%，港口拥挤附加费为 10%，门锁属于小五金，计费标准为 W/M，等级为 10 级，查基本运费为每运费吨 66 美元，试计算应付运费为多少。

解：（1）先查明此批货物计费标准是按 W 还是按 M 计收。

M：$20cm \times 30cm \times 40cm = 24\ 000cm^3 = 0.024m^3$

W：$25kg = 0.025M/T$

因为 0.025 > 0.024，所以应按重量（W）计收。

（2）计算出该批货物的总重量。

$0.025M/T \times 1\ 000 = 25M/T$

（3）上述所得数据套入公式。

$$F = (1 + S_1 + S_2 + \cdots + S_n) \times fQ$$
$$= (1 + 15\% + 10\%) \times 66 \times 25 = 2\ 062.5\ （美元）$$

答：应付运费 2 062.5 美元。

注意：如有货币贬值附加费应另算，其计算公式为：

$$F = (1 + S_1 + S_2 + \cdots + S_n) \times (1 + 货币贬值附加费) \times fQ$$

（三）海洋运输单据

1. 海运提单

海运提单（Ocean Bill of Lading，B/L）简称提单，是海洋运输尤其是班轮运输中最重要的运输单据,是指用以证明海上货物运输合同和货物已经由承运人接收或装船,以及承运人保证据以交付货物的单证。

(1) 海运提单的功能。其功能主要体现在三个方面。

一是货物收据。提单是承运人(或其代理人)签发的货物收据,证明承运人已收到或接管提单上所列的货物。

二是物权凭证。提单在法律上具有物权证书的作用,承运人凭以向收货人交付货物。提单持有人还可通过背书将提单转让从而转移货物的所有权。

三是运输契约的证明。提单是承运人与托运人之间订立的运输契约的证明。提单条款明确规定了承、托双方之间的权利和义务以及责任豁免,是处理承运人与托运人之间争议的法律依据。

(2) 海运提单的格式和内容。海运提单是由各轮船公司制定的,格式不一,但基本内容相同,包括正面内容和背面条款两部分。

提单的正面内容关系到提单的法律效力,分别由托运人、承运人或其代理人填写,通常包括以下事项:托运人;收货人;被通知人;收货地或装货港;目的地或卸货港;船名或航次;唛头及件号;重量和体积;运费预付或运费到付;正本提单的份数;船公司或其代理人的签章;签发提单的地点及日期。

提单的背面条款。班轮提单背面都有印就的运输条款,作为确定承运人与托运人之间、承运人与收货人及提单持有人之间的权利、义务的主要依据。为了使提单的背面条款照顾到船、货双方的利益,缓解船、货双方的矛盾,国际有关组织曾先后签署了有关提单的国际公约,以统一提单背面条款。

(3) 海运提单的分类。海运提单可从不同角度进行分类,主要有以下几种:

①按提单签发时货物是否已装船划分,分为已装船提单和备运提单。

已装船提单(on Board B/L or Shipped B/L)是指承运人在货物装上指定船舶后签发的提单,提单上须以文字表明货物已装上或已装运于某具名船只,提单签发日期即视为装船日期。

备运提单(Received for Shipment B/L)又称收妥待运提单,是指承运人已收到托运货物等待装运时签发的提单。在签发备运提单的情况下,发货人可在货物装船后凭以调换已装船提单;也可经承运人或其代理人在备运提单上批注货物已装上某船舶及装船日期,并签署后使之成为已装船提单。

按国际贸易惯例,除非另有约定,卖方有义务向买方提交已装船提单。

②按提单上是否对货物的外表状况有不良批注划分,分为清洁提单和不清洁提单。

清洁提单(Clean B/L)是指货物在装船时"表面状况良好",承运人在提单上无不良批注。

不清洁提单(Unclean B/L)是指承运人在提单上加注了有关货物及包装状况不良或存在缺陷等批注的提单。例如,提单上有"被雨淋湿""三箱破损"等批注。

按国际贸易惯例,除非另有约定,卖方向银行结汇时,必须提交清洁提单。清洁提单也是提单转让时必须具备的基本条件。

③按收货人抬头划分,分为记名提单、不记名提单和指示提单。

记名提单（Straight B/L）又称"收货人抬头提单"，是指在收货人栏内具体写明收货人名称的提单。这种提单只能由特定收货人提货，而不能通过背书的方式转让给第三者，所以在国际贸易中只能在特定情况下使用。

不记名提单（Bearer B/L）又称"来人抬头提单"，是指在收货人栏内不写明具体收货人的名称，只写明"货交提单持有人"，或不填写任何名称的提单。这种提单不需要任何背书手续即可转让或提取货物，流通性极强，但对买卖双方的风险较大，在国际贸易中极少使用。

指示提单（Order B/L）是指在收货人栏内只填写"凭指示"（to order）或"凭某人指示"（to order of）字样的提单。这种提单可经过背书转让，故其在国际贸易中使用最广。背书是指在提单背面记载有关事项以转让提单权利，其有两种方式：空白背书和记名背书。空白背书是指背书人在提单背面签名，而不注明被背书人的名称；记名背书是指背书人除在提单背面签名外，还须注明被背书人的名称。记名背书的提单如需再转让，必须再加背书。

目前在实际业务中使用最多的是"凭指定"并经空白背书的提单，习惯上称其为"空白抬头""空白背书"提单。

④按船舶经营方式划分，分为班轮提单和租船提单。

班轮提单（Liner B/L）是指由班轮公司承运货物后签发的提单。

租船提单（Charter Party B/L）是指承运人根据租船合同签发的提单。这种提单受租船合同的约束，银行或买方接受这种提单时，通常要求卖方提供租船合同的副本。

⑤按运输方式划分，分为直达提单、转船提单和联运提单。

直达提单（Direct B/L）是指货物装船后中途不经过转船而直接驶往目的港卸货所签发的提单，也叫不可转船提单。凡合同和信用证规定不准转船者，必须使用这种直达提单。

转船提单（Transshipment B/L）是指在装运港装货的船只不直接驶往目的港而需在中途换装另外船舶驶往目的港所签发的提单。这种提单上要注明"转船"或"在××港转船"字样。

联运提单（Through B/L）是指由海运和其他运输方式联合运输时，第一程海运承运人签发的包括全程的提单。第一程承运人只承担他负责运输的一段航程内的货损责任。

⑥按提单格式划分，分为简式提单和全式提单。

简式提单（Short Form B/L）是指仅有提单正面条款而无背面条款的提单。这种提单多用于租船合同下的货物运输。除非信用证另有规定，银行不愿意接受这种提单。

全式提单（Long Form B/L）是指除提单正面外，在提单背面也详细列有承运人的权利和义务的提单。

⑦按提单签发时间划分，分为过期提单、倒签提单和预借提单。

过期提单（Stale B/L）是指错过规定的交单日期或晚于货物到达目的港日期的提单。前者属无效提单，后者是在近洋运输中容易出现的情况，故在近洋国家间的贸易合同中，一般都订有"过期提单可以接受"的条款。

倒签提单（Anti-dated B/L）是指承运人应托运人的要求在货物装船后，提单签发的日期早于实际装船完毕日期的提单。

预借提单（Advanced B/L）是指由于信用证规定的装运期和交单结汇期已到，货主因故未能及时备妥货物或尚未装船完毕的,或由于船公司的原因船舶未能在装运期内到港装船,应托运人要求而由承运人或其代理人提前签发的已装船提单。

【同步练习】

倒签提单导致严重后果

我方某公司与欧洲某公司签订出售某商品 3 500 吨的合同,每吨 CIF 鹿特丹 24 英镑,共值 84 000 英镑。装船日期为 2012 年 12 月至 2013 年 1 月,对方以不可撤销即期信用证支付。我国某公司在租船装运时,因原定货船临时损坏,在国外修理,不能在预定时间到达我国口岸装货,于是改派香港某公司期租船装运,但又因连日风雪,直到 2013 年 2 月 11 日才装完货。我出口公司为了取得符合信用证规定日期的提单,便要求外轮代理公司按 2013 年 1 月 31 日签发提单,并以此提单向银行办理议付。货到鹿特丹后,买方聘请律师商船查阅航海日志,查明提单的签发日期是伪造的,立即向当地法院起诉,并由法院发出扣船通知。船由外轮代理公司以 30 000 英镑担保放行,我方经 4 个月的艰苦谈判,共赔偿 20 000 英镑,才使买方撤回起诉。我方既损失了外汇,又造成了失信的不良影响。

思考:我方公司为什么要签发倒签提单?倒签提单对承运人、托运人有什么危害?

2. 海运单

除海运提单外,海洋运输单据还有一种海上货运单,简称海运单(Sea Waybill or Ocean Waybill),是证明海上货物运输合同和货物由承运人接管或装船,以及承运人保证据以将货物交付给单证所载明的收货人的一种不可流通的单证。

海运单不是物权凭证,所以不可转让。收货人不凭海运单提货,而是凭到货通知提货。因此,海运单中收货人一栏应填写实际收货人名称,以利货物到达目的港后通知收货人前来提货。目前,欧洲、北美和某些中东地区的贸易企业越来越倾向于使用这种不可转让的海运单,主要是因为海运单不仅方便进口人及时提货,简化手续,节省费用,而且在一定程度上减少了以假单据进行诈骗的现象。另外,由于 EDI 技术在国际贸易中的广泛应用,不可转让海运单更适用于这种新的技术。

【业务链接】 电放提单

【同步练习】 阅读以下海运提单(见表 2-1-3-3),指出其各部分内容与提单所属种类。

二、航空货物运输

航空货物运输(Air Transport)是一种现代化的运输方式,具有运输速度快、包装简化、减少保险和储存费用、保证货运质量和不受地面条件限制等优点。因此,航空货物运输特别适宜于运送鲜活、易腐商品、急需物资和贵重物品等。

(一)航空运输的方式

(1)班机运输。班机(Schedule Airline)是在固定的航线上、在固定的始发站和目的站间定期航行的飞机。

表 2-1-3-3　　　　　　　　　　海运提单

BILL OF LADING				1-C
1)SHIPPER　　　　　　17			10)B/L NO.YACI0652347	
SHANDONG IMP.& EXP. CO., 6 ZHONGSHAN ROAD QINGDAO, CHINA			COSCO 中國遠洋運輸(集團)總公司 CHINA OCEAN SHIPPING (GROUP) CO. CABLE: COSCO BEIJING TLX: 210740 CPC CN	
2)CONSIGNEE (1) TO ORDER OF KOREA EXCHANGE BANK,SEOUL				
3)NOTIFY PARTY (2) LOBLAWS INC. 3225 STREET CALGARY				
4)PLACE OF RECEIPT	5)OCEAN VESSEL (3) YUANCHI			
6)VOYAGE NO.(4) V.29	7)PORT OF LOADING (5) QINGDAO,CHINA		ORIGINAL	
8)PORT OF DISCHARGE (6) VANCOUVER, CANADA	9)PLACE OF DELIVERY		BILL OF LADING	
11)MARKS & NOS. (7)	12) NOS. & KINDS OF PKGS. (8)	13)DESCRIPTION OF GOODS(9)	14) G.W.(kg) (10)	15) MEAS(m3)(11)
LOT 60489 HANJIN CONTAINER NO. COSU2367851 SEAL NO. 561234 1×20' CONTAINER	56 CARTONS	CANNED FOODS CY/CY CONTAINER SHIPMENT ONLY P.O NO.60489	2128KGS	37.632CBM
			ON BOARD	
	(12) FREIGHT PREPAID			
16)TOTAL NUMBER OF CONTAINERS OR PACKAGES(IN WORDS)	(17) SAY PACKED IN ONE 20'CONTAINER OF FIFTY SIX CARTONS ONLY			
FREIGHT & CHARGES(9)	REVENUE TONS	RATE　PER	PREPAID	COLLECT
PREPAID AT QINGDAO,CHIAN	PAYABLE AT (19)		17)PLACE AND DATE OF ISSUE (15) QINGDAO,CHINA MAY. 25,2010	
TOTAL PREPAID	18)NUMBER OF ORIGINAL B(S)L (20) THREE(3)		21	
	LOADING ON BOARD THE VESSEL		(21)	
19)DATE(13) MAY. 25,2010	20)BY CHINA OCEAN SHIPPING (GROUP) CO. ×××		××× CHINA OCEAN SHIPPING (GROUP) CO. *As Agent For the Carrier:*	

（2）包机运输。由于班机运输形式下货物舱位有限，当货物批量较大时，包机运输（Chartered Carrier）就成为一种重要的运输方式。

（3）集中托运。集中托运（Consolidation）是指集中托运人将若干批单独发运的货物组成一整批，向航空公司办理托运，采用一份总运单整批发运到同一目的地，由集中托运人在目的港的代理人收货、报关，根据集中托运人签发的航空分运单分拨给各实际收货人。集中托运流程如图 2-1-3-2 所示。

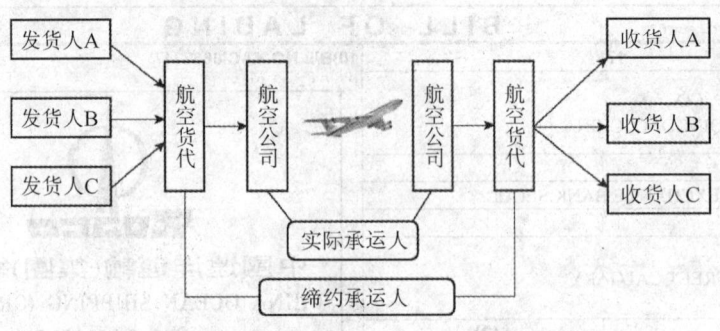

图 2-1-3-2 集中托运流程图

（4）航空快递。航空快递（Air Express Service）是目前国际航空运输中最快捷的运输方式，它不同于一般的航空邮寄和航空货运，是由一个专门经营此业务的航空快递公司与航空公司密切合作，设专人用最快的速度在货主、机场、收件人之间进行运输和交接，传送快件。

（二）航空货物运输的承运人

（1）航空运输公司。其拥有运输工具，提供实际货物的位移服务，是实际承运人。

（2）航空货运代理公司。其与发货人签订运输契约，但没有运输工具，是缔约承运人。对于航空公司来说，是发货人和收货人。

（三）航空货物运输的运价

航空货物运输的运价有普通货物运价、等级货物运价和指定货物运价三种，计算时选择其中一种。

最低运费（运价代号 M）是指航空公司办理一批货物所能接受的最低运费，不论货物的重量或体积大小，在两点之间运输一批货物应收最低金额。

（1）普通货物运价。①基础运价（运价代号 N）。民航局统一规定各航段货物基础运价，基础运价为 45 千克以下普通货物运价，金额以角为单位。②重量分界点运价（运价代号 Q）。国内航空货物运输管理部门制定了 45 千克以上、100 千克以上、300 千克以上三级重量分界点及运价。

（2）等级货物运价。①附加（运价代号 S）：急件、生物制品、珍贵植物和植物制品、活体动物、骨灰、灵柩、鲜活易腐物品、贵重物品、枪械、弹药、押运货物等特种货物实行等级货物运价，按照基础运价的 150% 计算。②附减（运价代号 R）：书报、杂志和作为货物托运的行李采用附减运价。

（3）指定货物运价。对于一些批量大、季节性强、单位价值小的货物，航空公司可建立指定货物运价（运价代号 C），运价优惠幅度不限，报民航局批准执行。

（四）航空运输单据

航空运输中的单据主要是航空运单。航空运单（Air Waybill）是由航空承运人或其代理人签发的货物收据，也是承运人与托运人之间的运输合同，但它不是物权凭证，是一种不可转让的单据。

航空运单依签发人不同,分为以下两类:

(1) 航空主运单。凡由航空公司签发的航空运单均称航空主运单(Master Air Waybill, MAWB)。它是航空公司据以办理货物运输和交付的依据,是航空公司和托运人之间签订的运输合同。

(2) 航空分运单。航空分运单(House Air Waybill, HAWB)是由航空货运公司在办理集中托运时签发给发货人的运单。在集中托运的情况下,除了航空公司要签发给集中托运人主运单之外,集中托运人还必须签发航空分运单给每一位托运人。从货物的托运到提取,货主均直接与航空货运公司联系,而与航空公司不直接发生关系。

三、铁路货物运输

铁路货物运输是仅次于海运的一种主要的国际货物运输方式。我国进出口货物的铁路运输包括国内铁路运输、至港澳地区的铁路运输和国际铁路货物联运三种。

(一) 国内铁路运输

出口货物由产地经铁路运至口岸外运,进口货物由口岸经铁路转运国内各地,以及各地之间的进出口货物的经铁路调运,均属国内铁路运输,按《国内铁路货物运输规程》的规定办理。

(二) 至港澳地区铁路运输

对港铁路货物运输由两部分组成:内地段铁路运输和香港段铁路运输。

(1) 内地段铁路运输。即由始发站至深圳北站,发货人委托当地外运或直接向铁路托运,填写铁路运单,先行将货物运往深圳北站,由中国对外贸易运输公司(简称中外运)深圳分公司作为收货人接货。中外运深圳分公司作为发货人的代理,负责在铁路局办理货物运输单据的交换,并租用车厢,然后申报出口,经查验放行后,将货物过轨至香港。

(2) 香港段铁路运输。火车过轨后,由中外运深圳分公司在香港的代理——香港中旅货运有限公司向香港九广铁路公司办理港段铁路运输,火车到达九龙各目的地车站后,由香港中旅货运有限公司将货物卸下交给收货人。

对澳铁路货物运输,即货物由内地按内地铁路运单运至广州南站,收货人是广东外运公司,货到后由广东外运公司办理水路中转业务到澳门,货到澳门后由南光集团的运输部门接货并转交给收货人。

(三) 国际铁路货物联运

国际铁路货物联运是指在两个或两个以上国家的铁路货物运输过程中,使用一份运送票据,以连带责任办理货物的全程运送,并在由一国铁路向另一国铁路移交货物时,不需发、收货人参加。我国的国际铁路货物联运主要是按照铁路合作组织所缔结的《国际铁路货物联运协定》的相关规定来运作的,它对简化运输手续、节省运输时间、加速资金周转、减少运输费用都非常有利。

(四) 铁路运输单据

中国内地通过铁路运往港澳地区的出口货物,一般委托中外运公司承办。当出口货物装车发运后,中外运公司即签发承运货物收据(Cargo Receipt)交给托运人,作为对外办理结汇的凭证。

当通过国际铁路办理货物运输时,在发运站由承运人加盖日戳签发的运单叫铁路运单(Rail Waybill)。铁路运单是由铁路运输承运人签发的货运单据,是收、发货人同铁路之间的运输契约。铁路运单一律以目的地收货人作记名抬头,一式两份,正本随货物同行,到目的地交收货人作为提货通知,副本交托运人作为收到托运货物的收据。在货物尚未到达目的地之前,托运人可凭运单副本指示承运人停运,或将货物运给另一个收货人。铁路运单只是运输合约和货物收据,不是物权凭证,但在托收或信用证支付方式下,托运人可凭运单副本办理托收或议付。

四、集装箱运输

集装箱运输(Container Transport)是以集装箱作为运输单位进行货物运输的一种现代化运输方式,见表2-1-3-4。

表2-1-3-4　　　　　　　国际标准集装箱规格表

型号	高度(H)mm		宽度(W)mm		长度(L)mm		额定重量
	尺寸	极限偏差	尺寸	极限偏差	尺寸	极限偏差	(最大重量)kg
1AA	2 591	0~5	2 438	0~5	12 192	0~10	30 480
1A	2 438	0~5	2 438	0~5	12 192	0~10	30 480
1AX	2 438	0~5	2 438	0~5	12 192	0~10	30 480
1CC	2 591	0~5	2 438	0~5	6 058	0~6	20 320
1C	2 438	0~5	2 438	0~5	6 058	0~6	20 320
1CX	2 438	0~5	2 438	0~5	6 058	0~6	20 320
10D	2 438	0~5	2 438	0~5	4 012	0~5	10 000
5D	2 438	0~5	2 438	0~5	1 968	0~5	5 000

【业务链接】集装箱类型

(一)集装箱运输的交接方式

集装箱货物有整箱货和拼箱货之分。

整箱货(Full Container Load,FCL)是指货主托运的量较大,足以装满一个集装箱的货物。一般认为,货物达到集装箱最大容积的75%以上、最大载重量的90%以上,即为整箱货。整箱货通常只有一个发货人和收货人,由发货人自行装箱,向海关办理货物出口报关手续,经海关查验后,由海关对集装箱施加铅封。

拼箱货(Less than Container Load,LCL)是指货主托运的批量较小,不足以装满一个集装箱,需由集装箱货运站把分属于不同货主的同一目的地的货物合并装箱,经海关检验后,由海关对集装箱施加铅封。

整箱货和拼箱货的货物流通途径大体相同,但货物的交接方式有所不同。
集装箱货物的交接过程中会涉及三个交接地点:
(1) 发收货人的仓库(Door,简写 D);
(2) 集装箱堆场(Container Yard,简称 CY);
(3) 集装箱货运站(Container freight station,简称 CFS)。
根据贸易合同的规定,集装箱的交接方式和交接地点如表 2-1-3-5 所示。

表 2-1-3-5　　　　　　　　　集装箱交接方式

出口	进口	交接方式
FCL	FCL	D-D, CY-CY, D-CY, CY-D
FCL	LCL	D-CFS, CY-CFS
LCL	LCL	CFS-CFS
LCL	FCL	CFS-D

(二) 集装箱运输的费用

以海运为例,集装箱运输的费用包括以下几项:
(1) 内陆运输费(Inland Transport Charge),又称装运港市内运输费,可以由承运人负责,也可由货主自理。一般在出口地发生的费用由发货人负责,在进口地发生的费用由进口人负责。
(2) 拼箱服务费(LCL Service Charge)。
(3) 堆场服务费(Terminal Handling Charge)又称码头服务费。
(4) 集装箱及其他设备使用费。
(5) 集装箱海运运费。其是集装箱运输费用的主要构成部分,由船舶运费和一些有关费用组成。其分为两大类:一类是沿用传统的件杂货运费计算方法,即以每运费吨作为计费单位;另一类是以每个集装箱作为计费单位,即包箱费率(Box-rate)。

(三) 集装箱提单

集装箱提单(Container B/L)是海运集装箱业务的主要运输单据。与普通海运提单的功能一样,集装箱提单是承运人或其代理人签发的货物收据,是承、托双方运输合同的证明,也是代表货物所有权的物权凭证。但集装箱提单是一种收妥待运提单,即签发提单时货物尚未装船。因此,在承运人根据发货人的要求在提单上填注了具体的装船日期和船名后,该提单才成为已装船提单。

五、国际多式联运

国际多式联运(International Multimodal Transport or International Combined Transport)是一种利用集装箱进行联运的运输组织方式。《联合国国际货物多式联运公约》对国际多式联运所下的定义是:"国际多式联运是按照多式联运合同,以至少两种不同的运输方式,由多式联运经营人将货物从一国境内接管货物的地点运至另一国境内指定交付货物的地点。"
国际多式联运的特征:

(1) 必须有一个多式联运合同。合同中明确规定多式联运经营人与托运人之间的权利、义务、责任和豁免。该合同是区别多式联运与一般运输方式的主要依据。

(2) 必须由一个多式联运经营人对货物运输的全程负责。多式联运经营人（Multimodal Transport Operator）是指本人或通过其代表订立多式联运合同的任何人，其可以充当实际承运人办理全程或部分运输业务，也可以是无船承运人（Non-vessel Operating Common Carrier, NVOCC）将全程运输交由各段实际承运人来履行。多式联运经营人负有履行多式联运合同的责任，对全程运输负总的责任。

(3) 必须使用一份包括全程的多式联运单据。

(4) 必须是包括两种以上运输方式的国际货物运输。

(5) 必须是全程单一的运费费率。其中包括全程各段运费的总和、经营管理费用和合理的利润。

(6) 必须是国际货物运输，适用国际运输的法规。

多式联运单据（Multimodal Transport Document, MTD）是在国际多式联运业务中，由多式联运经营人签发的，证明多式联运合同以及证明多式联运经营人接管货物并负责按照合同条款交付货物的单据。该单据包括全程运输，是发货人凭以结汇的单据，也是收货人凭以提取货物的凭据。

六、大陆桥运输

大陆桥运输（Land Bridge Transport）是指利用横贯大陆的铁路（公路）运输系统，作为中间桥梁，把大陆两端的海洋连接起来的集装箱连贯运输方式。

(1) 北美大陆桥。北美大陆桥是指从日本东向，利用海路运输到北美西海岸，再经由横贯北美大陆的铁路线，陆运到北美东海岸，再经海路运箱到欧洲的"海—陆—海"运输结构。北美大陆桥包括美国大陆桥和加拿大大陆桥。美国大陆桥有两条运输线路：一条是从西部太平洋沿岸至东部大西洋沿岸的铁路和公路运输线；另一条是从西部太平洋沿岸至东南部墨西哥湾沿岸的铁路和公路运输线。北美大陆桥是历史最悠久、影响最大、服务范围最广的陆桥运输线。

(2) 西伯利亚大陆桥。西伯利亚大陆桥又称亚欧大陆桥，全长1.3万千米，东起俄罗斯东方港，西至俄芬（芬兰）、俄白（白俄罗斯）、俄乌（乌克兰）和俄哈（哈萨克斯坦）边界，过境欧洲和中亚等地。西伯利亚大陆桥存在的问题：运输时间不稳定，铁路运输中货物位置难确认，往返货源不平衡。

(3) 新亚欧大陆桥。新亚欧大陆桥于1992年投入运营，东起我国江苏连云港，经陇海、兰新线，接北疆铁路，出阿拉山口与哈萨克斯坦的德鲁日巴站接轨，穿过哈萨克斯坦、俄罗斯、白俄罗斯、波兰、德国直达荷兰鹿特丹，将太平洋西海岸港口与里海、波罗的海及大西洋沿岸各港衔接。该大陆桥全长10 800千米，跨越我国11个省、自治区，是连接亚、欧两洲最便捷的通道，比海上航程可缩短9 000千米，比第一条亚欧大陆桥缩短2 000~2 500千米，时间缩短5天，节省运费10%以上。

另外，在美国还有一种OCP（over and common point）运输方式。其具体做法是出口美国的货物以CIF或CFR美国西海岸港口成交，之后再由陆上OCP承运人起票运到目的地。

经美国西海岸转运往 OCP 地区的货物运输，可享有 OCP 运输的优惠费率。

七、国际邮政运输

国际邮政运输是一种具有国际多式联运性质的运输方式。一件国际邮件一般要经过两个或两个以上国家的邮政局和两种或两种以上不同运输方式的联合作业方可完成。

国际特快专递（International Express Mail Service，EMS）是我国邮政部门办理的特快专递业务。

DHL 信使专递（DHL Courier Service）是敦豪国际航空快递有限公司信使专业和民航快递服务，总部设在美国纽约，业务范围遍及世界各地。

万国邮政联盟（Universal Postal Union），简称邮联，其宗旨是根据邮联组织法的规定，组成一个国际邮政组织，以便相互交换邮件；组织和改善国际邮政业务，以利国际合作的开展；推广先进经验，给予会员国邮政技术援助。我国于1972年加入邮联组织。

邮政收据（Parcel Post Receipt）是国际邮政运输的主要单据，它是邮局收到寄件人的邮包货物后所签发的凭证，也是收件人凭以提取邮件的凭证，当邮包发生损坏或丢失时，它还可以作为索赔和理赔的依据。但邮政收据不是物权凭证。

邮寄证明（Certificate of Posting）是邮政局出具的证明文件，据此证实所寄发的单据或邮包确已寄出和作为邮寄日期的证明。

专递收据（Courier Receipt）是特快专递机构收到寄件人的邮件后签发的凭证。

任务二　掌握装运条款的规定方法

一、装运时间的规定

合同中的装运时间有以下规定方法：

（1）明确规定某月装运。例如，2017 年 5 月装运（shipment during May 2017）。

（2）规定在某月底或某日以前装运。例如，2017 年 7 月底以前装运（shipment before the end of July 2017）。

（3）规定跨月装运。例如，2017 年 1/2 月装运（shipment during Jan./Feb. 2013）。

（4）规定收到信汇、电汇或票汇或信用证后若干天装运。例如，收到信用证后 30 天装运（shipment within 30 days after receipt of L/C）。

为防止买方不按时开证，一般还规定：买方必须不迟于某月某日将信用证开到卖方（The relevant L/C must reach the seller not later than...）。这种方法主要用于外汇管制比较严格的国家或专为买方制造的特定商品或买方信誉较差的情况。

二、装运港和目的港的规定

装运港和目的港的规定方法：

（1）明确规定装运港和目的港各一个。这是最常用的规定方法，例如：装运港为青岛，目的港为纽约（Port of Shipment：Qingdao，Port of Destination：New York）。

（2）规定两个或以上装运港或目的港。当货物分散多处，或磋商交易时尚不能确定在何处发运货物时,可规定两个或以上装运港,如装运港为青岛/上海。同样,当买方有不同的使用或销售地,而签订合同时尚不能确定供何处使用或销售时,可规定两个或以上目的港,如伦敦/利物浦。

(3) 在磋商交易时,如明确规定装运港或目的港有困难,可以采用选择港(Optional Port)的方法。如 CIF 利物浦,选择港伦敦、汉堡。

规定装运港和目的港应注意的问题:

(1) 装运港和目的港的规定要明确、具体。在业务中不宜接受诸如"欧洲主要港口"或"非洲主要港口"作为装运港或目的港。

(2) 不能接受内陆城市为装运港或目的港的条件。

(3) 注意装运港或目的港的装卸条件。

(4) 注意国外港口有无重名的情况。在买卖合同中要明确写明装运港或目的港所在国家或地区的名称。

(5) 选择港的规定不宜过多,一般不超过 3 个,而且必须在同一航区、同一航线上。

三、分批装运和转运的规定

分批装运(Partial Shipment)的规定方法:

(1) 原则规定允许分批装运,对分批的具体批次、时间和每批数量均不作规定。如允许分批装运(partial shipment is allowed)。这种做法对卖方来说比较主动,卖方可根据货源和运输条件,自行安排具体分批装运。

(2) 具体规定分批装运的时间和数量。例如:3 月至 6 月分 4 批每月平均装运(shipment during March/June in four equal monthly lots)。这种规定方法给予卖方的机动余地很小,只要其中任何一批未按时、按量装运,均构成卖方违约。但从买方角度来看,这种做法可按其使用或转售的需要进行安排,有利于资金周转和安排仓储。

转运(Transshipment)是指卖方交货时,如自装运地至目的地没有直达的运输工具,就需要在中途换装其他运输工具至目的地。

一般来说,允许分批装运和转运对卖方比较主动。根据《跟单信用证统一惯例》的规定,在信用证业务中,除非信用证作相反规定,可准许分批装运和转运。但有些国家的合同法规定,如合同对此不作规定,买卖双方事先对此也没有特别约定或习惯做法,则卖方不得分批装运和转运。因此,为了避免纠纷,争取顺利地履行合同,早出口、早收汇,除非买方坚持,原则上应在出口合同中订入允许分批装运和转运(partial shipment and transshipment are allowed)。

【法规惯例链接】

国际商会《跟单信用证统一惯例(UCP600)》对分批装运和转运的规定

第 20 条 提单

b. 就本条款而言,转运系指在信用证规定的装货港到卸货港之间的海运过程中,将货物由一船卸下再装上另一船的运输。

c. i. 只要同一提单包括运输全程,则提单可以注明货物将被转运或可被转运。ii. 银行可以接受注明将要发生或可能发生转运的提单。即使信用证禁止转运,只要提单上证实有关货物已由集装箱、拖车或子母船运输，银行仍可接受注明将要发生或可能发生转运的提单。

第 21 条 不可转让的海运单

c. ii. 银行可以接受注明将要发生或可能发生转运的非转让海运单。即使信用证禁止转运，只要非转让海运单上证实有关货物已由集装箱、拖车或子母船运输，银行仍可接受注明将要发生或可能发生转运的非转让海运单。

第 31 条 部分支款或部分发运

a. 允许分批支款或分批装运

b. 表明使用同一运输工具并经由同次航程运输的数套运输单据在同一次提交时，只要显示相同目的地，将不视为部分发运，即使运输单据上标明的发运日期不通或装卸港、接管地或发送地点不同。如果交单由数套运输单据构成，其中最晚的一个发运日将被视为发运日。

含有一套或数套运输单据的交单，如果表明在同一种运输方式下经由数件运输工具运输，即使运输工具在同一天出发运往同一目的地，仍将被视为部分发运。

c. 含有一份以上快递收据、邮政收据或投邮证明的交单，如果单据看似由同一快递或邮政机构在同一地点和日期加盖印戳或签字并且表明同一目的地，将不视为部分发运。

第 32 条 分期支款或分期发运

如信用证规定在指定的时间段内分期支款或分期发运，任何一期未按信用证规定期限支取或发运时，信用证对该期及以后各期均告失效。

【同步案例及评析】

是否构成分批装运及数量不足？

某国际贸易公司与欧洲某进口商订立出口某商品 500 吨的合同，规定采用信用证支付，允许交货数量可有 5% 增减。买方银行开来的信用证规定："分 4 批装运，1 月装 100 吨，2 月装 150 吨，3 月装 150 吨，4 月装 100 吨，每月内不得分批。"贸易公司审查信用证后认为可以接受，于 1 月、2 月分别按信用证要求装运两批货物并顺利收回货款。等到 3 月装运第 3 批时，因货源不足，经协商船公司同意，于 3 月 15 日由该船先在青岛装货 70 吨，接着于 3 月 20 日到烟台再装 75 吨，然后驶往目的港。贸易公司持分别于青岛和烟台签发的两套提单前去银行议付，议付行议付后将单据交到开证行索偿。开证行认为单证不符，拒绝偿付。理由是：①信用证规定每月内不得分批，出口方却在青岛和烟台两地分批装运。②3 月要求装运 150 吨，出口方只装了 145 吨，数量不足。

思考：开证行的拒付有无道理？为什么？

任务三 拟定装运条款

【条款示例】

1. DATE OF SHIPMENT: ON OR BEFORE NOV. 26, 2017.
LADING PORT & DESTINATION: FROM XIAMEN TO LISBON PORTUGAL.

PARTIAL SHIPMENT: ALLOWED.

装运日期：2017年11月26日或之前。

装运港/目的港：厦门到葡萄牙里斯本。

分批装运：允许。

2. Shipment during May/June/July 2017 in three equal monthly lots (in three equal monthly shipments), transshipment to be allowed.

2017年5/6/7月份装运，每月等量装运，不许转运。

项目实训练习

一、实训操作

设定一个交易对象、一笔出口业务，拟定一个完整的装运条款。

二、习题训练

（一）填空题

1. 按照船舶营运方式不同，海洋运输可分为_____和_____。
2. 按签发提单时货物是否装船划分，提单可分为_____和_____。
3. 空白抬头的提单，其抬头应做成_____。
4. 提单按收货人抬头分类，可分为_____、_____和_____。
5. 航空运输有_____、_____、_____、_____四种方式。

（二）判断题

1. 海运提单、铁路运单、航空运单都是物权凭证，都可通过背书转让。（　　）
2. 海运提单的签发日期是指货物开始装船的日期。（　　）
3. 如果合同中规定装运条款为2017年7/8月装运，那么出口公司必须将货物于7月、8月两个月内，每月各装一批。（　　）
4. 空白抬头、空白背书的提单是指既不填写收货人，又不要背书的提单。（　　）
5. 正本提单和正本航空运单都可有一份随货同行，交予收货人。（　　）
6. 承运人对某批用旧桶包装出口的货物，在提单上批注了"旧桶"字样，因而该提单成为不清洁提单。（　　）

（三）选择题

1. 多式联运经营人对运输的责任是（　　）。
   A. 仅限于第一程运输　　　　B. 任选一程负责　　　　C. 全程运输
2. 航空运输货物时，其收货人提货的凭证是（　　）。
   A. 航空运单　　　　　　　　B. 提货通知单　　　　　C. 承运货物收据
3. 在班轮运价表中，用字母"M"表示的计收标准为（　　）。
   A. 按货物毛量计收　　　　　　　　　　　　　　　B. 按货物体积计收
   C. 按商品价格计收　　　　　　　　　　　　　　　D. 按货物件数计收
4. 国际多式联运是以至少两种不同的运输方式将货物从一国境内接受货物的地点运至

另一国境内指定交付货物的地点，它是（　　）。

A. 由一个联运经营人负责货物的全程运输，运费按全程费率一次计收

B. 由一个联运经营人负责货物的全程运输，运费按不同运输方式计收

C. 由首程运输方式的经营人负责货物的全程运输，运费按全程费率一次计收

（四）计算题

某公司出口某商品 10 吨，箱装，每箱毛重 25 千克，体积 20 厘米 × 30 厘米 × 40 厘米，单价 CFR 马赛每箱 55 美元，查表知该货为 8 级，计费标准为 W/M，每运费吨运费 80 美元，另征收转船附加费 20%、燃油附加费 10%。

试计算：该商品的总运费为多少？

三、案例分析

H 公司向泰国 M 公司出口一批电器，M 公司开来信用证，来证有关条款规定：100 cases of Electric Goods and Materials, shipment from Chinese port to Bangkok, partial shipments and transhipment are prohibited, Full set clean on board marine bill of lading marked "freight prepaid" to order of shipper endorsed to K. T. Bank notifying buyers.

H 公司装运后制单送银行议付，单到开证行却被拒付，其理由是：

（1）我 L/C 要求的是清洁已装船海运提单（clean on board marine bill of lading），你们提交的却是联合运输提单（combined transport bill of lading）；

（2）我 L/C 规定不许转运，但根据你们提交的提单上的记载，显然货物是经过转运到曼谷港，故不符合信用证规定不许转运的要求。

思考：如果你是 H 公司的当事人，该如何处理此案。

【名词术语（中英文）】

班轮运输（Liner Transport）　　　　　　直达提单（Direct B/L）

租船运输（Charter Transport）　　　　　转船提单（Transshipment B/L）

运费吨（Freight Ton）　　　　　　　　　联运提单（Through B/L）

重量吨（Weight Ton）　　　　　　　　　过期提单（Stale B/L）

尺码吨（Measurement Ton）　　　　　　倒签提单（Anti-dated B/L）

从价运费（"A.V." 或 "ad. val"）　　　　预借提单（Advanced B/L）

海运提单（Ocean Bill of Lading, B/L）　　海运单（Sea Waybill or Ocean Waybill）

已装船提单（on Board B/L）　　　　　　"电放"（Surrendered, Telex Release）

备运提单（Received for Shipment B/L）　航空货物运输（Air Transport）

清洁提单（Clean B/L）　　　　　　　　　班机（Schedule Airline）

不清洁提单（Unclean B/L）　　　　　　　航空快递（Air Express Service）

记名提单（Straight B/L）　　　　　　　　航空运单（Air Waybill, AWB）

不记名提单（Bearer B/L）　　　　　　　整箱货（Full Container Load, FCL）

指示提单（Order B/L）　　　　　　　　　拼箱货（Less than Container Load, LCL）

班轮提单（Liner B/L）

租船提单（Charter Party B/L）　　　　　整箱交/整箱收 FCL/FCL

拼箱交/拆箱收 LCL/LCL
整箱交/拆箱收 FCL/LCL
拼箱交/整箱收 LCL/FCL
集装箱堆场（CY）
集装箱货运站（CFS）
多式联运经营人（Multimodal Transport Operator）
多式联运单据（Multimodal Transport Document，MTD）
大陆桥运输（Land Bridge Transport）
国际特快专递（International Express Mail Service，EMS）
DHL 信使专递（DHL Courier Service）

条款四　保险

【目标与要求】
1. 掌握合同中保险条款的内容
2. 了解国际货物运输保险保障的范围，熟悉国际货物运输保险的条款、险别，能够根据货物性质、运输情况选择合适的保险险别
3. 掌握保险金额的确定
4. 能够根据示范拟定保险条款

合同中的保险条款（Insurance）内容包括谁办理保险、保险金额是多少、投保什么保险险别、适用什么保险条款等。

【条款示例】
1. Insurance: To be effected by the Buyer.
2. Insurance: To be covered by the seller for 110% of the total invoice value against All Risks as per Ocean Marine Cargo Clauses of the People's Insurance Company of China dated 1/1/1981, including War Risk as per Ocean Marine Cargo War Risks Clauses dated...

任务一　了解国际货物运输保险的保障范围

货物运输保险是在海洋运输货物保险的基础上发展起来的。它按不同的运输方式可分为海洋运输货物保险、陆上运输货物保险、航空运输货物保险和邮包运输货物保险以及与上述各种运输方式的货物保险有关的各种附加保险。不同运输方式的货物保险，保险公司承保的责任有所不同，但所保障的基本原则和范围却是相似的。

以海洋运输为例，货物在运输中可能遭遇各种风险，发生不同程度的损失，产生各种费用，这就是国际货物运输保险保障的范围（见图 2-1-4-1）。

一、海洋货物运输中的风险

海洋运输货物的风险主要有海上风险和外来风险。
1. 海上风险
海上风险（Perils of the Sea）又称海难，是指船舶或货物在海洋运输过程中所遇到的自

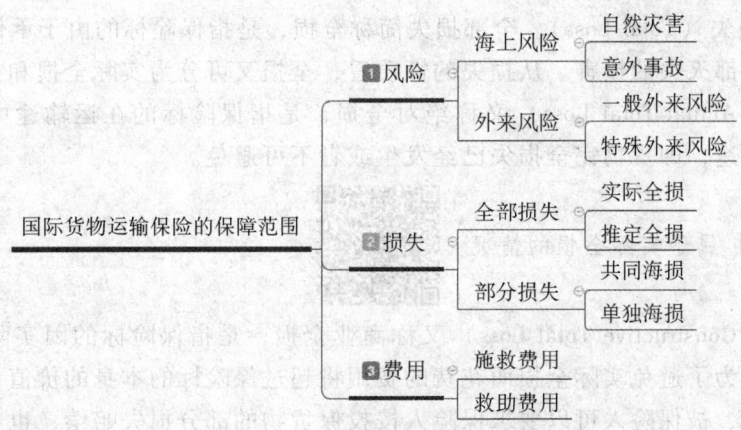

图 2-1-4-1　国际货物运输保险的保障范围

然灾害和意外事故,在保险业中,它们都有特定的范围。

自然灾害(Natural Calamities)是指由于自然界力量造成的灾害。但在海运保险业中,它并不是泛指一切由于自然力量而造成的灾害,而是仅指恶劣气候、雷电、海啸、地震或火山爆发等人力不可抗拒的自然力量造成的灾害。

意外事故(Fortuitous Accidents)一般是指由于意料之外的原因所造成的事故。但意外事故并不是泛指海上所有的意外事故,而是仅指运输工具搁浅、触礁、沉没、船舶与流冰或其他物体碰撞以及失踪、失火、爆炸等。

2. 外来风险

外来风险(Extraneous Risks)是指除海上自然灾害和意外事故以外其他外来原因造成的风险。所谓外来原因,必须是意外的、事先难以预料的,而不是必然发生的外来因素。因此,类似货物的自然损耗和本质缺陷等属于必然发生的损失,都不应包括在外来风险引起的损失之列。外来风险又分为一般外来风险和特殊外来风险两种。

一般外来风险是指货物在运输途中由于偷窃、雨淋、短量、渗漏、破碎、受潮受热、串味、沾污、钩损、生锈、碰损等原因所导致的风险。

特殊外来风险是指由于战争、罢工、拒绝交付货物等政治、军事、国家禁令及管制措施所造成的风险与损失。如因政治或战争因素,运送货物的船只被敌对国家扣留而造成交货不到;某些国家颁布的新政策或新的管制措施以及国际组织的某些禁令,都可能造成货物无法出口或进口而造成损失。

二、海上货物运输的损失

有风险就可能有损失,不仅有货物本身的损失,而且会有对遭遇风险的货物进行施救而支出的费用损失。

1. 海损

海洋运输货物的损失简称海损(Average),是指货物在海洋运输过程中遇到海上风险所造成的各种损失。海损也包括与海洋运输相连的陆上或内河航运过程中的货物损失。按照损失的程度不同,可分为全部损失和部分损失。

（1）全部损失（Total Loss）。全部损失简称全损，是指保险标的由于承保风险造成的全部灭失或视同全部灭失的损害。从损失的性质看，全损又可分为实际全损和推定全损两种。

实际全损（Actual Total Loss）又称绝对全损，是指保险标的在运输途中全部灭失或变质而失去原有用途，即货物完全损失已经发生或者不可避免。

【业务链接】属于实际全损的情况

推定全损（Constructive Total Loss）又称商业全损，是指保险标的因实际全损不可避免而被放弃，或者为了避免实际全损而花费的费用将超过保险标的本身的价值。被保险货物在发生推定全损时，被保险人可以要求保险人按投保货物的部分损失赔偿，也可以要求获得全损的赔偿。如果被保险人期望获得全损的赔偿，则必须向保险人提出委付。

【业务链接】推定全损时的保险委付

（2）部分损失（Partial Loss）。部分损失是指被保险货物没有达到全部损失的程度，包括共同海损和单独海损。

共同海损（General Average）是指载货的船舶在海上航行中，遭遇自然灾害或意外事故，威胁到船舶、货物和其他财产的共同安全，船方为了解除共同危险或使航行得以继续进行，有意识地采取合理的措施所引起的特殊牺牲和额外费用，这种损失由受益各方按其获救财产价值进行分摊。

单独海损（Particular Average）是指在海上运输中，由于承保风险所直接造成的船舶和货物的部分损失。例如：载货船舶在航行中遇到狂风巨浪，海水进入货舱造成部分货物受损，即属于单独海损。单独海损由各受损方自行承担，或者按海上货物运输合同的有关规定处理。

【同步练习】某货轮从天津港驶往新加坡，在船行驶途中船舶货舱起火，大火蔓延到机舱，船长为了船货的共同安全，决定采取紧急措施，往舱中灌水灭火。火虽然被扑灭，但由于主机受损，无法继续航行，于是船长决定租用拖船将货船拖回天津港修理，检修后重新驶往新加坡。事后调查，这次事件造成的损失有：

A. 1 000 箱货物被火烧毁　　　　　B. 600 箱货由于灌水灭火受到损失
C. 主机和部分甲板被烧坏　　　　　D. 拖船费用
E. 额外增加的燃料和船长、船员工资

请分析：以上哪些损失属于单独海损？哪些属于共同海损？

2. 外来风险的损失

外来风险的损失是指海上风险以外的外来风险造成的被保险货物的损失。一般外来风险所造成的损失即一般外来风险损失，特殊外来风险所造成的损失即特殊外来风险损失。前者如偷窃、雨淋、短量等风险造成的货物的损失，后者如战争、罢工等风险所造成的损失。

三、费用

费用是指被保险货物遭受保险责任范围内的事故时，除了能使货物本身受到损毁而导致的经济损失外，还会产生费用的支出。保险人负责赔偿的海上费用主要包括施救费用和救助费用。

1. 施救费用

施救费用（Sue and Labour Expenses）是指被保险货物遭受保险责任范围内的自然灾害和意外事故时，被保险人或其代理人、雇用人员和保险单受让人对保险标的所采取的各种抢救被保险货物，防止或减少货物损失的措施所支出的合理费用。

2. 救助费用

救助费用（Salvage Charges）是指海上保险财产在遭受承保范围内的风险时，由被保险人和保险人以外的第三者采取救助措施，并获救成功时，由被保险人向救助的第三者所支付的报酬。国际上遵循"无效果、无报酬"原则。

任务二 选择保险险别、保险条款

一、海洋运输货物的保险条款、险别

我国通常采用中国人民保险公司1981年1月1日修订的货物运输保险条款为依据。但有时国外客户要求按照英国伦敦保险业协会货物保险条款为准，我方也可以接受。

（一）中国海洋运输货物保险条款与险别

根据中国人民保险公司（PICC）海洋运输货物保险条款的规定，海洋运输货物保险条款包括基本险别与附加险别的责任范围、除外责任及保险责任起讫等内容。

1. 基本险别

基本险别是指可以独立投保的险别，依据承保责任范围的大小，分为平安险、水渍险和一切险三种，见表2-1-4-1。

表2-1-4-1　　中国海洋运输货物保险条款三种基本险别对照表

险别名称	平安险	水渍险	一切险
英文全称和缩写	Free from Particular Average，FPA	With Particular Average，WPA 或 WA	All Risks，AR
责任范围	参见资料链接（平安险的承保范围）	平安险+自然灾害造成的部分损失	水渍险+11种一般附加险
除外责任	（1）被保险人的故意行为或过失所造成的损失，例如：被保险人未能及时提货而造成的货损或损失扩大。 （2）属于发货人责任所引起损失，例如：由发货人装箱引起的短装、积载不当、错装所造成的货损。 （3）在保险责任开始前，被保险货物已存在的品质不良或数量短缺所造成的损失。 （4）被保险货物的自然损耗、本质缺陷、特性以及由于市价跌落、运输延迟所引起的损失或费用。 （5）战争险条款、罢工险条款规定的责任范围和除外责任。		

续表

险别名称	平安险	水渍险	一切险
责任起讫	"仓至仓条款"（Warehouse to Warehouse Clause）是指保险人的承保责任从被保险货物运离保险单所载明的起运地发货人仓库或储存处开始运输时生效，包括正常运输过程中的海上、陆上、内河和驳船运输在内，直到该项货物到达保险单所载明目的地收货人的最后仓库或储存处所，或被保险人用作分配、分派或非正常运输的其他储存处为止。如未抵达上述仓库或储存处所，则以被保险货物在最后卸载港全部卸离海轮后满60天为止。如在上述60天内被保险货物需转运到非保险单所载明目的地时，则以该项货物开始转运时终止。		
索赔时效	自保险事故发生之日起算，最多不超过2年。		

保险的责任起讫亦称保险期间或保险期限，指保险人承担责任的起讫时限。非在保险期间内发生的保险责任范围内的风险损失，被保险人无权索赔。被保险人可以要求扩展保险期限。例如：对某些内陆国家出口货物，如在港口卸货转运内陆，无法按保险条款规定的保险期限内到达目的地，即可申请扩展。经保险公司出立凭证予以延长，每日加收一定保险费。

【业务链接】平安险责任范围

根据中国海洋运输货物保险条款，平安险的责任范围包括以下八条内容：

（1）在运输过程中，由于自然灾害和运输工具发生意外事故，造成被保险货物的实际全损或推定全损。

（2）由于运输工具遭遇搁浅、触礁、沉没、互撞、与流冰或其他物体碰撞以及失火、爆炸等意外事故造成被保险货物的全部或部分损失。

（3）只要运输工具曾经发生搁浅、触礁、沉没、焚毁等意外事故，不论意外事故发生之前或者以后曾在海上遭遇恶劣气候、雷电、海啸等自然灾害造成的被保险货物的部分损失。

（4）在装卸转船过程中，被保险货物一件或数件落海所造成的全部损失或部分损失。

（5）被保险人对遭受承保责任内危险的货物采取抢救，防止或减少货损措施支付的合理费用，但以不超过该批被救货物的保险金额为限。

（6）运输工具遭遇自然灾害或者意外事故，需要在中途的港口或者在避难港口停靠，因而引起的卸货、装货、存仓以及运送货物所产生的特别费用。

（7）共同海损的牺牲、分摊和救助费用。

（8）运输契约订有"船舶互撞条款"，按该条款规定应由货方偿还船方的损失。

【同步练习】

某外贸公司按CIF术语出口一批货物，装运前已向保险公司按发票总值110%投保平安险，6月份货物装妥顺利开航。载货船舶6月13日在海上遇到暴风雨，致使一部分货物受到水渍，损失价值为2 100美元。数日后，该轮又突然触礁，致使该货又遭部分损失，价值为8 000美元。

试问：保险公司对该批货物的损失是否赔偿？为什么？

2. 附加险别

附加险别是对基本险别的补充和扩展，它不能单独投保，只能在投保了基本险别的基础上加保。根据损失的性质，附加险别分为一般附加险和特殊附加险。

一般附加险（General Additional Risk）承保一般外来风险所造成的损失。

【业务链接】一般附加险险别

偷窃、提货不着险条款（Theft, Pilferage and Non-delivery Clause, TPND），承保被保险货物因偷窃行为所致的损失和整件提货不着的损失。

淡水雨淋险条款（Fresh Water and/or Rain Damage Clause, FWRD），是指货物在运输中，由于淡水、雨水以及冰雪融化所造成的损失。淡水包括船上淡水舱、水管漏水以及舱汗等。

短量险条款（Shortage Clause）：承保货物数量和重量发生短少的损失。对于有包装货物的短少，保险公司必须查清外包装是否发生异常现象，如破口、破裂、扯缝等。对于散装货物，往往以装船重量和卸船重量之间的差额作为计算短量的依据，但不包括正常的途耗。

混杂、沾污险条款（Intermixture and Contamination Clause）：承保货物在运输过程中混进杂质所造成的损失。

渗漏险条款（Leakage Clause）：流质、半流质的液体物质和油类物质，在运输过程中因为容器损坏而引起的渗漏损失；或因流体渗漏而引起的以流体浸装的货物（如湿肠衣、酱菜等）的腐烂变质所造成的损失。

碰损、破碎险条款（Clash and Breakage Clause）：承保货物碰损和破碎的损失。碰损主要是对金属、木质等货物而言的，破碎则主要是对易碎性物质而言的。前者是指在运输途中，因为受到震动、颠簸、挤压而造成货物本身的损失；后者是在运输途中由于装卸野蛮、粗鲁、运输工具的颠震造成货物本身的破裂、断碎的损失。

串味险条款（Taint of Odor Clause）：承保货物在运输途中因受其他带异味货物的影响而造成串味的损失。例如茶叶、香料、药材等在运输途中受到一起堆储的皮张、樟脑等异味的影响使品质受到影响。

受潮受热险条款（Sweating and Heating Clause）：承保货物在运输途中因受气温变化或水蒸气的影响而使货物发生变质的损失。例如船舶在航行途中，由于气温骤变，或者因为船上通风设备失灵等使舱内水汽凝结、发潮、发热引起货物的损失。

钩损险条款（Hook Damage Clause）：货物在装卸过程中因为使用手钩、吊钩等工具所造成的损失。例如：粮食包装袋因吊钩钩坏而造成粮食外漏所造成的损失。

包装破裂险条款（Breakage of Packing Clause）：承保因包装破裂造成物资短少、沾污等损失以及为续运安全需要而产生的候补包装、调换包装所支付的费用。

锈损险条款（Rust Clause）：承保货物在运输过程中因为生锈造成的损失。不过这种生锈必须在保险期内发生，如原装船时就已生锈，保险公司不负责任。

特殊附加险（Special Additional Risk）是指承保由于军事、政治、国家政策法令以及行政措施等特殊外来原因所引起的风险与损失的险别。

【业务链接】特殊附加险险别

战争险（War Risk）：承保战争或类似战争行为等引起货物直接损失，不能单独投保，只能在投保一种基本险的基础上加保。保险公司对此种险别的承保责任范围包括：由于战争、类似战争行为和敌对行为、武装冲突或海盗行为以及由此而引起的捕获、拘留、限制、扣押所造成的损失,或者由于各种常规武器(包括水雷、鱼雷、炸弹)所造成的损失,由于上述原因所引起的共同海损的牺牲、分摊和救助费用。但对原子弹、氢弹核武器所造成的损失,保险公司不予赔偿。战争险的保险责任起讫与基本险的保险责任起讫不同,它不采用"仓至仓条款",仅限于"水上危险"。保险责任自货物装上保险单所载明的起运港的海轮或驳船时开始,直到保险单所载明的目的港卸离海轮或驳船时为止。如果货物不卸离海轮或驳船,则保险责任最长延至货物到目的港之当日午夜起算15天为止。如在中途港转船,则不论货物在当地卸载与否,保险责任以海轮到达该港或卸货地点的当日午夜起算满15天为止,待再装上续运海轮时恢复有效。

罢工险(Strike Risk):承保由于罢工者、被迫停工工人或参加工潮、暴动、民众斗争的人员的行为或任何人的恶意行为造成的直接损失及由此引起的共同海损牺牲、分摊和救助费用。但与罢工有关的间接损失,如在罢工期间由于劳动力短缺或不能正常履行职责所致的货物的损失,包括因此而引起的动力或燃料缺乏使冷藏机停止工作所致的冷藏货物的损失,皆不在保险人的责任范围之内。罢工险对保险责任的起讫的规定与其他海运货物保险险别一样,采取"仓至仓条款"。按国际保险业的惯例,已投保战争险后另加保罢工险,不另收保险费。如仅要求加保罢工险,则按战争险费率收费。

其他特殊附加险。

【同步练习】

水渍险承包责任范围争议案

某年3月,我方A进出口公司,向荷兰出口无烟煤100公吨,合同采用CIF贸易术语,规定由A公司投保水渍险,A公司随即按照发票金额另加10%向中国人民保险公司投保了水渍险(W.A)。5月份该批无烟煤装运出口,但在印度转船时,遭遇当地暴雨,货抵达目的港荷兰鹿特丹后,荷兰进口商发现货物有明显的湿损,损失经计算达27 000多美元。荷兰进口商遂向我A公司提出索赔,但遭到A公司的拒绝。A公司指出"该批货物已经投保了水渍险,你方应凭保险单向中国人民保险公司索赔"。事后,荷兰进口商凭保险单向中国人民保险公司驻荷兰的代理人提出索赔,遭到拒绝。

【评析】

(二)伦敦保险业协会海洋运输货物保险条款

"协会货物条款"最早制定于1912年,后来经过多次修改,新修订条款于2009年1月1日起生效。在我国按CIF或CIP条件的出口交易中,国外客户要求采用伦敦保险业协会制定的"协会货物条款"时,我出口企业和保险公司一般都可接受。

1. ICC的险别(见表2-1-4-2)

表 2-1-4-2　　　　　　　　　　　ICC 险别列表

险别名称	英文	险别性质	对应 CIC 险别	主要区别
协会货物条款（A）	Institute Cargo Clause（A），ICC（A）	基本险	相当于一切险	一切风险减除外责任
协会货物条款（B）	Institute Cargo Clause（B），ICC（B）	基本险	相当于水渍险	列明风险方式
协会货物条款（C）	Institute Cargo Clause（C），ICC（C）	基本险	相当于平安险	列明风险方式
协会战争险条款	Institute War Clause	附加险（可单独投保）		列明风险方式
协会罢工险条款	Institute Strike Clause	附加险（可单独投保）		列明风险方式
恶意损害险条款	Malicious Damage Clause	附加险（包括在 A 险中）		列明风险方式

2. ICC 基本险的承保范围与除外责任（见表 2-1-4-3）

表 2-1-4-3　　　　　　　　　　ICC 承保范围和除外责任

险别名称	ICC（A）	ICC（B）	ICC（C）
承保范围	一切风险减除外责任	①火灾、爆炸；②船舶或驳船触礁、搁浅、沉没或倾覆；③陆上运输工具倾覆或出轨；④船舶、驳船或运输工具同水以外的外界物体碰撞；⑤在避难港卸货；⑥地震、火山爆发；⑦共同海损牺牲；⑧抛货；⑨浪击落海；⑩海水、湖水或河水进入船舶、驳船、运输工具大型海运箱或贮存处所；⑪货物在装卸时落海或摔落造成整件的全损	只承保"重大意外事故"而不承保"自然灾害及非重大意外事故"：①火灾、爆炸；②船舶或驳船触礁、搁浅、沉没或倾覆；③陆上运输工具倾覆或出轨；④船舶、驳船或运输工具同水以外的外界物体碰撞；⑤在避难港卸货；⑥共同海损牺牲；⑦抛货

续表

险别名称	ICC（A）	ICC（B）	ICC（C）
除外责任	①一般除外责任。如因包装或准备不足或不当所造成的损失；根据新条款，此条款只适用于（a）投保人或其雇员自行包装；或（b）在起航前投保人已知其包装不善或准备不足；使用原子或热核武器所造成的损失和费用 ②不适航、不适货除外责任。主要是指被保险人在被保险货物装船时已知船舶不适航，以及船舶、运输工具、集装箱等不适货 ③战争除外责任。如由于战争、内战、敌对行为等造成的损失或费用；由于捕获、拘留、扣留等（海盗除外）所造成的损失或费用；由于漂流水雷、鱼雷等造成的损失或费用 ④罢工除外责任。罢工者、被迫停工工人造成的损失或费用，以及由于罢工、被迫停工所造成的损失或费用等	ICC（A）的除外责任之外增加： ①对于被保险人之外的任何个人或数人故意损害和破坏标的或其他任何部分的损害不负赔偿责任 ②对海盗行为不负赔偿责任	与ICC（B）险的除外责任相同
责任起讫	仓至仓条款		

综上所述，ICC（A）、ICC（B）、ICC（C）的承保范围类似于我国海洋运输货物保险中的一切险、水渍险和平安险，但不同之处在于：

（1）海盗行为所造成的损失属于ICC（A）的承保责任范围，而在一切险中是除外责任。

（2）ICC（A）包括恶意损害险，而一切险中不包括此种险。

（3）ICC（B）、ICC（C）改变了水渍险与平安险对承保范围中某些风险不明确的弊病，采取"列明风险"的办法，即把承保风险和损失一一列明。

二、其他各种运输方式的保险条款

在国际贸易中，不仅海洋运输的货物需办理保险，而且陆上运输、航空运输、邮包运输的货物也都需要办理保险。保险公司对不同方式运输的货物都制定了相应的专门条款。现将中国人民保险公司对其他各种运输方式的货运保险分别介绍。

（一）陆上运输货物保险条款

中国人民保险公司1981年1月1日修订的陆上运输货物保险条款规定，陆上货物运输保险分为陆运险和陆运一切险两种基本险别。

1. 陆运险

陆运险（Overland Transportation Risks）的承保责任范围：保险公司负责赔偿被保险货物在运输途中遭受暴风、雷电、地震、洪水等自然灾害，或由于陆上运输工具（主要是指火车、汽车）遭受碰撞、倾覆或出轨或在驳运过程中因驳运工具搁浅、触礁、沉没或由于遭受隧道坍塌、崖崩或火灾、爆炸等意外事故所造成的全部损失或部分损失。

2. 陆运一切险

陆运一切险（Overland Transportation All Risks）除包括上述陆运险的责任外，保险公司对被保险货物在运输途中由于一般外来原因造成的全部或部分损失，也负赔偿责任。

陆运险、陆运一切险的除外责任与海洋运输货物保险的除外责任相同。

陆上运输货物保险的责任起讫期限也采用"仓至仓条款"，即自被保险货物运离保险单所载明的起运地仓库或储存处所开始运输时生效，包括正常运输过程中的陆上和与其有关的水上驳运在内，直至该项货物运达保险单所载目的地收货人的最后仓库或储存处所或被保险人用作分配、分派的其他储存处所为止，如未运抵上述仓库或储存处所，则以被保险货物运抵最后卸载的车站满60天为止。如在中途转车，不论货物在当地卸车与否，保险责任从火车到达中途站的当日午夜起满10天为止。如果在10天内重新装车续运，则保险责任继续生效。

3. 陆上运输冷藏货物险条款

陆上运输冷藏货物险是陆上运输货物保险中的一种专门险。其主要责任范围是：保险公司除负责陆运险所列举的各项损失外，还负责被保险货物在运输途中由于冷藏机器或隔温设备的损坏或者车厢内贮存冰块的溶化所造成的解冻、溶化而腐败的损失。至于一般的除外责任条款也适用本险别。本保险责任自被保险货物运离保险单所载起运地点的冷藏仓库装入运送工具开始运输时生效。包括正常运输和与其有关的水上驳运在内，直至该项货物到达保险单所载明的目的地收货人仓库时继续有效，但最长保险责任以被保险货物到达目的地车站后10天为限。本保险的索赔时效从被保险货物在最后目的地车站全部卸离车辆后起算，最多不超过2年。

4. 陆上运输货物战争险条款（火车）

陆上运输货物战争险是陆上运输货物险的特殊附加险，在投保陆运险和陆运一切险的基础上可加保。陆上运输货物战争险（火车）承保直接由于战争、类似战争行为和敌对行为、武装冲突或海盗行为所致的损失，保险人的具体责任同海运战争险基本相似。陆上运输货物战争险（火车）的保险责任自被保险货物装上保险单所载起运地的火车时开始到卸离保险单所载目的地的火车时为止。如果被保险货物不卸离火车，本保险责任最长期限以火车到达目的地的当日午夜起算满48小时为止。如在运输中途转车，不论货物在当地卸载与否，保险责任以火车到达该中途站的当日午夜起算满10天为止，如货物在上述期限内重新装车续运，本保险恢复有效。但如果运送契约在保险单所载目的地以外的地点终止，该地即视为本保险目的地，仍照前述的规定终止责任。

此外，陆上运输货物罢工险也是一种陆运附加险，其保险手续的办理与海洋运输货物罢工险相同，即在加保战争险的同时加保罢工险，不另收费，若仅要求加保罢工险，则按战争险费率收费。

(二) 航空运输货物保险条款

中国人民保险公司 1981 年 1 月 1 日修订的航空运输货物保险条款规定,航空运输货物保险分为航空运输险和航空运输一切险两种基本险别。

航空运输险(Air Transportation Risks)的承保责任范围与海洋运输货物保险条款中的水渍险相似,包括被保险货物在运输途中遭受雷电、火灾、爆炸或由于飞机遭受恶劣气候或其他危难事故而被抛弃,或由于飞机遭碰撞、倾覆、坠落或失踪意外事故所造成的全部或部分损失。

航空运输一切险(Air Transportation All Risks)的承保责任范围与海洋运输保险条款中的一切险相似,除包括航空运输险责任外,还包括被保险货物由于外来原因所致的全部或部分损失。

航空运输货物保险的除外责任与海洋运输货物保险条款中的基本险的除外责任基本相同。

航空运输货物保险责任的起讫期限也采用"仓至仓条款",如被保险货物未运抵保险单所载明收货人仓库或储存处所,则以被保险货物在最后卸载地卸离飞机后满 30 天为止。如在上述 30 天内被保险货物需转送到非保险单所载明的目的地,则以该批货物开始转运时终止。

在投保航空运输货物保险时,还可以加保战争险等附加险别。航空运输货物战争险与海洋运输货物战争险的有关规定基本相同。值得注意的是,如果被保险货物不卸离飞机,航空运输货物战争险的责任起讫期限则以载货飞机到达目的地当日午夜起算满 15 天为止。

此外,航空运输货物保险还可以加保罢工险,其保险手续的办理与海洋运输货物罢工险相同,即在加保战争险的同时加保罢工险,不另收费,若仅要求加保罢工险,则按战争险费率收费。其责任范围与海洋运输货物罢工险相同。

(三) 邮包运输保险条款

邮包运输保险是承保邮包在运输途中因自然灾害、意外事故和外来原因所造成的损失。中国人民保险公司 1981 年 1 月 1 日修订的邮包险条款规定,邮包运输保险分为邮包险和邮包一切险两种基本险别。在投保这两种基本险别之一的基础上,还可酌情加保一种或若干种附加险。

邮包险的承保责任范围是被保险邮包在运输途中由于恶劣气候、雷电、海啸、地震、洪水等自然灾害或由于运输工具遭受搁浅、触礁、沉没、碰撞、倾覆、出轨、坠落、失踪,或由于失火、爆炸意外事故所造成的全部或部分损失。另外,还负责被保险人对遭受保险责任内危险的货物采取抢救,防止或减少货损的措施而支付的合理费用,但以不超过该批被救货物的保险金额为限。

邮包一切险的承保责任范围除包括上述邮包险的各项责任外,还负责被保险邮包在运输途中由于外来原因所致的全部或部分损失。

邮包险和邮包一切险的除外责任与海洋运输货物保险条款中基本险的除外责任基本相同。

邮包运输保险责任自被保险邮包离开保险单所载起运地点寄件人的处所运往邮局时开始

生效,直至该邮包运达本保险单所载目的地邮局,自邮局签发到货通知书当日午夜起算满15天终止。但在此期限内邮包一经递交至收件人的处所,保险责任即行终止。

邮包战争险与上述几种保险战争险的有关规定基本相同,值得注意的是,邮包战争险的保险责任自被保险邮包经邮局收讫后自储存处所开始运送时生效,直至该项邮包运达本保单所载目的地邮局送交收件人为止。

此外,邮包运输保险还可以加保罢工险,其保险手续的办理与海洋运输货物罢工险相同,即在加保战争险的同时加保罢工险,不另收费,若仅要求加保罢工险,则按战争险费率收费。其责任范围与海洋运输货物罢工险相同。

任务三 确定保险金额

保险金额是保险公司承担赔偿或给付保险金责任的最高限额,即投保人对保险标的的实际投保金额,同时又是保险公司收取保险费的计算基础。按照国际保险市场的习惯做法,出口货物的保险金额一般按 CIF 价格另加 10% 计算,这多出的 10% 即为保险加成率。之所以要加一成投保,主要是为了在货物发生损失时,使被保险人所支出的费用(开证费、电报费、借款利息、税款等)及进口商的预期利润能获得补偿。

任务四 拟定保险条款

凡以 FOB、CFR 条件成交的出口合同由买方承担货物在运输途中的风险,并负责办理保险和支付保险费,因此合同中的保险条款只要明确规定由买方办理即可。

凡以 CIF、CIP 条件成交的出口合同均需向保险公司按照投保金额、险别和适当的条款投保,并订明由卖方办理保险。

【条款示例】

1. Insurance: To be covered by the Seller for 110% of total invoice value against ICC (A), as per Institute Cargo Clauses dated 2009.01.01.

保险:由卖方按发票金额的 110% 投保,伦敦保险业协会 2009 年 1 月 1 日订立的货物 A 险。

2. 保险:由卖方按照发票金额的 110% 投保陆上运输货物一切险和海洋运输货物一切险,按照中国人民保险公司 1981 年 1 月 1 日陆上运输货物保险条款和海洋运输货物保险条款承保,包括战争险,按照××年××月××日陆上运输货物战争险(火车)条款和××年××月××日海洋运输货物战争险条款承保。

Insurance: To be covered by the seller for 110% of the total invoice value against Overland Transportation All Risks as per Overland Transportation Cargo Insurance Clauses "Trains, Truck" and Ocean Marine Cargo Clauses of the People's Insurance Company of China dated 1/1/1981, including War Risk as per Overland Transportation Cargo War Risks Clauses (By Train) dated... and Ocean Marine Cargo War Risks Clauses dated...

项目实训练习

一、实训操作

分别拟定 FOB 术语、CIF 术语出口合同的保险条款。

二、习题训练

（一）填空题

1. 海上风险分为_____和_____。海上损失按损失程度的不同分为_____和_____。

2. CIC 条款中的《海洋运输货物保险条款》中将险别分为_____和_____，其中，能单独进行投保的三种险别是_____、_____和_____。

3. 共同海损的损失与费用通常是由_____、_____和_____按获救价值的比例共同分摊。

（二）判断题

1. 在海洋运输货物保险业务中，"仓至仓条款"对于驳船运输造成的损失，保险公司不承担责任。（　　）

2. 在国际贸易中，向保险公司投保一切险后，在运输途中由于任何外来原因造成的货损，均可向保险公司索赔。（　　）

3. 托运出口玻璃制品时，被保险人在投保一切险后，还应加保破碎险。（　　）

4. 按照我国保险公司现行条款规定，凡已投保战争险，若再加保罢工险不另收费。（　　）

5. 船舶在航行途中因故搁浅，于是船长命令将部分货物抛入海中，使船舶上浮续航至目的港，则上述的搁浅和抛货的损失属于共同海损。（　　）

（三）选择题

1. ICC 条款中的 ICC（A）、ICC（B）、ICC（C）三种险别，保险公司承保范围最大的是（　　）。

   A. ICC（A）　　　　B. ICC（B）　　　　C. ICC（C）

2. 我公司以 CIF 条件与国外客户达成一笔出口交易，按照《国际贸易术语解释通则》的规定，我方应投保（　　）。

   A. 一切险加战争险

   B. 一切险

   C. 保险人承担责任范围最小的险别，不应包括战争险

3. 为防止运输途中货物被窃，应该（　　）。

   A. 投保一切险加保偷窃险

   B. 投保水渍险

   C. 投保平安险和水渍险的一种，加保偷窃险

4. PICC 指定的《海洋运输货物保险条款》中的三种基本险别，它们的责任范围大小排

列正确的是（　　）。

 A. 最大的是 FPA，其次是 AR，最后是 WPA

 B. 最大的是 WPA，其次是 AR，最后是 FPA

 C. 最大的是 AR，其次是 WPA，最后是 FPA

 5. 某批出口货物投保了水渍险，在运输过程中由于雨淋致使货物遭受部分损失，该损失保险公司将（　　）。

 A. 负责赔偿整批货物

 B. 负责赔偿被雨淋湿的部分

 C. 不予赔偿

【拓展知识】免赔率与"不计免赔"条款

【名词术语（中英文）】

海损（Average）	协会货物条款（A）Institute Cargo Clause（A），ICC（A）
全部损失（Total Loss）	
部分损失（Partial Loss）	协会货物条款（B）Institute Cargo Clause（B），ICC（B）
共同海损（General Average）	
单独海损（Particular Average）	协会货物条款（C）Institute Cargo Clause（C），ICC（C）
平安险（Free from Particular Average，FPA）	
水渍险（With Particular Average，WPA 或 WA）	协会战争险条款 Institute War Clause
一切险（All Risks，AR）	协会罢工险条款 Institute Strike Clause
仓至仓条款（Warehouse to Warehouse Clause）	恶意损害险条款 Malicious Damage Clause

条款五　支付

【目标与要求】

 1. 掌握合同中支付条款的内容

 2. 了解支付工具，掌握汇票的使用

 3. 掌握汇付、托收、信用证支付方式的性质、种类和业务流程

 4. 能够根据客户和业务情况选用合适的支付方式

 5. 能够根据示范拟定支付条款

 合同中的支付条款（Payment）内容包括支付方式和支付时间。

 在国际货物买卖中，按买卖合同支付货款是买方的基本义务，按时收取货款是卖方的主要权利。货款的收付直接影响到买卖双方资金的周转和融通以及各种金融风险和费用的负担问题。货款的结算主要涉及支付工具、付款时间及支付方式等问题。

【条款示例】

1. TERMS OF PAYMENT: The Buyer shall not be later than 31st May, 2013, effect payment by T/T (mail transfer or demand draft) to the Seller in advance.

2. TERMS OF PAYMENT: After first presentation the Buyer shall pay against documentary draft by the Seller at sight, The shipping documents are to be delivered against payment only.

3. TERMS OF PAYMENT: By irrevocable L/C at sight which should be issued before May 31, 2013, valid for negotiation in China for further 15 days after time of shipment.

任务一 掌握支付工具的使用

国际贸易货款的收付，采用现金结算的较少，绝大部分采用非现金结算，即使用代替现金作为流通手段和支付手段的信贷工具来结算国际间的债权债务。票据是国际通用信贷工具，是可以流通转让的债权凭证。

国际贸易中使用的票据主要有汇票、本票和支票，其中以汇票为主。

一、汇票

汇票是出票人签发的，委托付款人在见票时或者在指定日期无条件支付确定的金额给收款人或者持票人的票据。

（一）汇票的基本内容

我国《票据法》第 22 条规定，汇票必须记载下列事项：①表明"汇票"的字样；②无条件支付的委托；③确定的金额；④付款人名称；⑤收款人名称；⑥出票日期；⑦出票人签章。汇票上未记载前款规定事项之一的，汇票无效。

（二）汇票的种类

1. 按出票人分类

银行汇票（Banker's Draft），是指汇款人将款项交存当地出票银行，由出票银行签发，多用于办理异地转账结算和支取现金，由其在见票时，按照实际结算金额无条件支付给收款人或持票人的票据。其出票人和受票人都是银行。

商业汇票（Commercial Draft），是指出票人是商号或个人的汇票。

2. 按有无随附商业单据分类

光票（Clean Bill），是指不附带商业单据的汇票。银行汇票多是光票。光票的流通全靠出票人、付款人或出让人的信用。

跟单汇票（Documentary Bill），又称押汇汇票，是指附带商业单据的汇票。商业汇票一般是跟单汇票。在国际货款结算中，大多采用跟单汇票作为结算工具。

3. 按付款时间分类

即期汇票（Sight Draft），是指在提示或见票时立即付款的汇票。

远期汇票（Time Bill or Usance Bill），是指在一定期限或特定日期付款的汇票。远期汇票的付款时间，有以下四种规定方法：

（1）见票后若干天付款（At ×× days after sight）；

(2) 出票后若干天付款（At ×× days after date）；

(3) 提单签发日后若干天付款（At ×× days after date of Bill of Lading）；

(4) 指定日付款（Fixed date）。

4. 按承兑人分类

商业承兑汇票（Commercial Acceptance Draft），是由工商企业或个人承兑的远期汇票，是建立在商业信用的基础上的。

银行承兑汇票（Banker's Acceptance Draft），是由银行承兑的远期汇票，通常由出口人签发，银行对汇票承兑后成为主债务人，而出票人为次债务人，所以银行承兑汇票是建立在银行信用的基础上的，便于在金融市场上进行流通。

一张汇票往往可以同时具备几种性质。例如，一张商业汇票可以是即期的跟单汇票；一张远期汇票，同时又是银行承兑汇票。

（三）汇票的使用

1. 出票（Issue）

出票是指出票人签发票据并将其交付给收款人的票据行为。出票包括两个动作：一是写成汇票，并在汇票上签字；二是将汇票交付给收款人。在出票时，对收款人通常有三种写法：

(1) 限制性抬头。例如，"仅付××公司"（Pay ×× Co. only）或"付给××公司，不准流通"（Pay ×× Co. not negotiable）。这种抬头的汇票不能流通转让，只有指名的公司有权收取货款。

(2) 指示性抬头。例如，"付××公司或指定人"（Pay ×× Co. or order 或 Pay to the order of ××Co.）。这种抬头的汇票，××公司除可以收取票款外，也可以经过背书转让给第三者。

(3) 持票或来人抬头。例如，"付给来人"（Pay Bearer）或"付给持票人"（Pay Holder），做成这种抬头的汇票，无须由持票人背书，仅凭交付即可转让。

2. 提示（Presentation）

提示是指持票人将汇票提交付款人要求承兑或付款的行为。付款人见到汇票叫见票。提示可以分成两种：

(1) 承兑提示（Presentation for Acceptance），是指远期汇票的持票人向付款人出示汇票，要求付款人承诺付款的行为。

(2) 付款提示（Presentation for Payment），是指持票人向付款人提交汇票，要求付款的行为。

3. 承兑（Acceptance）

承兑是指汇票付款人承诺对远期汇票承担到期付款责任的行为。付款人在汇票正面写明"承兑"字样，注明承兑日期，并由付款人签字，交还持票人。付款人对汇票做出承兑，即成为承兑人。承兑人负有在远期汇票到期时付款的责任。

4. 付款（Payment）

对即期汇票，在持票人提示汇票时，付款人即应付款；对远期汇票，付款人经过承兑后，在汇票到期日付款。付款后，汇票上的一切债权债务即告解除。

5. 背书（Endorsement）

在国际市场上，汇票又是一种流通工具（Negotiable Instrument），可以在票据市场上流通转让。背书是转让汇票权利的一种法定手续，就是由汇票持有人在汇票背面记载有关事项经签章，或再加上受让人的名字，并将汇票转交受让人的行为。汇票可以经背书不断地转让下去，汇票的收款权利便经背书转移给受让人。对受让人来说，所有在他之前的背书人以及原出票人都是他的"前手"；而对出让人来说，所有在他让与以后的受让人都是他的"后手"，前手对后手负有担保汇票必然会被承兑或付款的责任。

在国际市场上，一张远期汇票的持有人如果想在付款人付款以前取得票款，可以经过背书转让汇票，即将汇票进行贴现。贴现（Discount）是指远期汇票承兑以后，尚未到期，由银行或贴现公司从票面金额中扣除从转让日到汇票付款日止的利息后将余额付给持票人的行为。

6. 拒付（Dishonour）

持票人提示汇票要求承兑时，遭到拒绝承兑，或持票人要求付款时，遭到拒绝付款，均称拒付，也称退票。

此外，汇票的出票人或背书人为了避免承担被追索的责任，可在出票时或背书时加注"不受追索"字样，但是这种汇票在市场上难以流通。

【同步练习】阅读以下汇票，如图 2-1-5-1 所示，理解其内容、当事人及内含的业务关系。

BILL OF EXCHANGE

No. FKY-681642　　　　　　　　　　　　　　QINGDAO,CHINA　APR.01,2013

EXCHANGE FOR　USD110000.00

At　　　　　***　　　　sight of this First of EXCHANGE (SECOND OF THE SAME TENOR AND DATE UNPAID)

pay to the order of　BANK OF CHINA,QINGDAO BRANCH

the sum of　SAY U.S. DOLLARS ONE HUNDRED AND TEN THOUSAND ONLY

Drawn under　INDUSTRIAL & COMMERCIAL BANK OF CHINA

L/C NO:LC-654168

DATE:MAR.05,2013

To　INDUSTRIAL & COMMERCIAL BANK OF CHINA

GUODEJIANSHUAI TEXTILE CO., LTD.

XXX

图 2-1-5-1　汇票

二、本票

本票（Promissory Note）是出票人签发的，承诺自己在见票时无条件支付确定的金额给收款人或持票人的票据。

本票必须记载下列事项：①标明"本票"的字样；②无条件支付的承诺；③确定的金额；④收款人名称；⑤出票日期；⑥出票人签章。本票上未记载前款规定事项之一的，本票无效。

本票可分为商业本票和银行本票。由工商企业或个人签发的称为商业本票或一般本票。由银行签发的称为银行本票。商业本票又可按照付款时间，分为即期本票和远期本票两种。

本票与汇票的区别如下：

（1）本票是无条件支付的承诺；汇票是无条件支付的命令。
（2）本票只有两个当事人，付款人就是出票人；汇票有三个当事人。
（3）本票的主债务人是出票人；汇票的主债务人在承兑前是出票人，承兑后为承兑人。

三、支票

支票（Cheque, Check）是出票人签发的，委托办理支票存款业务的银行或者其他金融机构在见票时无条件支付确定的金额给收款人或持票人的票据。

支票可分为现金支票和转账支票两种，用以支取现金或是转账，均应在支票正面注明。

支票的使用有一定的有效期，由于支票是代替现金的即期支付工具，因此有效期较短。我国《票据法》规定："支票的持票人应当自出票日起10日内提示付款；异地使用的支票，其提示付款期限由中国人民银行另行规定。"

支票与汇票的区别如下：

（1）支票为见票即付，无须承兑；远期的汇票必须承兑。
（2）支票的付款人仅限银行；汇票的付款人可以是公司、企业和个人，也可以是银行。
（3）支票的主债务人是出票人；汇票的主债务人在承兑前是出票人，承兑后为承兑人。

任务二　掌握汇付条款的拟定

合同中的汇付条款包括汇付方式和汇付时间。

一、汇付方式

汇付（Remittance），又称汇款，是指付款人主动通过银行或其他途径将款项汇交收款人。国际贸易货款的收付如采用汇付，一般是由买方按合同约定的条件（如收到单据或货物）和时间，将货款通过银行，汇交卖方。

在汇付业务中，通常有四个当事人：①汇款人（Remitter），是指汇出款项的人，在进出口交易中通常是进口人。②收款人（Payee 或 Beneficiary），是指收取款项的人，在进出口交易中通常是出口人。③汇出行（Remitting Bank），是指受汇款人的委托汇出款项的银行，通常是在进口地的银行。④汇入行（Paying Bank），是指受汇出行的委托解付汇款的银行，因此又称为解付行，在对外贸易中通常是出口地的银行。

(一) 汇付的具体方式

1. 电汇（Telegraphic Transfer，T/T）

电汇是指汇出行应汇款人的申请，通过拍发加押电报或电传等电讯手段将电汇付款委托书给汇入行，指示解付一定金额给收款人的一种汇款方式。

2. 信汇（Mail Transfer，M/T）

信汇是指汇出行应汇款人的申请，将信汇付款委托书寄给汇入行，授权解付一定的金额给收款人的一种汇款方式。

3. 票汇（Remittance by Banker's Demand Draft，D/D）

票汇是指汇出行应汇款人的申请，代汇款人开立以其分行或代理行为解付行的银行即期汇票，支付一定金额给收款人的一种汇款方式。

电汇和信汇的业务流程如图 2-1-5-2 所示。

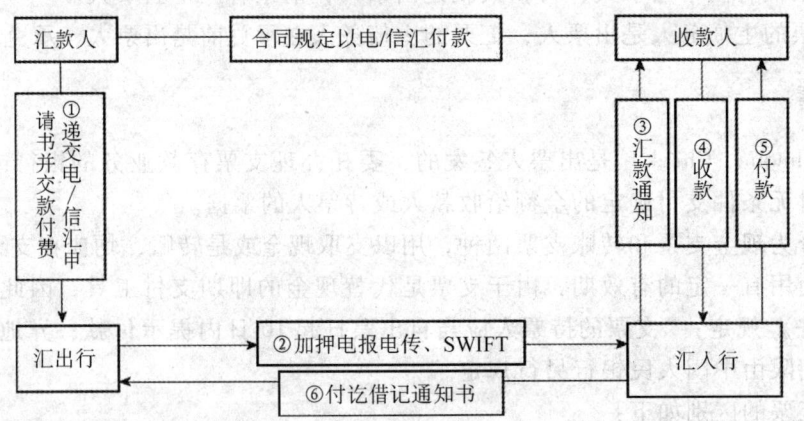

图 2-1-5-2 电汇和信汇的业务流程

【案例】中国银行汇出业务办理流程如图 2-1-5-3 所示，电汇和信汇以实线表示，票汇以虚线表示。

（1）汇款人向我行提交《汇出汇款申请书》以及现汇账户支款凭证或用于购汇的人民币支票。

（2）我行经审核后向海外联行或代理行发出汇款指示电报（电汇项下）或指示信函（信汇项下），或开具汇票（票汇项下）交付汇款人。

（3）电汇或信汇项下，海外联行或代理行按我行指示向收款人解付汇款。

（4）票汇项下，汇款人将汇票自行交付收款人，收款人向汇票注明的付款银行提示汇票，付款银行向收款人解付汇款。

(二) 汇付在国际贸易中的应用

汇付方式具有以下特点：一是费用少，与信用证和托收方式相比，汇款手续简便、费用低廉；二是速度快，有利于出口商及时收款，加快资金周转速度；三是操作简单易行，适用范围较广。

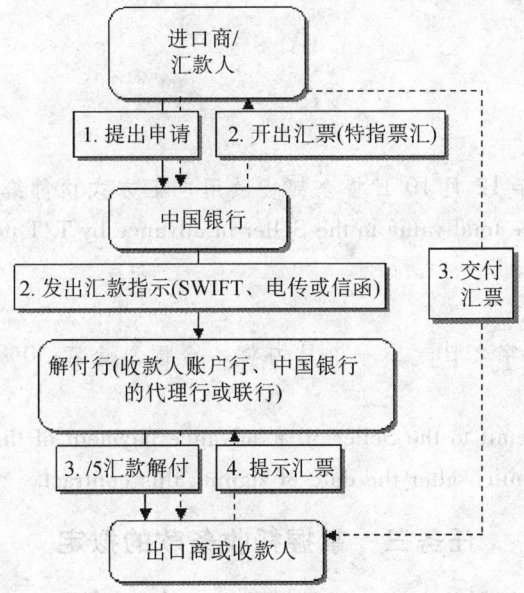

图 2-1-5-3　中国银行汇出业务流程

汇付方式的性质属于商业信用。由于在国际贸易中使用汇付方式结算货款，银行只提供服务，因此，使用汇付方式完全取决于买卖双方的信任，卖方交货后或交出单据后，买方是否按时付款，则取决于买方的信用。

在国际贸易中，汇付方式通常用于预付货款（Payment in Advance）、随订单付现（Cash with Order C.O.D）和赊销（Open Account）等业务。采用预付货款和随订单付现，对卖方来说，就是先收款，后交货，资金不受占压，对卖方最有利；反之，采用赊销贸易时，对卖方来说，就是先交货，后付款，卖方不仅要占压资金，而且要承担买方不付款的风险，因此，对卖方不利，对买方最为有利。此外，汇付方式还用于支付订金、分期付款、货款尾数以及佣金等费用的支付。

【同步练习】　未确认汇款入账发货损失案

我国 A 公司与国外 B 公司签订了一份空运出口合同，合同规定支付方式为电汇预付，B 公司先传真汇款凭证后我方再发货。A 公司在周五收到了 B 公司发来的汇款凭证，A 公司人员认为货款已经汇出，再加上第二天就是周末，银行不上班，要等到周一才能查验货款是否到账。为了能按时履约，立即办理了货物的出运手续，并向买方发出装运通知。发货后一直没有款项到账，原来 B 公司利用一张银行办理汇款业务的凭证促使 A 公司发货，待收到 A 公司发货的电文后，便撤销该项汇款。B 公司的欺诈行为使 A 公司损失惨重。试对本案例进行分析。

【评析】

二、汇付条款

【条款示例】

1. 电汇预付全部货款

买方应不晚于 2017 年 12 月 10 日将全部货款用电汇方式预付给卖方。

The Buyer shall pay the total value to the Seller in advance by T/T not later than December 10, 2017.

2. 电汇预付部分货款

买方同意在本合同签字之日起,一个月内将本合同总金额 30% 的预付款,以电汇方式汇交卖方。

The Buyer agreed to remit to the Seller 30% advance payment of the total amount of this contract by T/T within one month, after the date of signing this contract.

任务三　掌握托收条款的拟定

合同中的托收条款包括托收方式、托收时间和交单条件。

一、托收方式

什么是托收？托收（Collection）是指由接到托收指示的银行根据所收到的指示,处理金融单据和/或商业票据以便取得付款或承兑,或凭付款或承兑交出商业单据,或凭其他条款或条件交出单据。

金融单据是指汇票、本票、支票、付款收据或其他用于取得付款或款项的凭证。

商业单据是指发票、运输单据、物权单据或其他类似单据,或除了金融单据以外的其他单据。

简而言之,托收是出口方发货后,出具单据和汇票,委托银行向进口方收取货款的一种方式。

托收业务的基本当事人有四个,即委托人、托收行、代收行和付款人。

(1) 委托人（Principal）,是指委托银行办理托收业务的客户,通常是出口人。

(2) 托收行（Remitting Bank）,是指接受委托人的委托,办理托收业务的银行,一般为出口地银行。

(3) 代收行（Collecting Bank）,是指托收行的代理人,是接受托收行的委托代向付款人收款的银行,通常为进口地银行。

(4) 付款人（Payer）,是指汇票的受票人,通常是买卖合同中的买方。

（一）托收的方式

托收分为光票托收和跟单托收。光票托收是指金融票据不附有商业单据的托收,即仅把金融票据委托银行代为收款。跟单托收是指金融票据附有商业单据或不附有金融票据的商业单据的托收。国际贸易中货款的收取大多数采用的是跟单托收。

在跟单托收情况下,根据交单条件的不同,又可以分为付款交单和承兑交单两种。

1. 付款交单

付款交单（Documents against Payment，D/P）是指出口人的交单是以进口人的付款为条件，即出口人发货以后，取得货运单据，委托银行办理托收，并在托收委托书中指示银行，只有在进口人付清货款后，才能把商业单据交给进口人。

按付款时间的不同，付款交单又可以分为即期付款交单和远期付款交单。

（1）即期付款交单（Documents against Payment at sight，D/P at sight），是指出口人发货后开具即期汇票连同商业单据，通过银行向进口人提示，进口人见票后立即付款，进口人在付清货款后向银行领取商业单据。其业务流程如图2-1-5-4所示。

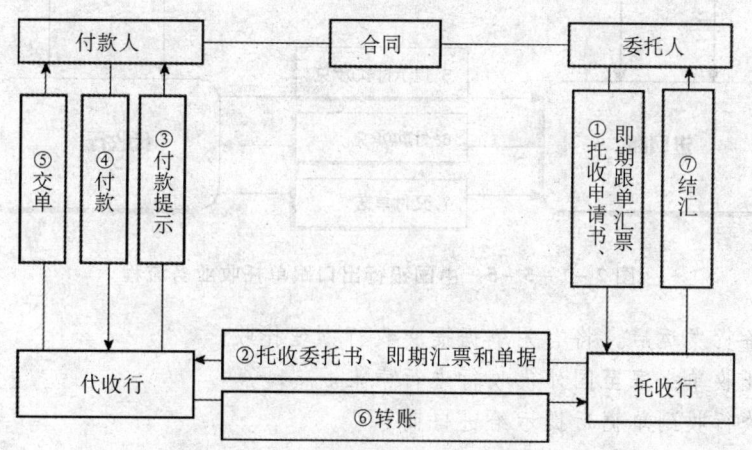

图2-1-5-4 即期付款交单业务流程

（2）远期付款交单（Documents against Payment after sight，D/P after sight），是指出口人发货后开具远期汇票连同商业单据，通过银行向进口人提示，进口人审核无误后即在汇票上进行承兑，于汇票到期时付清货款后再领取商业单据。

【资料链接】信托收据和"远期付款交单凭信托收据付款（D/P·T/R）"

2. 承兑交单

承兑交单（Documents against Acceptance，D/A）是指出口人的交单以进口人在汇票上承兑为条件，即出口人在装运货物后出具远期汇票，连同商业单据，通过银行向进口人提示，进口人承兑汇票后，代收行即将商业单据交给进口人，在汇票到期时，方履行付款义务。

承兑交单只使用于远期汇票的托收。由于承兑交单是进口人只要在汇票上办理承兑之后，即可取得商业单据，凭以提取货物。也就是说，出口人先交出商业单据，其收款的保障依赖进口人的信用，一旦进口人到期不付款，出口人便会遭到货物和货款全部落空的损失。因此，对于这种方式，出口人一般采用很慎重的态度。

【案例】中国银行出口跟单托收业务流程（见图2-1-5-5）。

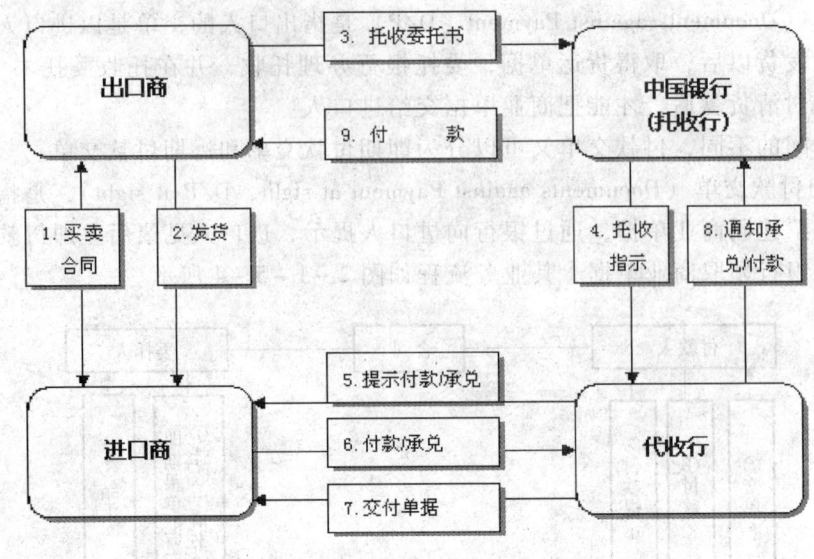

图 2-1-5-5 中国银行出口跟单托收业务流程

1. 出口商备货发运后，将有关单据提交我行办理托收。
2. 我行将托收单据寄至国外代收行进行索汇。
3. 国外代收行收到单据后提示给进口商。
4. 进口商到期通过代收行向我行付款，我行向出口商解付。

（二）托收在国际贸易中的应用

托收的性质为商业信用。银行办理托收业务时，只是按委托人的指示办事，并不承担付款人必然付款的义务。

托收具有以下特点：一是费用低廉。银行费用较低，有利于企业节约财务费用、控制成本；二是简便易行。与信用证方式相比，手续简单，易于操作；三是风险较小。进口商只有承兑或付款后才能提取货物，与赊销方式相比，出口商承担的风险较小。

实践中，跟单托收对出口人有一定的风险，万一进口人破产或丧失清偿债务的能力，出口人则可能收不回或晚收回货款。在进口人拒不付款赎单后，除非事先约定，银行没有义务代为保管货物。如果货物已经到达，还要发生在进口地办理提货、缴纳进口关税、存仓、保险、转售以至被低价拍卖或运回国内的损失。但是，跟单托收对进口人却有利，他不仅可免去申请开立信用证的手续，不必预付银行押金，减少费用支出，而且有利于资金融通和周转。由于托收对进口人有利，因此在出口业务中使用托收，有利于调动进口商采购货物的积极性，从而有利于促成交易和扩大出口，故很多出口商都把采用托收作为推销库存货和加强对外竞销的手段。

实践中采用托收方式应注意以下几点：

（1）调查和考虑进口人的资信情况和经营作风，成交金额应妥善掌握，不宜超过其信用程度。

（2）了解进口国的贸易管制和外汇管理条例，以免货到目的地后，由于不准进口或收不到外汇而造成损失。

（3）了解进口国的商业惯例，以免由于当地习惯做法影响安全、迅速结汇。

（4）出口合同应争取按 CIF 或 CIP 条件成交，由出口人办理货运保险，或投保出口信用保险。在不采用 CIF 或 CIP 条件时，应投保卖方利益险。

（5）对托收方式的交易，要建立健全管理制度，定期检查，及时催收清理，发现问题应及时、迅速采取措施，避免或减少可能发生的损失。

【法规惯例链接】国际商会《托收统一规则》

国际商会于 1995 年公布了《托收统一规则》修订本，为国际商会第 522 号出版物（Uniform Rules for Collection, ICC Publication No. 522），简称 URC522，于 1996 年 1 月 1 日起实施。《URC522》包括七部分，共 26 条。主要内容及新增条款介绍如下：

1. 托收指示中须注明该项托收应按照 URC522 办理。第 4 条规定：一切寄出的托收单据均须附有托收指示书，注明该托收按照 URC522 办理，并给予完整且明确的指示，银行则必须根据托收指示书所给予的指示及本规则办理托收。

2. 不提倡 D/P 远期。第 7 条规定：托收不应含有远期汇票而又同时规定商业单据要在付款后才交付。如果托收含有远期付款的汇票，托收指示书应注明商业单据是凭承兑交单（D/A）交付款人还是凭付款交单（D/P）交付款人。如果无此项注明，商业单据仅能凭付款交付，代收行对因迟交单据产生的任何后果不负责任。

3. 银行及其指定人不应为收货人，银行只处理单据而不处理货物或代表货物的合同。银行对跟单托收项下的货物没有义务采取任何行动，包括对货物的仓储和投保。

4. 银行必须核实其所收到的单据与托收指示所列的内容表面是否相符，若发现单据缺少，银行有义务用电讯或其他快捷方式通知发出托收指示的一方。除此之外，银行没有进一步审核单据的义务。

5. 托收如被拒绝付款或拒绝承兑，提示行应向托收行发出拒付通知，托收行在收到此项通知后，必须对单据如何处理给予相应的指示。提示行如在发生拒绝付款或拒绝承兑通知后 60 天内仍未收到此项指示，可将单据退回托收银行，不再负任何责任。

二、托收条款

【条款示例】

1. 即期付款交单条款

买方应凭卖方开具的即期汇票于见票时立即付款，付款后交单。

After first presentation the Buyer shall pay against documentary draft by the Seller at sight, The shipping documents are to be delivered against payment only.

2. 远期付款交单条款

买方应凭卖方开具的跟单汇票，于汇票出票日期后 45 日付款，付款后交单。

The Buyers shall pay against documentary draft drawn by the Sellers at 45 days after date of draft. The shipping documents are to be delivered against payment only.

3. 承兑交单条款

买方应凭卖方开具的见票后 90 天付款的跟单汇票，于提示时应即承兑。并应于汇票到期即予以付款，承兑后交单。

The Buyers shall pay against documentary draft drawn by the Sellers at 90 days after sight upon first presentation and make payment on its maturity. The shipping documents are to be delivered against acceptance.

【同步练习】托收方式下卖方凭假单据骗取货款案

我国某公司进口马口铁皮一批，D/P 即期付款，卖方通过银行将单据寄来我方银行托收，我公司即向银行办理付款赎单。事隔一个月之后，货物未到，于是我公司连续向对方发电征询情况，对方均未作答。最后通过有关方面了解，方知卖方所提供之单据系利用一家刚刚倒闭的船公司冒名伪造而成，而卖方在取得货款后也不知去向。

问题：对于这一损失，银行是否应负责任？该案例有什么启示？

任务四　掌握信用证条款的拟定

信用证支付条款内容包括开证人、开证行、信用证类型、信用证的到期日和到期地点，买方开立信用证的最晚时间等。

一、信用证方式

什么是信用证？根据国际商会《跟单信用证统一惯例》（UCP600）的解释，信用证是指一项不可撤销的安排，不论其名称或描述如何，该项安排构成开证行对相符交单予以承付的确切承诺。

在国际贸易中，信用证是银行应进口商申请开给出口商的、承诺凭相符交单履行付款的不可撤销的书面保证。

【法规惯例链接】《跟单信用证统一惯例》（UCP600）

国际商会为减少因对信用证解释不同而引起的争端，调和各有关当事人之间的矛盾，于1930 年拟订了《商业跟单信用证统一惯例》（Uniform Customs and Practice for Commercial Documentary Credit），并于 1922 年正式公布，建议各国银行使用。以后随着国际贸易变化，国际商会于 1951 年、1962 年、1974 年、1983 年、1993 年、2007 年先后对该惯例进行修改。目前适用的是于 2007 年 7 月 1 日开始实行的《跟单信用证统一惯例》（2007 年修订），国际商会第 600 号出版物（Uniform Customs and Practice for Documentary Credits, 2007 Revision, ICC Publication No. 600），简称 UCP600。

在我国对外出口业务中，如采用信用证支付方式，国外来证绝大多数均加注：除另有规定外，本证根据国际商会《跟单信用证统一惯例》（2007 年修订），即国际商会第 600 号出版物办理。

（一）信用证的特点

1. 信用证是一种银行信用

由开证行以自己的信用作出付款保证。信用证开证行的付款责任，不仅是首要的，而且是独立的，即使进口人在开证后失去偿付能力，只要出口人提交的单据符合信用证条款，开证行也要付款。

2. 信用证是一种自足文件

信用证的开立是以买卖合同为依据，但信用证一经开出，就成为独立于买卖合同的另一种契约，不受合同的约束。

3. 信用证是一种纯单据买卖

在信用证方式下，实行的是凭单付款的原则，只要受益人或其指定人提交的单据符合信用证规定，开证行就应当承担付款或承兑并支付的责任。反之，单据与信用证规定不符，银行有权拒绝付款。但应指出，银行对任何单据的形式、完整性、准确性、真实性以及伪造或法律效力，或单据上规定的或附加的一般和/或特殊条件，概不负责。

（二）信用证的当事人与一般业务流程

1. 信用证的当事人

（1）开证申请人（Applicant），又称开证人，指发出开立信用证申请的一方，在外贸业务中即进口人或实际买方。

（2）开证行（Opening Bank/Issuing Bank），意指应申请人要求或代表其自身开立信用证的银行。在外贸业务中应进口人申请开立信用证，承担保证付款的责任，一般是进口人当地的银行。

例：中国银行开立信用证办理流程如下：①进口商提交《开证申请书》，我行经审核后凭保证金或占用授信额度开出信用证；②出口商收到信用证通知后，按信用证条款备货装运；③出口商提交信用证规定单据，交单行将单据寄往我行要求付款或承付；④我行收到单据后，经审核无误向出口商付款或承付；⑤承付到期日对外付款。

（3）受益人（Beneficiary），意指信用证中受益的一方，是信用证上规定的有权使用该信用证的人，通常为出口人。

（4）通知行（Advising Bank/Notifying Bank），意指应开证行要求通知信用证的银行。接受开证行的委托，将信用证转交给受益人。它只证明信用证的真实性，并不承担其他的责任。

例：中国银行通知信用证办理流程如下：①我行收到国外来证或修改后，通过核对印鉴或密押证实其真实性；②我行将信用证或修改通知受益人，并就条款中的潜在风险作出提示。

（5）议付行（Negotiating Bank）。议付意指被指定银行在其应获得偿付的银行日或在此之前，通过向受益人预付或者同意以向受益人预付款项的方式购买相符提示项下的汇票（汇票付款人为被指定银行以外的银行）及/或单据。

例：中国银行信用证审单/议付办理流程如下：①出口商（受益人）按信用证条款备货装运后，向我行提交出口单据；②我行审核单据后，将单据寄往国外开证行或指定行进行索汇；③国外开证行收到单据后提示给信用证项下开证申请人；④国外开证行到期向我行付款，我行向出口商解付。

（6）付款行（Paying Bank/Drawee Bank），是指开证行授权进行信用证项下付款或承兑并支付受益人出具的汇票的银行。

（7）偿付行（Reimbursing Bank），又称信用证的清算行，是指受开证行的指示或授权，对有关代付银行的索偿予以照付的银行。偿付不视作开证行终局性的付款，因为偿付行并不审查单据，不承担单证不符的责任。开证行在见单后发现单证不符时，可直接向寄单的议付行、代付行追回业已付讫的款项。

(8) 保兑行 (Confirming Bank)。保兑意指保兑行在开证行之外对于相符提示做出兑付或议付的确定承诺。保兑行意指应开证行的授权或请求对信用证加具保兑的银行。保兑行在信用证上加具保兑以后，即对受益人独立负责，具有与开证行相同的责任地位，承担必须付款或议付的责任，一旦付款没有追索权。

例：中国银行办理信用证保兑业务流程如下：①我行在通知信用证时，应开证行或出口商（受益人）要求加具保兑；②出口商向我行提交出口单据，我行经审核无误后向出口商做出无追索权的付款或不可撤销的付款承诺；③我行将单据寄往国外开证行进行索汇，收到国外付款后用以归还我行保兑付款款项。

2. 信用证的一般业务流程

信用证的收付程序大体要经过申请、开证、通知、议付、索偿、付款、赎单等环节，如图 2-1-5-6 所示。

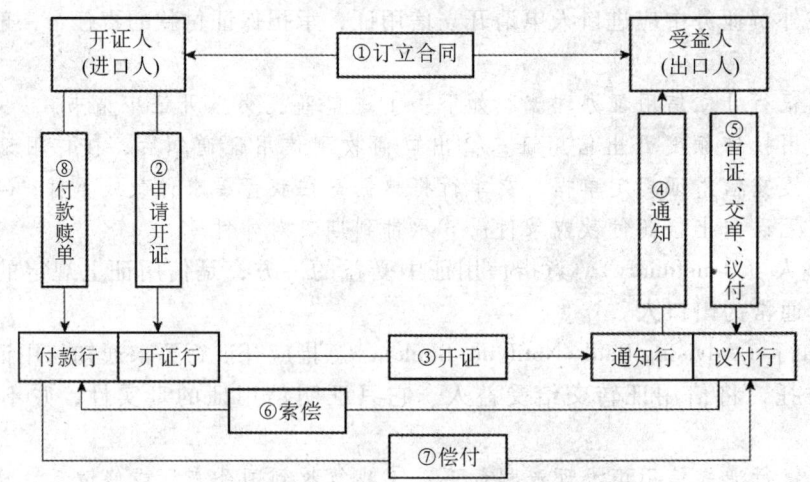

图 2-1-5-6　即期议付信用证收付程序

(1) 订立合同。进出口双方经过交易磋商签订合同，规定支付方式为信用证，一般还应规定开证行、信用证的类型、金额、到期日、信用证开立并送达卖方的时间等。

(2) 申请开证。进口人向当地银行提出申请，填写开证申请书，依照合同填写各项规定和要求，并交押金或提供其他担保，请开证行开证。

(3) 开证。开证行根据申请书内容，向出口人（受益人）开出信用证，并寄交出口人当地的分行或代理行（统称通知行）。信用证的开立方式有信开（Open by Airmail）和电开（Open by Telecommunication）两种。前者是开证行通过航空方式邮寄信用证正本给通知行。后者是指开证行通过电报、电传或通过 SWIFT 等电讯工具将加注密押的信用证通知受益人当地的代理行。

(4) 通知。通知行核对印鉴与密押无误后，将信用证交给受益人。如果收到的信用证是以通知行为收件人的，则通知行应以自己的通知书格式照录信用证全文通知受益人。

(5) 审证、交单、议付。受益人收到经通知行转来的信用证后，对照合同条款审核信用证。如果发现信用证中的条款有差错、表述不清等不能接受或者无法照办的内容，均应通知开证申请人,请求修改信用证。修改后的信用证的传递方式与信用证相同。受益人收到信用证审核无误,或需修改的经收到修改通知书认可后,按信用证规定装运货物,并备齐各项货运单据,开立汇票,连同信用证(如经过修改还有修改通知书)在信用证有效期内递交当地银行(议付行)议付。议付就是由议付行向受益人购进由它出具的汇票及所附单据。根据 UCP600 的解释:议付是指指定银行在相符交单下,在其应偿付的银行工作日当天或之前向受益人预付或者同意预付款项,从而购买汇票及/或单据的行为。议付也是一种汇票的贴现行为,在我国习惯上称为"买单"。议付行办理议付后成为汇票的善意持有人,如遇开证行拒付,有向其前手出票人进行追索的权利。

(6)索偿。索偿就是议付行办理完议付后,根据信用证规定,凭单向开证行或其指定的银行请求偿付的行为。其具体做法是:由议付行按信用证要求将单据连同汇票和索偿证明(证明单据符合信用证规定)分次以航空邮寄的方式给开证行或其指定的付款行。

(7)偿付。偿付是指开证行或被指定的付款行或偿付行向议付行进行付款的行为。如果发现单据与信用证规定不符,可以拒付,但应在收到单据的次日起 5 个银行营业日内通知议付行表示拒绝接受单据。

(8)付款赎单。开证行履行完偿付责任后,应向开证申请人提示单据,开证人审核单据无误后,办理付款手续。

(三)信用证的形式和内容

目前,普遍使用全球银行间金融电讯协会(Society for Worldwide Interbank Financial Telecommunications)的 SWIFT 电开信用证格式。使用 SWIFT 格式开立信用证,其信用证受国际商会 UCP600 条款约束,实质上已相当于根据 UCP600 开立信用证。

信用证的内容主要包括以下方面:

(1)关于信用证本身的说明。如信用证的种类、性质、编号到期日和到期地点、交单期限等。

(2)信用证的当事人,包括开证行、开证申请人、受益人、通知行等。此外,有的信用证还指定付款行、偿付行、承兑行、议付行等。

(3)对货物的要求。货物的名称、品种、规格、数量、包装、价格、金额等。

(4)对运输的要求。装运的最迟日期、起运地和目的地、运输方式、可否分批装运、可否转运等。

(5)对单据的要求。单据主要分为以下三类:①货物单据(以发票为中心,包括装箱单、重量单、产地证、商检证明书等);②运输单据(如提单,这是代表货物所有权的凭证);③保险凭证(保险单)。除上述三种单据以外,还有可能提出其他单证,如寄样证明、装船通知电报副本等。

(6)特殊要求。视具体交易的需要而异,常见的有要求通知行加保兑,限制由某银行议付,限制装某船或不许装某船等。

【资料链接】SWIFT 信用证标准格式

（四）信用证的种类

1. 按信用证项下的汇票是否附有货运单据划分

（1）跟单信用证（Documentary Credit），是指凭跟单汇票或仅凭规定的单据付款的信用证。单据是指代表货物或证明货物已经交付的单据，即货运单据。

（2）光票信用证（Clean Credit），是指开证行仅凭受益人开具的汇票或简单的收据而无须附带货运单据付款的信用证。

2. 按其是否有另一家银行对之加以保兑划分

（1）保兑信用证（Confirmed L/C），是指开证行开出的信用证，由另一家银行保证对符合信用证条款规定的单据履行付款义务。对信用证加以保兑的银行叫作保兑行（Confirming Bank）。

按 UCP600 的规定，信用证一经保兑，即构成保兑行在开证行以外的一项确定承诺。保兑行与开证行一样承担付款责任，并对受益人以独立的"本人"身份对受益人独立负责，并对受益人负首先付款责任。保兑行对受益人或其他前手无追索权。保兑的手续一般是由保兑行在信用证上加列保兑文句。

（2）不保兑信用证（Unconfirmed L/C），是指开证行开出的信用证没有经另一家银行保兑。当开证行资信好和成交金额不大时，一般都使用这种不保兑的信用证。

例：49：Confirmation Instructions Without

3. 按信用证兑付方式划分

UCP600 规定，一切信用证都必须清楚表明该证适用于即期付款、延期付款、承兑或议付。除非信用证规定只能由开证行办理，一切信用证均须指定某家银行并授权其付款，承担延期付款责任，承兑汇票或议付。对自由议付信用证，任何银行均为指定银行。

（1）即期付款信用证（Sight Payment L/C），是指开证行或付款行收到符合信用证条款的汇票和单据后，立即履行付款义务的信用证，即兑现方式是即期付款方式的信用证。即期付款信用证一般不要求受益人开立汇票。如开证行本身是付款行，开证行应保证履行即期付款的承诺；如由通知行或第三银行任付款行，开证行应保证该款的即期照付。付款行一经付款，对受益人均无追索权。这种信用证在国际结算中使用最为广泛。

例：41D：Available With...By... Any bank by Payment

（2）延期付款信用证（Deferred Payment L/C）是远期信用证的一种，是指开证行在信用证上规定货物装船后若干天付款或受益人交单后若干天付款的信用证。这类信用证不要求受益人开具汇票，所以出口商不能利用贴现市场资金，只能自行垫款或向银行借款。

例：41D：Available with XX bank by deferred payment

（3）承兑信用证（Acceptance L/C），是指付款行在收到符合信用证规定的远期汇票和单据时，先在汇票上履行承兑手续，待汇票到期日再行付款的信用证。按 UCP600 的规定，开立信用证时不应以申请人作为汇票的付款人，承兑信用证的汇票付款人可以是开证行或其他指定的银行，不论由谁承兑，开证行均负责该汇票的承兑及到期付款。这种信用证又称为银行承兑信用证（Banker's Acceptance L/C）。承兑信用证一般适用于远期付款的交易。

例：41D：Available with XX bank by acceptance

（4）议付信用证（Negotiation L/C），是指开证行允许受益人向某一指定的银行或任何银行交单议付的信用证。议付是指议付行对汇票和（或）单据付出代价。只审单据不支付对价，不能构成议付。议付信用证按是否限定议付银行分为公开议付信用证和限制议付信用证。公开议付信用证（Open Negotiation L/C），又称自由议付信用证（Free Negotiation L/C），是指开证行对愿意办理议付的任何银行作公开议付邀请和普遍的付款承诺的信用证，即任何银行均可按信用证条款自由议付的信用证。限制议付信用证（Restricted Negotiation L/C）是指开证行指定某一银行或开证行本身进行议付的信用证。议付和付款的主要区别之一是：议付银行在议付后如由于单据与信用证条款不符的原因而不能向开证行收回款项时，还可以向受益人追索；而付款银行（以及开证行、保兑银行）一经付款，即丧失对受益人的追索权。

例：41D：Available with any bank by negotiation

4. 按付款时间不同划分

（1）即期信用证（Sight L/C），是指开证行或付款行在收到符合信用证条款的跟单汇票或装运单据后，立即履行付款义务的信用证。在即期信用证中，有时还加列电汇索偿条款（T/T Reimbursement Clause），这是指开证行允许议付行用电报或传真通知开证行或指定银行，说明各种单据与信用证要求相符，开证行或指定付款银行接到电报或电传通知后，有义务立即用电汇将货款拨交议付行。付款后如发现收到的单据与信用证规定不符，开证行或付款行有对议付行行使追索的权利。这是因为此项付款是在未审单的情况下进行的。

（2）远期信用证（Usance L/C），是指开证行或付款行收到符合信用证条款的单据时，在规定期限内履行付款义务的信用证。远期信用证主要包括承兑信用证、延期付款信用证和远期议付信用证。其主要作用是便于进口人资金融通。

【业务链接】假远期信用证

假远期信用证（Usance L/C Payable at sight）。假远期信用证是信用证规定受益人开立远期汇票，由付款行负责贴现，并规定一切利息和费用由进口人负担。这种信用证，表面上看是远期信用证，但从上述条款规定来看，出口人却可以即期收到全部的货款，因而习惯上称之为假远期信用证。

例：At the request of Fuda Electric Trading Co., Ltd. the Philippines We issue an Irrevocable Documentary Credit in favour of Kalo Metals Materials Co., (Pte) Ltd. Singapore 2814#1031, for account of U.S. $200000 (say two hundred thousand U.S. dollars only). Expiry date and place on 15th December, 19 in country of beneficiary. Usance drafts at 180 days to be negotiated at sight basis and discounted by us. Discount charges and acceptance commission are for Buyer's account.

5. 按受益人对信用证的权利可否转让划分

（1）不可转让信用证（Non-transferable L/C），是指受益人不能将信用证的权利转让给他人使用的信用证。凡信用证中未注明"可转让"者，就是不可转让信用证。

（2）可转让信用证（Transferable L/C），是指受益人（第一受益人）有权将信用证的全部或部分金额转让给第三者，即第二受益人使用的信用证。

例：20　Transferring Bank's Reference　　　GDBSHCNTF1300018
52A Issuing Bank of the Original D/C　　MHBKJPJT MIZUHO BANK LTD., TOKYO
50　First Beneficiary　　CONFIRMAI LTD HONGKONG CHINA
59　Second Beneficiary　　SHAKDEE TRADING LTD 35AB LUNA SHENGZHEN CHINA

可转让信用证只能转让一次,即只能由第一受益人转让给第二受益人,第二受益人不得要求将信用证转让给其后的第三受益人。但是,再转让给一受益人,不属被禁止转让的范畴。

信用证只能按原证规定条款转让,但信用证金额、商品的单价、到期日、交单日及最迟装运日期可以改变,保险加成比例可以增加,信用证申请人可以变动。信用证在转让后,第一受益人有权以自身的发票(和汇票)替换第二受益人的发票(和汇票),其金额不得超过信用证规定的原金额。信用证规定了单价,应按原单价开立。在替换发票(和汇票)时,第一受益人可在信用证项下取得自身发票和第二受益人发票之间的差额。

6. 循环信用证(Revolving L/C)

循环信用证是指信用证被全部或部分使用后,其金额又恢复到原金额,可再次使用,直至达到规定的次数或规定的总金额为止。

(1) 自动循环(Automatic Revolving)。

例:信用证项下总金额于每次议付后自动循环。

The total amount of this credit shall be restored automatically after date of negotiation.

(2) 通知循环(Notice Revolving)。

例:受益人于每次装货议付后,须待收到进口商或开证银行发出的通知,方可恢复到原金额使用。

The amount of each shipment shall be reinstated after each negotiation only upon receipt of credit-writing importer's issuing bank's notice stating that the credit might be renewed.

7. 其他信用证类型

(1) 对开信用证(Reciprocal L/C),是指信用证的开证申请人可以对方为受益人而开立的信用证。对开信用证的第一张信用证的受益人(出口人)和开证申请人(进口人)就是第二张信用证的开证申请人和受益人,第一张信用证的通知行通常就是第二张信用证的开证行。两张信用证的金额相等或大体相等,两证可同时互开,也可以先后开立。对开信用证多用于易货贸易或来料加工贸易业务,交易的双方都担心对方凭第一张信用证出口或进口后,另外一方不履行进口或出口的义务,于是采用这种相互联系、互为条件的开证办法,彼此互为约束。

(2) 对背信用证(Back to Back L/C)又称转开信用证、从属信用证或桥式信用证,是指原证的受益人要求原证的通知行或其他银行以该证为基础和担保,另开立的一张内容相似的新信用证。对背信用证的受益人可以是国外的,也可以是国内的,对背信用证的开证行只能根据不可撤销信用证来开立。

【业务链接】对背信用证的使用

(3) 预支信用证(Anticipatory L/C),是指开证行授权代付行(通常是通知行)向受益人预付信用证金额的全部或一部分,由开证行保证偿还并支付利息。由于预支款是提供受益人收购及包装货物所用的,因此这种信用证又叫打包放款信用证(Packing L/C)。

(4) 备用信用证(Sandby Letter of Credit),是指开证行根据开证申请人的请求对受益人开立的承诺承担某项义务的凭证,即开证行保证在开证申请人未能履行其应履行的义务时,受益人只要凭备用信用证的规定向开证行开具汇票（或不开汇票），并提交开证申请人未履行义务的声明或证明文件，即可取得开证行的偿付。备用信用证对受益人来说是在开证申请人毁约时取得补偿的一种方式，广泛应用于各种履约业务。

【同步练习】阅读以下信用证，分析信用证内容。

```
BASIC HEADER F 01 BKCHCNBJA5XX9109 069905
APPI HEADERO 700 1332990223 SMITJPJSAXXX 4956 850438 1702231232N
                    + SUMITOMO BANK LTD OSAKA JAPAN
         （BANK NO：2632001） +OSAKA，JAPAN
USER HEADER          BANK. PRIORITY 113：
                MSG USER REF. 108：G/FO－7752807
     ：MT：700 ------------- ISSUE OF A DOCUMENTARY CREDT ---------------


SEQUENCE OF TOTAL            :27：1/1
FORM OF DOCUMENTARY CREDIT   :40A：IRREVOCABLE
DOCUMENTARY CREDIT NUMBER    :20：G/FO－7752807
DATE OF ISSUE                :31C：170223
APPLICABLE RULES             :40E：UCP LATEST VERSION
DATE AND PLACE OF EXPIRY     :31D：170610QINGDAO CHINA
APPLICANT BANK               :51A：THE SUMITOMO BANK，LTD. OSAKA
APPLICANT                    :50：TOSHU CORPORATION OSALM
                                  12－26，KYUTARO－MACHI 4－CHOME
                                  CHUO－KU，OSAKA561－8317 JAPAN
BENIFICIARY                  :59：DONGYUE KNITWEARS AND HOMETEXTILES
CURRENCY CODE，AMOUNT         :32B：USD201780，00
AVAILABLE WITH.．…BY．．…       :41D：ANY BANK
DRAFIS AT...                 :42C：AT SIGHT
DRAWEE                       :42D：ISSUING BANK
PARTIAL SHIPMENT             :43P：ALOWED
TRANSHIPMENT                 :43T：PROHIBITED
LOADING/DISPICH/TAKING/FROM  :44A：QINGDAO
FOR TRANSPORTATION TO...     :44B：YOKOHAMA
LATEST DATE OF SHIPMENT      :44C：170531
DESCRPT OF GOODS/SERVICES    :45A：
    CIF YOKOHAMA
    MEN'S SHIRT（CONTRACT NO. 17JA7031KL）
    ST/NO. QTYUNIT PRICE
    71－80067，200PCSUSD1.43/PC
    71－80148，000PCS USD 1.46/PC
```

71-80227, 600PCS USD 1.29/PC

DOCUMENTS REQUIRED : 46A:

1. COMMERCIAL INVOICE IN QUADRUPLICATE.

2. FULL SET ORIGINAL CLEAN ON BOARD OCEAN BILL. OF LADING MARKED FREIGHT PREPAID MADE OUT TO ORDER OF THE SHIPPER BLANK ENDORSED NOTIFY APPLICANT.

3. PACKING LIST IN 3 COPIES.

4. G. S. P CERTIFICATE OF ORIGIN FORM A IN 3 COPIES.

5. INSURANCE POLICY OR CERTIFICATE IN QUADRUPLICATE ENDORSED IN BLANK WITH CLAIM PAYABLE IN JAPAN IN THE CURRENCY OF THE DRAFT COVERING 10 PERCENT OF INVOICE VALUE INCLUDING INSTITUTE CARGO CLAUSES (AL RISKS) INSTITUTE S. R. C. C. CLAUSES.

6. BENEFICIARY'S CERTIFICATE STATING THAT ONE SET OF ORIGINAL SHIPPING DOCUMENIS INCLUDING CERTFICATE OF ORIGIN FORM A HAS BEEN SENT DIRECTLY TO THEAPPLICANT (ATTN. OSALM SECTION) WTHIN 2 DAYS AFTER SHIPMENT BY AIR COURIER.

ADDITIONAL CONDITIONS : 47A:

(1) THE GOODS SHOULD BE CONTAINERIZED.

(2) A COPY OF CABLE ADVISING SHIPPING DETAILS FAX TO THE ACCOUNTEE WITHIN 2 DAYS AFTER SHIPMENT.

(3) CLEAN ON BOARD COMBINED TRANSPORT B/L OF ITOCHU EXPRESS CO., LTD IS ACCEPTABLE.

CHARGES : 71B: ALL BANKING CHARGES AND COMMISSIONS INCLUDING REIMBURSEMENT COMM. OUTSIDE JAPAN ARE FOR A/C OF BENEFICLARY.

PERIOD FOR PRESENTATIONS : 48: DOCUMENTS TO BE PRESENTED WTTHIN 10 DAYS AFTER THE DATE OF SHIPMENT BUT WITHIN THE VALIDITY OF THE CREDIT.

CONFIRMATION INSTRUCTION : 49: WITHOUT

INSTRUCTION TO BANK : 78:

TO NEGOTIATING BANK: ALL SHIPPING DOCUMENTS TO BE SENT DIRECT TO THE OPENING OFFICE BY REGISTERED AIRMAILIN ONE LOT UPON RECEIPT OF THE DRAFTS AND DOCUMEVTS IN ORDER, WE WILL REMIT THE PROCEEDS TO YOUR ACCOUNT WTTH THE BANK DESIGNATED BY YOU.

TRALILER

MAC: 51EFSS6F CHK: D3A3A848E00C

二、信用证条款

【条款示例】

1. 即期议付信用证条款

买方应通过为卖方所接受的银行于装运月份前45天开立并送达卖方不可撤销即期信用证,有效期至装运月份后第15天在中国议付。

The Buyer shall open through a bank acceptable to the Sellers an Irrevocable Sight Letter of Credit to reach the Sellers 45 days before the month of shipment, valid for negotiation in China until the 15th days after the month of shipment.

2. 保兑信用证条款

保兑的和不可撤销的信用证须在合约签订之后十五天内开立。该信用证须在货物装运月份之后至少十五天内继续有效,以便议付有关汇票。

A confirmed irrevocable letter of credit shall be established within 15 days after the conclusion of the contract and such letter of credit shall be maintained at least 15 days after the month of shipment for the negotiation of the relative draft.

3. 可转让信用证条款

凭100%保兑不可撤销可转让即期信用证付款,该证在上述装船日期后15天内在中国议付有效。

Payment is to be effected by 100% confirmed, irrevocable and transferable letter of credit to be available by sight draft and to remain valid for negotiation in China until the 15th day after the aforesaid time of shipment.

4. 循环信用证条款

买方应通过为卖方可接受的银行于第一批装运月份前30天开立并送达卖方不可撤销的即期循环信用证,该证在2015年期间,每月自动可供20000美元,并保持有效期至2016年1月15日在北京议付。

The buyers shall open through a bank acceptable to the sellers an irrevocable revolving letter of credit at sight to reach the sellers 30 days before the month of first shipment. The credit shall be automatically available during the period of 2015 for 20,000 US Dollar per month, and remain valid for negotiation in Beijing until Jan. 15, 2016.

信用证支付条款在合同中的简化订法:

1. 凭不可撤销即期信用证付款

Payment by Irrevocable Sight Credit.

2. 凭不可撤销即期跟单信用证付款

Payment under Irrevocable Documentary Sight Credit.

3. 以不可撤销信用证见票后30天付款

By Irrevocable Credit at 30 days' sight.

4. 凭不可撤销信用证提单日后60天付款

By Irevocable L/C at 60 days after the date of B/L

【拓展阅读】其他国际贸易支付方式

项目实训练习

一、实训操作

模拟一笔出口业务，分别采用 T/T 预付、D/P 即期、L/C 即期三种支付方式成交，试拟定三个支付条款。

二、习题训练

（一）填空题

1. 国际贸易结算中使用的票据主要有＿＿＿＿＿、＿＿＿＿＿和＿＿＿＿＿。
2. 票据的特点是＿＿＿＿＿、＿＿＿＿＿、＿＿＿＿＿和＿＿＿＿＿。
3. 汇票按出票人不同分为＿＿＿＿＿和＿＿＿＿＿；按付款人付款时间不同分为＿＿＿＿＿和＿＿＿＿＿。
4. 远期汇票的付款时间可规定为＿＿＿＿＿、＿＿＿＿＿、＿＿＿＿＿、＿＿＿＿＿。
5. 汇票出票时收款人抬头可填成＿＿＿＿＿、＿＿＿＿＿或＿＿＿＿＿。

（二）判断题

1. 规定由某公司为付款人的汇票就是商业汇票。（ ）
2. 汇票的持票人在遭到付款人拒付时有权向他的前手要求支付汇票金额及费用。（ ）
3. 一般情况下，汇票一经付款，出票人对汇票的责任即告解除。（ ）
4. 根据 UCP600 的规定，可转让信用证转让后，第一受益人无须再对合同的履行负责。如果第二受益人不能按时交货或所交付的单据不合格，则应由第二受益人对买方负责。（ ）
5. 信用证是银行根据进口人的申请开立的，因此，进口人应承担第一付款人的责任。（ ）
6. 信用证开证银行在付款时要检查出口人所交货物是否与合同规定相符及所交单据是否与信用证相符。（ ）
7. 对于保兑信用证，受益人只能在开证行无法履行信用证义务时，才能向保兑行要求付款。受益人不能先向保兑行交单要求议付或付款。（ ）
8. 某信用证规定的装运期为 2017 年 8 月，议付有效期是 2017 年 9 月 15 日，某公司于当年 9 月 14 日向银行提交了 8 月 20 日签发的提单及其他单据，银行应予议付。（ ）

（三）选择题

1. 采用议付信用证时，受益人向银行提交的票据是（ ）。
A. 汇票　　　　　　　　B. 本票　　　　　　　　C. 支票
2. 采用信用证支付方式时，承担向受益人履行第一且最终付款责任的是（ ）。
A. 进口商　　　　　　　B. 开证银行　　　　　　C. 议付银行

3. 信用证的当事人处理信用证业务的依据是（   ）。
   A. 买卖合同   B. INCOTERMS 2000   C. UCP600
4. 信用证若没有具体规定装运期，但规定了有效期，则该信用证（   ）。
   A. 无效   B. 按合同规定执行   C. 按不超过有效期执行
5. 一票货物采用 D/P 和 L/C 结合的支付方式出口，为收汇安全可规定（   ）。
   A. 全套单据随附于 L/C 汇票
   B. 光票信用证，全套货运单据随附于 D/P 汇票
   C. 分做两套单据，分别随附于 L/C、D/P 汇票之后
6. A 公司向 B 公司出口一批货物，B 公司自 C 银行开给 A 公司一份不可撤销的即期信用证。当 A 公司交货后持全套货运单据向银行议付时，B 公司宣布倒闭，因此，C 银行（   ）。
   A. 可以推迟付款责任，与 A 公司协商，由 A 公司直接向 B 公司追偿
   B. 可以 B 公司倒闭为由解除付款责任
   C. 仍应承担付款责任

三、案例分析

1. 我国某外贸企业与某国 A 商达成一项出口合同，付款条件为付款交单见票后 45 天付款。当汇票及所附单据通过托收行寄抵进口地代收行后，A 商及时在汇票上履行了承兑手续。货抵目的港时，由于用货心切，A 商出具信托收据向代收行借得单据，先行提货转售。汇票到期时，A 商因经营不善，失去偿付能力。代收行以汇票付款人拒付为由通知托收行，并建议由我外贸企业直接向 A 商索取货款。

   问：如果你是我外贸公司经办业务员，你将如何处理？

2. 我国某公司与外商 A 达成一份出口合同，付款条件为"D/P AT 45 DAYS AFTER SIGHT"。我公司发货后通过银行办理托收寄单，且没有收到买方拒绝承兑的任何消息。但在预计的付款时间内我公司一直没有收到该笔货款，后来代收行通过托收银行告知我公司，A 商因经营不善拒付货款，并要求我公司直接向 A 商索偿。经核查船公司，该票货物 A 商已凭正本提单提走。

   问：如果你是经办业务员，你会如何处理此案？

3. 我国某公司自国外某客户进口一批钢材，货物分两批装运，支付方式为不可撤销即期信用证，每批分别由中国银行开立一份信用证。第一批货物装运后，卖方在有效期内提交了合格的单据，中国银行对外进行支付。我公司收到货物后发现品质与合同规定不符，随即要求银行拒付第二份信用证项下的单据，但遭到银行拒绝。

   问：银行这样做是否合理？

【拓展阅读】卖方利益险、国际保理、出口信用保险

【名词术语（中英文）】
汇票（Draft, Bill of Exchange）   商业汇票（Commercial Draft）
银行汇票（Banker's Draft）   光票（Clean Bill）

跟单汇票（Documentary Bill）
即期汇票（Sight Draft）
远期汇票（Time Bill or Usance Bill）
提示（Presentation）
承兑（Acceptance）
付款（Payment）
背书（Endorsement）
拒付（Dishonour）
本票（Promissory Note）
支票（Cheque，Check）
电汇（T/T）
信汇（M/T）
票汇（D/D）
汇款人（Remitter）
收款人（Payee，Beneficiary）
汇出行（Remitting Bank）
汇入行（Paying Bank）
委托人（Principal）
托收行（Remitting Bank）
代收行（Collecting Bank）
付款交单（D/P）
承兑交单（D/A）

信用证（L/C）
开证人（Applicant，Opener）
受益人（Beneficiary）
开证行（Opening，Issuing Bank）
通知行（Advising，Notifying Bank）
议付行（Negotiation，Negotiating Bank）
付款行（Paying Bank）
偿付行（Reimbursing Bank）
保兑行（The Confirming Bank）
不可撤销信用证（Irrevocable L/C）
保兑信用证/不保兑信用证（Confirmed L/C，Unconfirmed L/C）
即期信用证/远期信用证（Sight L/C，Usance L/C）
可转让信用证/不可转让信用证（Transferable L/C，Untransferable L/C）
循环信用证（Revolving L/C）
跟单信用证/光票信用证（Documentary L/C，Clean L/C）
对背信用证/对开信用证（Back to Back L/C，Reciprocal L/C）
备用信用证（Standby Letter of Credit）

条款六　一般交易条件

【目标与要求】

1. 熟悉合同中一般交易条款的内容
2. 掌握商检、索赔、不可抗力、仲裁条款的订立原则

在国际贸易中，买卖双方交易的商品，一般都要经过检验，以确定所交货物是否与合同规定相符。

在履约过程中，如合同当事人的任何一方有违约情况，给对方造成损失，受损害方有权提出索赔。

如合同签订后发生不可抗力事件，致使合同不能履行，可按约定的不可抗力条款免除合同当事人的责任。

如交易双方在履行合同中产生争议，则可按约定的仲裁方式解决。

商检、索赔、不可抗力、仲裁条款被称为合同的一般交易条件。

一、商检条款

商品检验条款包括检验权的规定、检验或复验的时间和地点、检验机构、检验项目和检验证书等。

例：工厂检验条款

Inspection: In the factory.

例：装运港检验、目的港复验条款

Inspection: It is mutually agreed that the Certificate of Quality and Weight (Quantity) issued by ××Exit-Entry Inspection and Quarantine Bureau at the port of shipment shall be part of thedocuments to be presented for negotiation under the relevant L/C. The Buyer shall have the right to reinspect the goods delivered at the port of destination. In case the quality, quantity and packaging of the goods are found not in accordance with those stipulated in the contract, the Buyer shall be entitled to lodge with the Seller a claim which should be supported by survey reports issued by a recognized surveyor approved by the Seller within 30 days after the arrival of the goods at the destination port.

检验：双方同意货物在装运港装运前由××出入境检验检疫局进行检验，签发的质量和重量（数量）检验证书作为L/C项下议付单据的一部分。货抵目的港后，买方有权对货物进行复验。如果发现货物的质量、数量、包装不符合合同规定，买方有权向卖方索赔，并提供经卖方同意的公证机构出具的检验报告。索赔期限为货到目的港后30天内。

【法规惯例链接】对商品检验检疫的法律规定

《中华人民共和国进出口商品检验法》规定：列入《商检机构实施检验的进出口商品种类表》的进出口商品（除非仅国家商检部门审查批准免于检验的），未经检验或检验不合格的，不准销售、使用；出口商品未经检验合格的，不准出口。英国《1893年货物买卖法》规定：凡是买方事先未经过检验的货物，都不能认为他已经接受了货物，因而他没有丧失验收货物的权利，直至有合理的机会检验货物为止。《联合国国际货物销售合同公约》规定：买方必须在实际可行的最短时间内检验货物或由他人检验货物；如果合同涉及货物的运输，检验可推迟到货物到达目的地后进行。

（一）商品检验时间和地点的规定

检验时间和地点的规定也同时决定了检验权的归属。

通常采用"出口国检验、进口国复验"的规定方法。即货物于装运前由双方约定的装运港或装运地的检验机构进行检验，其检验证书作为卖方要求买方支付货款或要求银行支付、承兑或议付时提交的单据之一，货抵目的港或目的地后的一定时间内，买方有权复验，以双方约定的目的港或目的地的检验机构出具的检验证书作为买方向有关当事人对货损、货差提出异议、索赔的依据。

【业务链接】关于检验时间、地点规定的其他做法

(二) 商品检验机构的选择

1. 我国的商检机构

国家出入境检验检疫局设在各地的分支机构主管全国出入境商品检验、检疫、鉴定和管理工作。2018年4月，国家出入境检验检疫局并入海关总署。

根据《中华人民共和国商检法》和《中华人民共和国商检法实施条例》的规定，我国出入境检验检疫机构在进出口商品检验方面的基本任务有以下三项：

（1）实施法定检验。法定检验是指为了保证进出口商品、动植物（或产品）及其运输设备的安全、卫生符合国家有关法律法规规定和国际上的有关规定，出入境检验检疫部门对规定的进出口商品或有关的检验检疫事项实施强制性的检验检疫。属于法定检验的出口商品，未经检验的不准出口；属于法定检验的进口商品，未经检验的不准销售、使用。

（2）办理鉴定业务。鉴定业务是指接受对外贸易关系人以及国内外有关单位或者外国检验机构的委托，办理规定范围内的进出口商品鉴定业务，签发各种鉴定证书，作为办理进出口商品的交接、结算、计费、理算、通关计税、索赔、仲裁等有效凭证。其范围主要包括：进出口商品的质量、数量、重量、包装、海损鉴定，集装箱及集装箱货物鉴定，进口商品的残损鉴定，出口商品的装运技术条件鉴定、货载衡量、产地证明、价值证明以及其他业务。鉴定业务与法定检验不同，它不是强制性的。

（3）对进出口商品的检验工作实施监督管理。监督管理是指商检机构通过行政管理手段，对本地区进出口商品的收货人、发货人及生产、经营、储运单位以及国家出入境检验检疫局获取地方机构制定或者认可的检验机构和认可的检验人员的检验工作进行监督管理。

2. 国外主要商品检验机构

目前，国际上比较著名的检验机构有：瑞士通用公证行（Societe Generale de Surveillance，SGS），是当今世界上最大的检验鉴定公司；美国食品药物管理局（Food and Drug Administration，FDA）；美国保险人实验室（UL），是美国最权威、在全球范围内享有信誉的最大的从事安全检验和鉴定的民间机构，也是一个独立的、非营利的、为公共安全做试验的专业机构；法国国家实验室检测中心；日本海事检定协会（Nippon Kaiji Kentei Kyokai，NKKK），是日本最大的综合性商品检验鉴定机构；英国劳氏船级社（Lloyd's Register of Shipping，LR），是世界上规模最大、历史最久的船舶入级和海事鉴定权威公证机构；英国英之杰检验集团（Inchcape Inspection and Testing Service，IITS）。

(三) 检验项目和检验证书的确定

对进出口商品实施的检验检疫一般包括包装检验、品质检验、卫生检验和安全性能检验。

检验检疫机构对进出口商品检验检疫或鉴定后，根据不同的检验结果或鉴定项目签发的各种检验证书、鉴定证书和其他证明书，统称为检验证书（Inspection Certificate）。在国际贸易中，检验证书起着公证、证明的作用，作为买卖双方交接货物、结算货款和进行索赔和理赔的依据之一，也是通关、征收关税和优惠减免关税、结算运费等的有效凭证。

二、索赔条款

索赔条款内容包括索赔的依据、期限、索赔方法和金额等。有两种规定方法：一种是异议与索赔条款；另一种是违约金条款。

例：异议与索赔条款

异议与索赔条款（Discrepancy and Claim Clause）多是针对卖方交货质量、数量或包装不符合合同规定而订立的，主要包括索赔依据、索赔期限。

Claims: Any claim by the Buyer regarding the goods shall be filed within 30 days after the arrival of the goods at the port of destination and supported by a surrey report issued by a surveyor approved by the Seller.

异议与索赔：买方对货物的任何异议必须于货到目的港后 30 天以内提出，并须提供经卖方同意的公证机构出具的检验报告。

例：违约金条款

违约金条款（Liquidated Damage Clause），是指合同当事人一方未履行合同义务而向对方支付一定金额的罚金，多用于卖方延期交货或买方延期收货或延期付款的情况。

Should the Buyer fail to open the L/C on time stipulated in the contract, the Buyer shall pay a penalty to the Seller. The penalty shall be charged at the rate of 1% of the amount of the L/C every ten days, however, the penalty shall not exceed 10% of the total value of the L/C which the Buyer should have opened.

买方不能按合同规定的时间开立信用证，应向卖方支付违约金。违约金按延迟开证每 10 天收取信用证金额的 1%，但违约金不超过买方应开信用证金额的 10%。

国际贸易中，如发生以下情况，买卖双方就有可能发生争议：①由于卖方不履行或不完全履行合同规定的义务。例如，不交货或所交货物的品质、数量、包装等不符合合同规定。②由于买方不履行或不完全履行合同规定的义务。例如，不按照合同规定派船接货、指定承运人、支付货款或开出信用证、无理拒收货物等。③由于合同条款不明确，在进出口贸易中无统一解释，买卖双方对此理解不一致或从自身利益出发各执一词。

（一）关于违约的法律规定

发生争议后，任何一方违反合同义务，就应承担违约的法律责任，而受损害方有权根据合同或有关法律规定提出损害赔偿要求。但是对违约方的违约行为及其应承担的法律后果则取决于有关法律对此所作的解释和所确定的法律责任。各国法律对违约行为的性质划分不一致：有的国家是以合同中交易条件的主次为依据进行划分的；有的国家却以违约的后果轻重为依据进行划分。

英国法律规定，当事人一方违反合同中带实质性的主要约定条件，如卖方交货的质量或数量不符合合同规定，或不按期交货，均称为"违反要件"（Breach of Condition），受损害的一方除可要求损害赔偿外，还有权解除合同；如果违反的是合同中的次要条件，称为"违反担保"（Breach of Warranty），则受损害一方不能解除合同，仍需继续履行所承担的合同义务，但有权请求违约的一方给予损害赔偿。

美国法律以违约后果的轻重程度分为"重大违约"和"轻微违约"，重大违约中受损害的一方有权解除合同并要求损害赔偿，而轻微违约中受损害的一方只能要求损害赔偿，无权解除合同。

《联合国国际货物销售合同公约》把违约区分为根本性违约和非根本性违约两类。所谓根本性违约,是指"一方当事人违反合同的结果,如使另一方当事人蒙受损害,以致于实际剥夺了他根据合同规定有权期待得到的东西,即为根本违反合同"。此时受损害方可以宣告合同无效,同时有权向违约方提出损害赔偿的要求。如违约的情况尚未达到根本违反合同的程度,即非根本性违约,则受损害方只能要求损害赔偿而不能宣告合同无效。

我国的法律规定:当事人一方迟延履行债务或由其他违约行为致使不能实现合同目的,对方可以不经催告解除合同。当事人一方迟延履行主要债务,经催告后在合理期限内未履行的,对方可以解除合同。合同终止,不影响合同中结算和清理条款的效力,也不影响当事人请求损害赔偿的权利。

(二) 索赔与理赔

索赔是指遭受损害的一方在争议发生后,向违约的一方提出赔偿的要求。理赔是指违约方对受损害方所提出的赔偿要求的受理和处理。因此,索赔和理赔是一个问题的两个方面,即在受损害方是索赔,在违约方是理赔。在进出口贸易实践中,损害赔偿是最重要的,也是最常用的违约补救措施。

在进出口货物买卖的索赔和理赔中,要注意索赔依据、索赔期限及索赔金额等问题。

1. 索赔依据

一方当事人提出索赔时,必须要有充分的索赔依据。这包括法律依据和事实依据两个方面。前者是指买卖合同和所适用的法律规定,后者是指对方违约的事实及其书面证明。

2. 索赔期限

索赔期限是指受损害一方有权向违约方提出索赔的期限。如超出索赔期限,违约方可不予理赔。索赔期限有约定索赔期限与法定索赔期限两种。约定索赔期限是指买卖双方在合同中明确规定的索赔期限,效力优于法定索赔期限。法定索赔期限是指有关法律法规规定的索赔期限,只有合同中未约定索赔期限时才起作用。法定索赔期限较长,如《联合国国际货物销售合同公约》和我国法律都规定,自买方实际收到货物之日起两年之内。

3. 索赔方法和金额

如果合同中有约定的损害赔偿金额,应按约定的金额提出赔偿。如果合同中未作明确规定,则应根据有关法律和业务实际情况确定赔偿数额。

三、不可抗力条款

不可抗力条款内容包括不可抗力事故的范围、不可抗力事故的处理原则和方法、事故发生后通知对方的期限和通知方式以及出具事故证明的机构等。

例:Force Majeure: If the shipment of the contracted goods is prevented or delayed in whole or in part by reason of war, earthquake, flood, fire, storm, heavy snow or other causes of Force Majeure, the Seller shall not be liable. However, the Seller shall notify the Buyer by cable or telex and furnish the latter within 30 days by registered airmail with a certificate issued by the China Council for the Promotion of International Trade attesting such event.

人力不可抗拒:如果由于战争、地震、水灾、火灾、暴风雨、雪灾或其他不可抗力的原因,致使卖方不能全部或部分装运或延迟装运合同货物,卖方对此不负有责任。但卖方须用电报或电传通知买方,并须在30天以航空挂号信向买方提交由中国国际贸易促进委员会出具的证明此类事件的证明书。

（一）不可抗力的定义与认定

何谓不可抗力？通常它是指在合同签订以后，不是由于任何一方当事人的过失或疏忽，而是由于发生了当事人所不能预见、也无法事先采取预防措施的意外事故。遭受意外事故的一方由此而不能履行或不能如期履行合同的，可以免除履行合同的责任或延迟履行合同。

一般认为构成不可抗力应具备以下三个条件：①事件是在有关合同成立以后发生的；②不是由于任何一方当事人的故意或过失所造成的；③事件的发生及其造成的后果是当事人无法预见、无法控制、无法避免和不可克服的。

（二）不可抗力事故的范围

不可抗力事故范围较广，通常可分为两种情况：一种是由"自然力量"引起的，如水灾、火灾、暴风、大雪、暴风雨、地震等；另一种是由"社会力量"引起的，如战争、罢工、政府禁令等。各国法律一般都允许当事人在合同中订立不可抗力条款时商定不可抗力的范围。

对不可抗力范围的规定通常有下列规定办法：

1. 概括规定

在合同中不具体规定哪些事故属于不可抗力事故，而只是笼统地规定："由于公认的不可抗力的原因，致使卖方不能交货或延期交货，卖方不负责任"，或"由于不可抗力事故使合同不能履行，发生事故的一方可据此免除责任"。这种规定方法过于笼统，容易引起争议，不宜采用。

2. 具体规定

在合同中详列不可抗力事故的范围的办法虽然明确具体，但文字既烦琐又可能出现遗漏情况，因此，这也不是最好的办法。

3. 综合规定

在列明经常可能发生的不可抗力事故的同时，再加上"以及双方同意的其他不可抗力事故"的文句。这种规定办法，既明确具体，又有一定的灵活性，是一种可取的办法。在我国进出口合同中，一般都采取这种规定方法。

（三）不可抗力的处理

1. 不可抗力事件后的通知

不可抗力发生后，不能按规定履约的一方当事人要取得免责的权利，必须及时通知另一方，并提供必要的证明文件，而且在通知中应提出处理的意见。在实践中，为了防止争议，通常在不可抗力条款中明确规定具体的通知期限和出具证明文件的机构。在我国，出具不可抗力证明文件的机构是中国国际贸易促进委员会；如由对方提供，则大多由当地的商会或登记注册的公证行出具。一方接到对方关于不可抗力的通知或证明后，无论同意与否都应及时答复，否则，按有些国家的法律如《美国统一商法典》的规定，将被视作默认。

2. 不可抗力事件的后果

按照有关的法律原则和国际贸易惯例，对不可抗力事件的处理应视不可抗力对履行合同影响的程度，分为解除合同和变更合同两种。如买卖合同中没有明确的规定，一般的解释是，如不可抗力发生使合同履行成为不可能，则可解除合同，即免除遭受不可抗力一方当事人不履行合同的责任；如不可抗力只是部分地或暂时地阻碍了合同的履行，则发生事件的一方只能采用变更合同的方法，包括替代履行、减少履行或延期履行，以减少另一方的损失。根据我国法律，当事人迟延履行后发生不可抗力的，不能免除责任。

四、仲裁条款

仲裁条款内容包括提交仲裁的事项、仲裁地点、仲裁机构、仲裁规则、仲裁效力等内容。

例：Arbitration：All disputes arising out of the performance of, or relating to this contract, shall be settled amicably through friendly negotiation. In case no settlement can be reached through negotiation, the case shall then be submitted for arbitration. The location of arbitration shall be in the country of the domicile of the defendant. If in China, the arbitration shall be conducted by the China International Economic and Trade Arbitration Commission in accordance with its rules of arbitration. If in USA, the case shall be submitted to American Arbitration Association according to its rules of arbitration. The arbitral award is final and binding upon both parties.

仲裁：凡因执行本合同所发生的或与本合同有关的一切争议，双方应通过友好协商解决。如果协商不能解决，应提交仲裁。仲裁在申请一方所在国进行。如果在中国，则由中国国际经济贸易仲裁委员会根据该会仲裁规则进行仲裁。如果在美国，则由美国仲裁协会根据其仲裁规则进行仲裁。仲裁裁决是终局的，对双方都有约束力。

在进出口货物买卖中发生争议，一般首先采用由双方当事人友好协商的方式解决；如协商不能解决，可通过第三者调解方式解决；如调解仍不能解决，可通过提交仲裁机构仲裁或进行司法诉讼方式处理。

仲裁（Arbitration）是指买卖双方在争议发生之前或发生之后，签订书面协议，自愿将有关争议提交双方所同意的仲裁机构进行裁决，裁决是终局性的，对双方都有约束力，双方必须遵照执行。

与诉讼等解决争议的方式相比，仲裁有如下特点：
（1）仲裁以双方当事人自愿为原则，双方须达成仲裁协议。
（2）双方当事人均有在仲裁机构挑选仲裁员的权利。
（3）仲裁裁决是终局性的，可以在另一个国家生效或执行。
（4）仲裁程序简便，费用较低，处理迅速，有利于双方今后交易的开展。

仲裁协议有两种方式：在合同中订明的仲裁条款，或者以其他方式达成的提交仲裁的书面协议。两种形式具有同等效力。

《中华人民共和国仲裁法》规定，当事人采用仲裁方式解决纠纷，应当双方自愿，达成仲裁协议。没有仲裁协议，或者仅有一方申请仲裁的，仲裁机构不予受理。

仲裁协议的主要作用有：①约束双方当事人只能以仲裁方式解决争议，不得向法院起诉；②排除法院对有关案件的管辖权；③使仲裁机构取得对争议案件的管辖权。任何仲裁机构都无权受理没有仲裁协议的案件。

世界上有许多国家、地区和一些国际组织都设有专门从事处理国际商事纠纷，进行有关仲裁的管理和组织工作的常设仲裁机构。比较重要的有瑞典斯德哥尔摩仲裁院、瑞士苏黎世商会仲裁院、英国伦敦国际仲裁院、美国仲裁协会、日本国际商事仲裁协会、香港国际仲裁中心以及设在巴黎的国际商会仲裁院等。

我国常设的涉外商事仲裁机构是中国国际经济贸易仲裁委员会,隶属于中国国际贸易促进委员会。它受理争议的范围为产生于国际或涉外的契约性或非契约性的经济贸易争议。

【资料链接】 仲裁裁决的承认与执行

项目实训练习

一、习题训练

(一) 判断题

1. 凡属法定检验的货物,在办理海关手续时,必须提供商检机构签发的检验证书,否则海关就不会放行货物。 (   )
2. 复验期限实际就是索赔期限。 (   )
3. 一旦在合同订立后发生不可抗力事故,遭受损害的一方当事人即可解除合同。 (   )
4. 仲裁机构是否对争议案件有管辖权的条件是争议双方订立有仲裁协议。 (   )

(二) 选择题

1. 对技术密集型产品,易在 (   )。
   A. 出厂前检验   B. 装船前检验
   C. 目的港检验   D. 最终用户所在地检验
2. 若使买方在目的港对所收货物无权提出异议,商品检验 (   )。
   A. 以离岸品质、离岸重量为准   B. 以到岸品质、离岸重量为准
   C. 以离岸品质、到岸重量为准   D. 以到岸品质、到岸重量为准
3. 国际上应用较广泛的商品检验时间、地点的规定方法是 (   )。
   A. 装船前装运港检验
   B. 出口国装运港(地)检验,进口国目的港(地)复检
   C. 装运港(地)检验重量,进口国目的港(地)复检
   D. 进口国目的港(地)检验
4. 《联合国国际货物销售合同公约》规定的索赔期限为买方实际收到货物后 (   )。
   A. 半年内   B. 1年内
   C. 1年半内   D. 2年内
5. 我方与欧洲某化肥商签订了一笔进口化肥合同,合同签订后,该商安排两个工厂同时生产,在生产过程中,一间工厂由于意外事故导致火灾,丧失生产能力,此时,欧洲商人可以 (   )。
   A. 因遭遇不可抗力,可要求解除合同
   B. 因遭遇不可抗力,可要求延期履行合同
   C. 因遭遇不可抗力,可要求延期履行合同,但我方有索赔权

D. 不属于不可抗力，我方可要求其按期履行合同

6. 诉讼和仲裁的不同点，以下说法正确的是（　　）。
A. 仲裁是以双方自愿为基础的，而诉讼是以强制为基础的
B. 诉讼是双方当事人自己出面解决，而仲裁是由第三者裁决
C. 诉讼是公开的，而仲裁是非公开进行的
D. 诉讼裁决不是终局的，而仲裁裁决是终局的

二、案例分析

某年 3 月 21 日 C 公司与 S 国 F 公司签订一份合同。由 C 公司向 F 公司出口某商品 500 吨，每吨 FOB 上海 865 美元，6 月份交货，D/P 见票 30 天付款。5 月 1 日 S 国政府宣布：由于外汇短缺，从即日起，凡本国进口商品，一律不得以外汇支付。C 公司得知消息后，立即进行研究，认为：如果依原合同条款交货，我方只能收到相当于合同金额的 S 国货币，而该货币为非自由流通货币，我方只能用以再向 S 国进口。但由于 S 国目前形势，为了缓解其外汇短缺的困难，其出口商品必会坚持以外汇支付，这样，我方收到的该国货币将无法使用，或者在很长时间以后才能使用，这势必会给我方造成资金积压，影响资金流通，造成巨额损失，因此我方应拒绝履行合同。

问：我公司能否以不可抗力为由要求解除合同？

【名词术语（中英文）】

商检（Inspection）
异议与索赔条款（Discrepancy and Claim Clause）
违约金条款（Liquidated Damage Clause）
不可抗力（Force Majeure）
仲裁（Arbitration）

模块二　国际贸易实务操作

进出口贸易是将商品销往国外市场或从国外市场采购商品的行为。完成一笔进出口贸易的业务流程、工作内容包括：

- 确定目标商品——出口/进口什么？
- 确定目标市场——出口到哪里/从哪里进口？
- 确定目标客户——与谁交易？
- 与客户洽谈——怎么卖/买？
- 成交业务——确定交易条件，订立合同。
- 履行合同——履行交货/收货、交单/付款义务，完成交易。

根据进出口业务的工作流程、工作内容,分解为四个工作项目、若干工作任务,并转化为学习项目、学习任务。

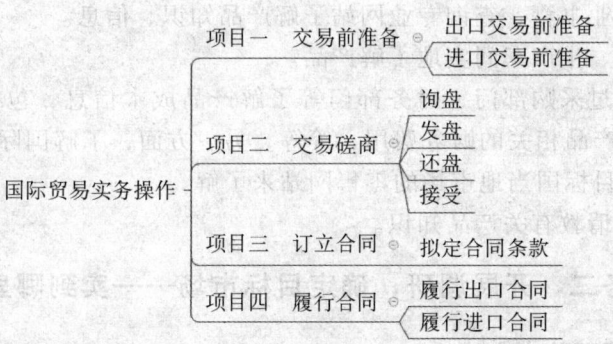

【模块学习目标与要求】

1. 熟悉国际贸易业务流程
2. 掌握出口业务基本流程和业务内容
3. 能够根据业务示范开展出口业务各流程的模拟操作
4. 熟悉进口业务基本流程和业务内容
5. 能够根据业务示范开展进口业务流程的模拟操作

项目一 交易前准备

【目标与要求】

1. 熟悉进出口交易前准备的内容
2. 能够根据示范开展进出口市场调研和商品调研
3. 能够利用现有资源、条件开展寻找国外客户的工作

子项目一 出口交易前准备

出口交易前准备任务分解如图 2-2-1-1 所示。

图 2-2-1-1 出口交易前准备任务分解

任务一 熟悉商品——卖什么

出口交易前,业务员需要熟悉:产品的生产过程和工艺;产品的专业分类和专有名词;

产品的规格、标准的表示方法、包装的细节等。

熟悉出口产品可以通过以下途径:

(1) 通过阅读专业书籍、查询专业网站了解产品知识、信息。

(2) 通过打样间、生产车间实地了解产品。

(3) 一方面,通过采购部门、财务部门等了解产品成本信息,包括原材料的采购价格和采购渠道等,各项产品相关的财务费用,等等。另一方面,了解国际市场上该商品的销售价格,通常可以通过目标国当地市场的零售网站来了解。

(4) 向老业务员请教有关产品知识。

任务二 开展调研,确定目标市场——卖到哪里去

(一) 出口市场调研的内容

1. 国际市场环境

(1) 国际经济环境。主要研究其市场规模和经济特征两大因素。市场规模包括人口(人口总量及增长率、人口年龄结构、家庭规模、人口流动性)和收入分配(人均国内生产总值、人均可支配收入、就业情况、收入分配)。经济特征包括基础设施(运输、能源、通讯、商业设施、都市化程度等)和经济发展水平(经济发展阶段、经济增长率、经济结构等)。

(2) 国际政治和法律环境。政治环境包括政治稳定性、政府干预程度、民族情绪、经济贸易政策和进出口国双边关系情况。法律环境分为进口国法律法规和国际法律法规惯例两个部分。进口国法律法规包括对外贸易法、产品责任法、专利法、进口许可证制度、进口配额规定、海关法、商标法、外汇管理法、出入境检验检疫法、票据法、反倾销和反垄断法等。

(3) 国外文化环境。社会文化环境是指一个社会的民族特征、知识、信仰、艺术、道德、语言、风俗习惯和教育水平等的总和。不同国家、不同的文化,对同一产品可能会产生不同的态度,直接影响产品的设计、产品被接受的程度、信息传递的方法及分销和推广的措施等。社会文化涉及人类生活的各个方面,其基本要素大体包括教育水平、宗教信仰、美学观、态度与价值观念等。

2. 国际商品情况

了解出口产品在目标市场的供应、需求及竞争情况,包括:

(1) 市场商品供给情况。包括商品供应的来源、渠道,其他生产厂家、生产能力、数量及库存情况,替代品和互补品的情况分析。

(2) 市场商品需求情况。包括客户对商品的要求,客户购买方式、购买动机和禁忌偏好,客户需求的旺季和淡季、消费水平。

(3) 市场商品价格情况。包括国际市场商品的价格、价格与供求变动的关系等分析。

3. 贸易障碍

(1) 客户所在国家的贸易障碍。包括:该商品在客户所在国家正接受反倾销调查或已被征收反倾销税;该商品在客户所在国家存在绿色壁垒等其他贸易壁垒;该商品在客户所在国家存在特殊的技术要求等。

(2) 本国的贸易障碍。包括该商品属于对外贸易法或其他法律、行政法规规定禁止出口的商品,凡列入国家公布的禁止出口货物、技术目录以及其他法律、法规明令禁止或停止

出口的货物、技术，任何对外贸易经营者不得经营出口；该商品属于限制出口的商品，包括限制出口货物和限制出口技术两大类。限制出口货物方式包括出口配额限制和出口非配额限制。限制进出口技术实行目录管理，凡列入《中国禁止进口限制进口技术目录》《中国禁止出口限制出口技术目录》《两用物项和技术进出口许可证管理目录》的技术，进出口经营者必须办理相关技术进出口许可证件，否则将承担由此造成的一切法律责任。

【业务链接】商品调研

（二）出口市场调研的步骤和方法

1. 确定调研目标
2. 制订调研计划

确定所需要的信息资料，包括国际市场环境信息、国际市场产品信息、国际市场促销信息和国际市场竞争信息四个方面；确定信息资料的来源，分为靠实地考察得来的直接信息和他人搜集并通过整理、加工的各种间接信息资料，即二手信息资料；确定所使用的调研方法，有实地访问、电话调研、信函调研、市场试销法等；确定调研所需的经费和时间。

3. 执行调研计划

执行调研计划主要包括收集、处理和分析数据资料等工作。调研人员根据调查项目的需要采取网络调查的方式来执行调研计划，网络调查可以在本公司的网站上开展调查，也可以到大型的综合性门户网站或专业性网站开展调查。

4. 分析结果并撰写报告

在这个阶段的工作分为整理资料和撰写调研报告。整理资料主要是将市场调查获得的分散、凌乱的资料进行整理、分类和加工。整理完资料后，外贸业务员要根据分析的结果做出一份调研报告。

任务三 寻找客户，确定合作伙伴——卖给谁

（一）了解国外客户的类型

（1）进口贸易商（Importer/Trader）。此类客户一般有较固定的经营范围，数量较大，订单较稳，对中国市场比较熟悉，供应商充足。他们对价格较敏感，对质量要求较高。

（2）境外进口批发商。包括综合批发商、专业批发商。此类客户经营范围广，订单大，对价格敏感。

（3）境外零售商（Retailer）。包括百货公司、超级市场、商店类、购物中心、会员制营销、特许经营组织等。此类客户经营产品范围广，一般订单较小，但下单频率快。他们主要关注价格、交货期，对质量要求也较高。

（4）制造商。主要指生产制造工厂。

（5）邮购商。如法国的法瑞尔（Faruier，欧洲最成功的邮购公司之一）、德国的奥托集团（OTTO，全球综合B2C排名中仅次于亚马逊排在第二位，全球最大在线服装、服饰和生活用品零售渠道商）等。

（6）电购商。指从 B2B、淘宝上小量采购的人。

（7）消费者。指从 B2C、速卖通上购买自用的人。

实践中，不仅需要了解国外客户的类型，还要对海外客户的基本特点有所了解。比如，欧洲客户通常作风严谨，对质量、认证、环保等方面特别注重；北美客户往往重视效率，关注价格，重合同、讲信用；中东客户有宗教信仰，节奏较慢，喜欢讨价还价、付款快；亚洲客户中，日韩客户对质量要求较高，日本客户往往重情义等。

（二）寻找国外客户的方法、途径

1. 参加展会结识客户

参展分为国内参展、国外参展两种。企业选择展会应和自身的营销、出口目标结合起来。通常，参加专业性的、大型的、有影响的展会要比参加综合性的展会效果更好。

2. 利用互联网寻找客户

（1）利用搜索引擎。例如，可在搜索栏中输入产品名称 + importer（distributor, company, wholesaler, retailer, supplier 及其复数形式），以获得国外买家信息。世界上最大的联机数据系统——DIALOG 的在线信息查询系统，提供非常优秀的查询深度、广度、准确性及速度。

（2）利用企业名录。全球有一些专门提供企业名录的公司和网站，收录各国著名的贸易公司、商号的信息，这类名录通常是各国的商会编纂的。例如：北美制造企业名录（www.thomasregister.com）；欧洲制造企业名录（www.tremnet.com）；美国制造企业名录（www.thomasregional.com）；世界黄页（www.worldyellowpages.com）；世界贸易指南（www.gtdirectory.com）等。

（3）利用行业网站。

（4）利用政府与机构类网站。

3. 发布广告宣传吸引客户

国际广告具有联系客户、实现企业目标的重要作用，它能为企业产品在国际上建立品牌形象和成功销售铺平道路。

4. 其他方法

向有关银行或咨询机构获取进口商资料；国内外的贸易促进机构或友好协会介绍客户；我国驻外使馆商务处或外国驻华使馆介绍合作对象；与国际经济组织、国外商业情报机构、研究机构咨询公司、数据库建立经常联系，获得专项产品的市场报告。

（三）开展客户资信调查

获取客户的信息后，还要对目标客户进行调查，以期了解对方的资信情况。

资信调查的内容包括：一是企业的基本信息，包括企业的名称、地址、注册资本等；二是企业的信用和财务信息，包括客户的经营状况、客户的财务状况等。

企业可通过以下途径调查客户资信：

（1）通过国内的商务机构调查，借助对方所在国的工商机构、商会、贸易协会及我国驻外使领馆调查；

（2）利用银行等金融机构调查；

(3) 通过其他客户调查；
(4) 委托专业资信调查机构调查。

子项目二　进口交易前准备

任务一　进口前的市场调研

进口之前的调研包括市场调研和价格调研，以了解国内需求情况、国际市场供应情况及其价格趋势。

对不同商品的市场特点和调研渠道进行解析，具体如下。

1. 原材料市场

生产周期短，市场变化快。

2. 农产品市场

这类商品的价格直接受到主要生产国播种面积和气候变化的影响。一般从报纸杂志和有关外贸公司都可以了解到。

3. 技术和机械设备市场

价格比较稳定，一般说来，可通过以下渠道调查：

(1) 与外国厂商进行技术交流和直接洽谈，进行技术比较和价格比较。
(2) 通过有关外贸行业查询我国已进口同品种的合同价格。
(3) 向咨询公司进行技术和价格咨询。
(4) 通过我国驻外商务机构调查了解。
(5) 查阅国内外商务报刊杂志。

4. 日用商品市场

价格比原材料价格稍加稳定，一般可通过如下渠道调查：

(1) 通过有关外贸公司了解。
(2) 和经营该商品的外商接触进行询价。
(3) 通过我国驻外机构调查了解。

任务二　寻找国外供货商

可通过以下不同途径、渠道获得国外供货商的信息：

(1) 目标国（或者全世界）的黄页网站和工商目录；
(2) 通过大型的搜索引擎用关键词搜索；
(3) 行业网；
(4) B2B 免费网站；
(5) 国外的商业论坛；
(6) 大使馆经济参赞处的网站；
(7) 展会商的网站。

项目实训练习

以小组为单位,确定一种出口(进口)商品,进行国际市场调研,提交调研报告(PPT/视频形式)。

项目二　开展交易磋商

【目标与要求】

1. 掌握进出口交易磋商的业务流程
2. 能够根据业务示范开展基本的交易磋商工作
3. 重点掌握发盘、接受的法律规定,能够正确判断是否有效发盘、有效接受,能够正确处理发盘撤销、有条件接受、逾期接受问题

进出口交易磋商任务分解如图2-2-2-1所示。

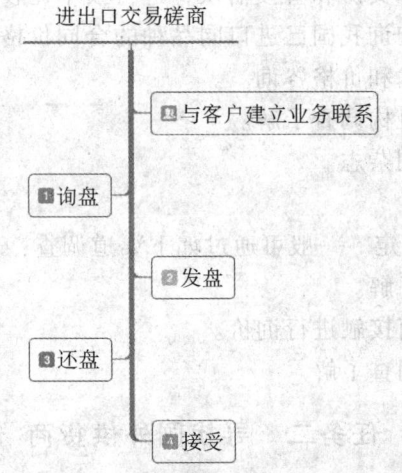

图2-2-2-1　进出口交易磋商任务分解

交易磋商是指交易双方为买卖某项商品就有关条件进行反复协商。这种反复协商,可以是口头的,也可以是书面的,不论何种形式,它都是达成交易的重要环节,是订立合同的基础。

交易磋商的一般业务程序是询盘、发盘、还盘、接受四个环节。其中,发盘和接受是交易达成不可缺少的两个环节。如果是新客户,往往首先要与新客户建立业务联系。

当前,在网络发达的情况下,除了与客户面对面交易磋商、电话磋商、发送电子邮件等传统方式,各种即时通讯工具如QQ、skype、WhatsApp、webchat等成为外贸交易磋商的常用工具。

任务一　与客户建立业务联系

【业务链接】与客户建立联系

山东金桥进出口有限公司是一家纺织服装出口贸易公司，业务员小王在网上发现了一家英国公司求购睡衣套装的信息。2017年9月20日，她主动向对方发送了一封电子邮件，表达了希望与对方建立业务联系的愿望。

Dear Miss White,

We know from your websites that you are looking for suppliers of pajamas. As these items just fall within our business scope, we'd like to take this opportunity to establish trade relations your company at an early date.

Our firm is a Chinese exporter of garments and has been exporting to Europe and America for years. We own a medium-sized sewing factory and have 10 cooperative sewing factories for woven and knitted garments. We are sending a catalogue and price list by separate mail for your reference. If you want to see the quality of our pajamas, we can send you some samples which we export to European Market.

We are looking forward to receiving your good news.

Yours faithfully,

Qingdao Golden Bridge Import &. Export Co., LTD.

Lily Wang

建立业务联系是进出口交易磋商的基础，撰写建立联系的信函是业务人员必须掌握的操作技能。建交函（也叫开发信）的内容应简洁、明晰，语气要友好、礼貌。一般而言，建交函包括以下几个部分：

（1）开头部分。应说明如何取得对方的资料，说明去函的目的。首次主动与对方进行交往，说明信息来源非常必要，致函目的一般是扩大交易地区与对象，建立长期业务关系，拓宽产品销路等。

（2）介绍部分。此部分旨在使对方对本公司的基本情况和产品情况有大致的了解。主要应介绍本公司的性质、业务范围、宗旨以及某些相对优势；产品介绍可以是整体情况的介绍，也可以是针对对方感兴趣的某类特定产品进行推荐性的介绍。产品介绍一般包括产品质量、价格水平、销路等，同时，还应附上产品目录、价目单或另邮样品等。

（3）结尾部分。通常结尾部分包括盼望对方尽快回音、下订单或告知意见并表示敬意等语句。

任务二　询盘

【业务链接】小王发出建交信不久，收到了客户对产品的询盘邮件。

Dear Miss Wang,

Re: Pajamas

We are pleased to note from your E-mail of Sep. 20, 2017 that as exporters of Pajamas, you are interested in establishing business relations with us, which is also our desire. Please send us samples of pajamas for our study.

At present, we'd like to buy some basic styles in traditional fabrics. Now we are sending you size charts, one for men's pajamas, one for ladies' pajamas with styles and measuring diagram. Please see the attachments. Fabric is 100% cotton printed flannelette.

We shall appreciate your best quotation FOB Qingdao with indications of packing, shipment and other terms.

We look forward to receiving your early reply.

Yours faithfully,
Rita White

询盘（Enquiry）是指买方为了购买或卖方为了销售货物而向对方提出有关交易条件的询问，也有人把询盘称为询价。询盘的内容可以涉及某种商品的品质、规格、数量、包装、价格和装运等成交条件，也可以索取样品。

询盘不是交易磋商的必经步骤，对询盘和被询盘人来说，询盘不具有法律约束力。

买方常用：

Please Advise... 请告……

Please Offer... 请发盘……

Please Quote... 请报价……

卖方常用：

We can supply... please book/order/bid 我方可提供……请订货/递盘

一般而言，业务员收到的询盘来自三个途径：阿里询盘、自主开发客户的询盘、其他 B2B 网站询盘。来自阿里询盘和其他 B2B 网站的询盘往往内容简单，例如：

Can you send me price and MOQ？（注：MOQ = Minimum Order Quantity 最小起订量）

Hi, I'm from UK, can you quote me price for 5000 pcs?

任务三　发盘

【业务链接】小王收到客户的询盘后，即联系工厂询问价格。根据客户要求和工厂的报价，小王向客户寄送了一些样品，报出男女睡衣价格。

Dear Miss White,

Re: Quotation of Men's and Ladies' Pajamas

We have sent you 2 sets of sample pajamas at your request, 1 set of men's, 1 set of ladies'.

We are now quoting you FOB Qingdao prices for your reference.

Men's Pajamas, made of 100% cotton, with basic style as the diagram on your size chart, size specifications as per your size chart, sizes S, M, L, XL equally assorted, printed designs of no more than 3 colors, normal labeling and packing, at USD10.00 per set.

Ladies' Pajamas, made of fabric same as Men's above, with basic style as the diagram on your size chart, size specifications as per your size chart, sizes S, M, L, XL equally assorted, printed designs of no more than 3 colors, normal labeling and packing, at USD9.00 per set.

Shipment is to be made by containers and payment by an irrevocable Letter of Credit available by draft at sight.

  Wait for your reply.

Best regards,
Lily Wang

  发盘（Offer）又叫发价，法律上称为要约，是卖方或买方向对方提出各项交易条件，并愿意按这些条件达成交易、订立合同的一种肯定的意思表示。实际业务中，发盘通常是一方收到对方的询盘之后作出的，但也可不经询盘直接向对方发盘。

  发盘常用的词语有：发盘（Offer）、报价（Quote）、供货（Supply）、递盘（Bid）等。

一、有效发盘的条件

  根据《联合国国际货物销售合同公约》的规定，一项发盘的有效成立必须具备以下四项条件：

  1. 向一个或一个以上特定的人提出

  "特定的人"是指发盘中指明个人姓名或企业名称的受盘人，也叫指定受盘人，可以是自然人，也可以是法人。

  2. 表明订约意旨

  "承受约束"是指发盘人于得到接受时承担与受盘人按发盘条件订立合同的责任。表明承受约束的意旨，如发盘时写上"发盘"或规定发盘的有效期等；或同其他情况结合考虑，如双方磋商的情况，业务中的习惯做法、惯例等。

  3. 内容必须十分确定

  （1）发盘的全部内容明确。发盘内容不能模糊不清，价格、数量条件应十分确定。

  （2）发盘的各项条件要完整。按《联合国国际货物销售合同公约》第14条规定，一项订约建议只要列明货物的品质数量和价格几个条件，就会被认为内容十分确定，构成有效发盘。

  （3）发盘内容要无保留。发盘应是终局的，没有限制性条件。发盘一经受盘人接受，发盘人必须按发盘条件与受盘人建立合同关系。

  4. 发盘必须送达受盘人

  【同步练习】判断以下是否属于发盘：

  A. 一级红枣2 000吨，每吨20英镑，18日复到

  B. 你17日电可供100打，参考价每打5美元

  C. 你17日电接受，但用L/C替代D/P可商量

二、发盘的生效、有效期与失效

  发盘于送达受盘人时生效。

  发盘的有效期是指可供受盘人对发盘做出接受的期限。它有两层含义：一是发盘人在发盘有效期内受约束；二是超过有效期，发盘人就不再受发盘的约束。因此，发盘的有效期既是对发盘人的限制，也是对发盘人的保障。

  发盘有效期的规定方法主要有：

  （1）规定最后接受期限。例如，发盘限18日复到我方。

（2）规定一段接受时期。例如，发盘 3 天内有效。使用这种方式，存在发盘有效期计算的起讫问题。

（3）不明确规定有效期。可理解为在合理时间内有效。但是，国际上没有对"合理时间"的统一解释，为避免争议，在实际业务中，最好明确规定发盘的有效期。

（4）口头发盘必须立即接受，但情况有别者不在此限。

实务中，发盘人应对发盘规定有效期，但有效期应当是多长时间，并无一定之规。一般来讲，发盘的有效期的长短应取决于货物的种类、市场行情和交易金额等因素。如果买卖的是小商品，交易额不大，行情稳定，有效期可规定得长一些，如 5—7 天，也可更长。如果买卖的商品是大宗商品、初级商品或该商品市场行情波动较大，则应规定的稍短些，如 2—3 天，甚至几个小时也可以，以免让客户坐等商机，给己方带来风险或损失。

发盘的失效是指发盘的法律效力的消失。它有两层含义：一是发盘人不再受发盘的约束；二是受盘人失去了接受该发盘的权利。发盘失效的原因有很多，主要有以下几种情况：

（1）在有效期内未被接受而过期。

（2）被受盘人拒绝或还盘。

（3）发盘人在发盘得到接受之前进行了有效的撤销。

（4）不可抗力因素的发生。例如，发盘人或受盘人是自然人，在发盘被接受之前丧失行为能力；发盘人为法人，在发盘被接受之前，该法人宣告破产；特定的标的物毁灭等。

三、发盘的撤回与撤销

发盘的撤回是指发盘人将尚未被受盘人收到的发盘予以取消的行为。《联合国国际货物销售合同公约》第 15 条规定："一项发价，即使是不可撤销的，得予撤回，如果撤回通知于发价送达被发价人之前或同时，送达被发价人。"

发盘的撤销是指发盘人将已经被受盘人收到的发盘予以取消的行为。《联合国国际货物销售合同公约》第 16 条规定："已为受盘人收到的发盘，如果撤销的通知在受盘人发出接受通知之前送达受盘人，可予撤销，但在下列情况下，发盘不能撤销：（a）发盘规定有效期或以其他方式表明是不可撤销的；（b）受盘人有理由信赖该项发盘是不可撤销的，并已本着这种信赖采取了行动。"

【同步练习】分析发盘是否被撤销

我国某对外承包公司于 5 月 3 日以传真方式请德国供应商发盘出售一批钢材。我方在电传中声明：要求这一发盘是为了计算承造一栋大楼的标价和确定是否参与投标之用，我方必须于 5 月 15 日向招标人送交投标书，而开标日为 5 月 31 日。德方供应商于 5 月 5 日用电传就上述钢材向我方发盘。我方据以计算标价，并于 5 月 15 日向招标人递交投标书。5 月 20 日德方供应商因钢材价格上涨，发来传真通知撤销 5 月 5 日的发盘。我方当即复电表示不同意，于是双方发生争议。5 月 31 开标，我方中标。随即传真通知德商我方接受 5 月 5 日的发盘，但德商坚持该发盘已于 5 月 20 日撤销，合同不成立。

【评析】

任务四　还盘

【业务链接】 客户收到小王的样品和报价后，对样品非常满意，但认为价格偏高，于是发来一封还盘函。

Dear Miss Wang,

　　We have received your quotation and have studied it carefully. However, the price level in your quotation is too high for this market. If you are prepared to grant us a discount of 8% for a quantity of 5,000 sets, we would accept your offer. Please note that some price cut will justify itself by an increase in future business. We expect to hear from you soon.

Yours truly,
Rita White

　　还盘（Counter Offer），又叫还价，是受盘人对发盘内容不完全同意而提出修改或变更的表示。还盘既是受盘人对发盘的拒绝，也是受盘人以发盘人的身份作出的新发盘。发盘一经还盘就失去效力了，而且除非得到原发盘人同意，受盘人不能在还盘后反悔，再接受原来的发盘。

任务五　接受

【业务链接】 2017年10月到11月，经过多次磋商，双方就价格下降5%、交货期提前到2018年1月达成一致，其他交易条件不变。客户发来接受函。

Dear Miss Wang, Re: Men's Pajamas

　　We've received your samples and found your workmanship OK.

　　Now we'd like to place a trial order for Men's Pajamas at your quoted price USD9.50 per set and on other terms you mentioned in your E-mail.

　　Since the style is very basic, we shall not send our style sample. Please follow our diagram and size chart to make approval sample for our confirmation.

　　Size and assortment:

　　S 20%, M 30%, L 30%, XL 20%.

　　Considering the details are quite clear, we shall not send you our official sheet this time.

　　Please make out your Sales Contract and fax it to us for signature.

Kind regards,
Rita White

　　一方的发盘经另一方接受，交易即告达成，合同即告成立。

　　接受（Acceptance）在法律上称为承诺，是卖方或买方同意对方在发盘中提出的各项交易条件，并愿按这些条件与对方达成交易、订立合同的一种肯定的意思表示。表示接受，一般用"接受"（Accept）、"同意"（Agree）或"确认"（Confirm）等词语，也可用"请开信用证"或"信用证已开出"等来表示。

一、构成有效接受的条件

（一）接受必须由特定的受盘人作出

（二）接受必须表示出来

接受必须由受盘人以某种方式表示出来，受盘人表示接受的方式有两种：一是用声明作出表示。即受盘人用口头或书面形式向发盘人表示同意发盘，这是国际贸易中最常见的方法。如"同意""接受"等。二是用做出行为来表示。所谓做出行为，通常用卖方发运货物或买方支付货款来表示，也可用其他行为表示，如开始生产货物、采购货物等。使用这种方法应注意，行为应是根据发盘的要求或当事人之间的习惯做法而做出的，并且要在发盘的有效期之内。

（三）接受必须与发盘相符

受盘人应无条件全部同意发盘条件。如果对发盘表示接受，但附有附加条件、限制等，视为拒绝发盘，构成还盘。

但在实际业务中，受盘人表示接受往往要对发盘做出某些更改，如果严格要求接受与发盘一致，会影响合同的签订。

《联合国国际货物销售合同公约》规定：对发盘表示接受但载有添加、限制或其他更改的答复，即为拒绝，并构成还盘。但是，对发盘表示接受但载有添加或不同条件的答复，如所载的添加或不同条件在实质上并不变更该项发盘的条件，除非发盘人在不过分迟延的期间内以口头或书面通知反对其间的差异外，仍构成接受。如果发盘人不做出这种反对，合同的条件就以该项发盘的条件以及接受通知所载的更改为准。

在这类情况下，能否构成有效接受关键有两条：一是发盘人是否及及表示反对；二是所作的变更是否在实质上改变原发盘的条件。《联合国国际货物销售合同公约》中对什么是实质性变更的内容作了明确规定，即"有关货物的价格、付款、货物的质量和数量、交货地点和时间，一方当事人对另一方当事人赔偿的责任范围或解决争端等的添加或不同条件，均视为实质上变更发盘的条件"。除了上述范围的添加或不同条件，一般应视为非实质性变更。

【同步练习】某公司对国外客户发盘出售某罐头食品，发盘中明确包装方式为每箱20罐，客户在有效期内回复"接受你方10日发盘，包装请改为每箱12罐"。

问：（1）此客户的回复是否有效接受？

（2）如果你是经办业务员，会如何处理客户的回复？

（四）接受必须在发盘的有效期内表示

接受必须在发盘有效期内传达到发盘人才有效。接受于何时生效，各国解释不同。

【法规惯例链接】不同法律对接受生效时间的规定

如果接受通知超过发盘规定的有效期，或发盘未规定有效期而超过合理期限才传达到发盘人，就成为逾期接受，即迟到的接受。逾期接受通常是无效的，但《联合国国际货物销售合同公约》规定了以下几种特殊情况：

（1）如果发盘人收到逾期接受，毫不迟延地通知受盘人确认逾期接受有效，此逾期接受有效。

（2）一项逾期接受，从它使用的信件或其他方式表明，在传递正常的情况下本能及时到达发盘人，但由于传递不正常延误造成逾期，此种逾期接受是有效的，除非发盘人毫不迟延地通知受盘人，他认为该发盘已失效。

【同步练习】某公司向国外客户发盘出售某商品，有效期至我方时间10月10日。10月

11日收到客户接受函,接受发出时间是11日8:40。此时,我方应如何处理?

二、接受的撤回

接受的撤回是指在接受生效之前撤回,阻止其生效。《联合国国际货物销售合同公约》规定:"接受得予撤回,如果撤回通知于接受原应生效之前或同时,送达发盘人。"接受送达发盘人之后立即生效,就不能撤回了。

项目实训练习

一、实训操作

阅读以下信函,判断是否属于发盘。

1. We are interested in your Electric Typewriters for use in offices and shall be glad if you will send us a copy of your illustrated catalogue 2 and current price list.

2. Your letter of June 1st asking us to offer you the product has received our immediate attention. We are pleased to be told that there is a great demand for our products in Europe market。

In compliance with your request, we are making you the following offer subject to our final confirmation. Our main products are as follows:

Commodity: ***

Size: ***

Quantity: ***

Price: ***

Payment: ***

We hope the above will be acceptable to you and await with interest your early order.

3. Thank you so much for your offer, but after we carefully studying, we found your price is too high, we know your goods are in high quality, compare with the items which produce in Europe, your price are higher than your competitor 5% - 10%. So, we do hope you kindly reduce the price approximately 5%. say us $7.40/ctn. I think this concession should be acceptable by you.

二、习题训练

(一) 填空题

1. 交易磋商的形式分为_____和_____两种。交易磋商的一般程序分为_____、_____、_____和_____四个环节,其中_____和_____是不可缺少的环节。

2. 《联合国国际货物销售合同公约》规定:"有关货物的_____、_____、_____和数量、_____与地点、_____或解决争端等的添加或不同条件,均视为实质上变更发盘的条件。"

(二) 判断题

1. 发盘对发盘人无约束力。   (   )
2. 发盘须明确规定有效期,未明确规定有效期的发盘无效。   (   )

3. 买方来电表示接受卖方发盘，但要求将 D/P 60 天改为 D/A 60 天，卖方缄默，此时合同成立。（ ）
4. 凡是逾期送达发盘人的接受，只要发盘人缄默，合同即告成立。（ ）
5. 一项发盘如果规定了有效期，那么在有效期内该发盘是不可以撤销的。（ ）
6. 对发盘内容作了实质性的变更，如发盘人不表示反对，则构成有效接受。（ ）

（三）选择题
1. 按照《联合国国际货物销售合同公约》的规定，一项发盘（ ）。
  A. 必须表明各项交易条件 B. 必须表明主要交易条件
  C. 只需表明货物名称、数量和单价
2. 按照《联合国国际货物销售合同公约》的规定，一项发盘的生效是（ ）。
  A. 发盘发出时立即生效 B. 发盘送达受盘人时生效
  C. 按发盘规定的时间生效
3. 甲向乙发盘："可供贵厂一年所需的全部铁矿石，价格按交货时伦敦五金交易所价格计算。"根据《联合国国际货物销售合同公约》的规定，这是一项（ ）。
  A. 询盘 B. 邀请发盘 C. 有效发盘
4. 发盘的撤回与撤销的区别在于（ ）。
  A. 前者发生在发盘生效后，后者发生在发盘生效前
  B. 前者发生在发盘生效前，后者发生在发盘生效后
  C. 两者均发生在发盘生效前
5. 根据《联合国国际货物销售合同公约》的规定，受盘人对发盘表示接受，可以有几种方式，下列哪项不属于此列（ ）。
  A. 通过口头向发盘人声明 B. 通过书面向发盘人声明
  C. 沉默或无行为表示 D. 通过实际行动表示接受
6. 法国某买方向我国轻工业出口公司来电"拟购美加净牙膏大号 1 000 罗，请告最低价格、最快交货期"，此属交易磋商的（ ）环节。
  A. 发盘 B. 询盘 C. 还盘 D. 接受

三、案例分析
1. 我国某公司于 10 月 2 日向美商发盘，以每打 84 美元 CIF 纽约价格提供全棉男式衬衫 500 打，限 10 月 15 日复到有效。10 月 10 日收到美商回电称价格太高，若每打 80 美元可接受。10 月 13 日又收到美商来电："接受你 10 月 2 日发盘，信用证已开出。"但由于市价上涨，我方未作回答，也没有发货，后美商认为我方违约，要求赔偿损失。
问：我方应否赔偿？为什么？
2. 我方 A 公司向英国伦敦 B 公司发盘某商品 100 吨，每吨 1 500 美元 CIF 伦敦，写明收到信用证后 45 天内交货，以不可撤销即期信用证支付，限 3 天内答复。第 2 天，A 公司收到 B 公司回电称"accept your offer shipment immediately"（接受你方发盘，立即装运）。A 公司未作答复，又过两天，B 公司由伦敦汇丰银行开来即期信用证，注明"shipment immediately"。当时该商品国际市场价格上涨 15%，A 公司拒绝交货，并立即退回信用证。
问：A 公司这种做法有无道理？有何依据？

【名词术语（中英文）】

询盘（Enquiry）　　　　　　　　确认（Confirm）
发盘（Offer）　　　　　　　　　 报价（Quote）
还盘（Counter Offer）　　　　　 供货（Supply）
接受（Acceptance）　　　　　　　递盘（Bid）

项目三　订立合同

【目标与要求】

1. 熟悉合同的形式和内容
2. 了解国际贸易合同订立、生效的流程
3. 能够根据合同示例准确拟定合同条款，制作书面合同

交易磋商结束、交易达成后，合同即告成立。合同是国际货物买卖的核心，合同条款是买卖双方讨价还价的结果，一旦合同成立，就要通过履行合同来实现预期的利益。因此，一个条款严谨的合同是保证顺利履行的前提。

实践中，通常由我方填制合同或确认书，签字后寄给对方或传真给对方，再由对方签字后退给我方。经双方签字后的合同买卖双方各自保留一份，作为交易成立的证据和履行的依据。

除了合同、确认书这两种主要形式外，实践中也有使用订单、形式发票等作为简化的合同形式。

根据进出口合同的条款和内容，分解任务如图 2-2-3-1 所示。

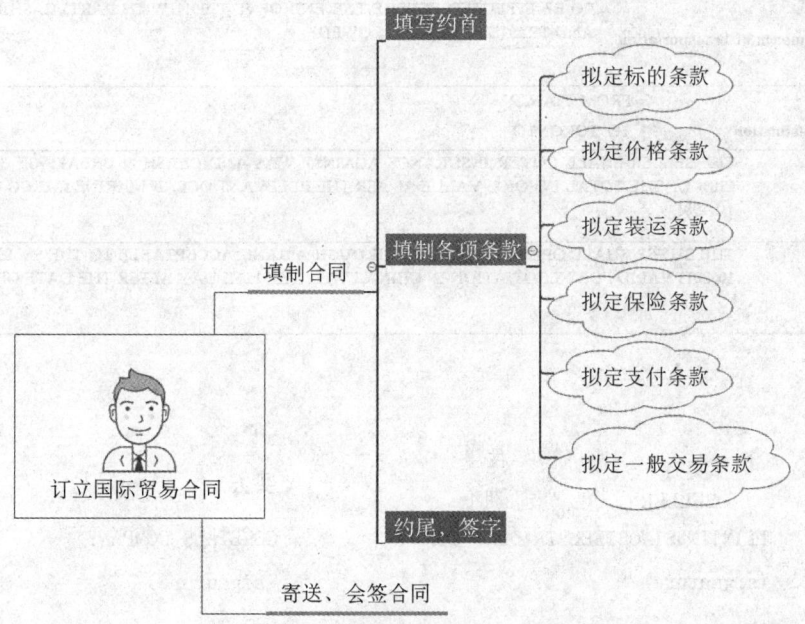

图 2-2-3-1　订立书面合同的内容和流程

【例】出口销售合同（见图2-2-3-2）

SALES CONTRACT

卖方 SELLER:	TIANJIN SINOSTEEL TRADING CO. 80 QUFU ST.TIANJIN, P.R. CHINA 300040	编号NO.: SST10-PO69 日期DATE: FEB.26, 2011
买方 BUYER:	COMETALS COMPANY 2080 CENTER AVENUE,SUITE 260,PORT LEE JG 09024	地　　点 SIGNED TIANJIN

买卖双方同意以下条款达成交易：

This contract is made by and agreed between the BUYER and SELLER, in accordance with the terms and conditions stipulated below.

1. 品名及规格 Commodity & Specification	2. 数量 Quantity	3. 单价及价格条款 Unit Price & Trade Terms	4. 金额 Amount
CHINESE CERAMIC DINNERWARE		CIF C5 TORONTO	
DS1511 30-Piece Dinnerware and Tea Set	500SETS	USD24.50	USD12250
DS2201 20-Piece Dinnerware Set	800SETS	USD20.00	USD16000
DS4504 45-Piece Dinnerware Set	550SETS	USD23.00	USD12650
DS5120 95-Piece Dinnerware Set	250SETS	USD30.00	USD7500
Total:	2100SETS		USD48400

5. 总值 Total Value	SAY US DOLLARS FORTY EIGHT THOUSAND FOUR HUNDRED ONLY.
6. 包装 Packing	DS2201 IN CARTONS OF 2 SETS EACH AND DS1511, DS4504 AND DS5120 TO BE PACKED IN CARTONS OF 1 SET EACH ONLY. TOTAL: 1700 CARTONS.
7. 唛头 Shipping Marks	AT SELLER'S OPTION.
8. 装运期及运输方式 Time of Shipment & means of Transportation	TO BE EFFECTED BEFORE THE END OF JUN. 2011 WITH PARTIAL SHIPMENT ALLOWED AND TRANSHIPMENT ALLOWED.
9. 装运港及目的地 Port of Loading & Destination	FROM: TIANJIN TO: TORONTO
10. 保险 Insurance	THE SELLER SHALL COVER INSURANCE AGAINST WPA AND CLASH & BREAKAGE & WAR RISKS FOR 110% OF THE TOTAL INVOICE VALUE AS PER THE RELEVANT OCEAN MARINE CARGO OF P.I.C.C. DATED 1/1/1981.
11. 付款方式 Terms of Payment	THE BUYER SHALL OPEN A SIGHT L/C THROUGH A BANK ACCEPTABLE TO THE SELLER BEFORE APRIL 10, 2011 VALID FOR NEGOTIATION IN CHINA UNTIL THE 15TH DAY AFTER THE DATE OF SHIPMEDNT.
12. 备注 Remarks	

　　　　卖方　　　　　　　　　　　　　　　买方
　　　　SELLER　　　　　　　　　　　　　BUYER
　TIANJIN SINOSTEEL TRADING CO.　　COMETALS COMPANY
　　　(signature)　　　　　　　　　　(signature)

图2-2-3-2　出口销售合同

【例】形式发票（见图2-2-3-3）

Jingdezhen ▨▨▨ Ceramic Co., Ltd.
No. 13B, 3rd Building, ▨▨▨, High And New Development Area, Jingdezhen, Jiangxi, China

PROFORMA INVOICE

Sold To: ▨▨▨, Inc 74▨▨▨, Texas 761▨▨, United States
Date: 22-May-13
Invoice No.: E2013YJS015A
From: Shanghai port, China
Contract No.: E2013JMS015US
To: Dallas, (TX), USA
SC No.:
L/C No.:

Item&Marks	Description	Quantity	Unit Price FOB SHANGHAI	Amount FOB SHANGHAI
N/M	10" Double Handles Porcelain Flower Vase Model Number: C330-15052-10 Glaze Type: Transparent Age: Antique Color: Blue & white Technology: Hand painted Size: 16.1*16.1*25.2cm Place of Origin: JINGDEZHEN,CHINA	400pcs	USD30.00	USD 12,000.00
	12" Liquid Gold Decorative Porcelain Vase Model Number: G520-17081-12 Glaze Type: Glazed, decoration with liquid gold Age: Model Color: bisque Technology: Hand painted Size: D11.5x30cm	240pcs	15	USD 3,600.00
Total:		650pcs		USD 15,600.00

Remarks:
Payment Terms: 30% T/T deposit, 70% balance paid against B/L copy
Delivery Time: within 30 Days after receipt of payment.
Beneficiary Bank Name: ▨▨▨
Beneficiary Bank Address: ▨▨▨
Beneficiary Account Name: ▨▨▨
Beneficiary Account Number: ▨▨▨
Swift Code: ▨▨▨

图2-2-3-3　形式发票

形式发票（Proforma Invoice）在实务中被称做PI，仅从字面来理解就是单纯为形式的、无实际意义的发票。一般认为，形式发票是卖方在推销货物时，为了供买方估计进口成本，假定交易已经成立要开给买方发票大致的形式及内容的一种非正式发票，实际上并没有发出货物的事实，是一种试算性质的货运清单。形式发票具有三个用途：估算货款或者成本，申请外汇和进口许可证，缔约。形式发票由于其简洁性和高效性，顺应了国际贸易发展的需要，受到越来越多外贸公司的青睐，成为国际贸易实务中一种常见的文件。

项目实训练习

按所给信息缮制出口合同。

合同号码：2017FR123456　　签约日期：2017 年 9 月 10 日

卖方：

公司全称：宏昌国际股份有限公司，GRAND WESTERN TRADING CORP.

企业法人（中文）：刘华

电话：86-532-23501213

传真：86-532-23500638

邮政编码：266071

公司地址（中文）：青岛市北京西路嘉发大厦2501室

公司地址（英文）：Room 2501, Jiafa Mansion, Beijing West Road, Qingdao 266071, P. R. China

买方：

公司全称：Carter's Trading Company, Ltd

企业法人：Carter

电话：0016137893503

传真：0016137895107

公司地址：P. O. Box 8935, New Terminal, Lata Vista, Ottawa, Canada

商品信息：

(1) WOMEN'S T-SHIRT

(2) Packing: EXPORTER CARTON

(3) Specification: 20PCS PER CARTON, COLOR: BLACK

(4) Fabric Content: 100% COTTON

(5) Quantity: 15,000PCS

(6) Price: USD 30/PC CIF TORONTO

(7) Payment: L/C

(8) Shipment: in May, 2012 partial shipment and transshipment are not allowed

(9) Insurance: The seller shall arrange marine insurance ICC (A) plus institute War Risks for 110% of CIF value, payable in Canada, with U. S. currency.

销售合同
SALES CONTRACT

卖方：   S/C No.：

Seller： Date：

买方： Signed in：

Buyer：

经买卖双方同意成交下列商品，订立条款如下：

This contract is made by and agreed between the Buyer and Seller, in accordance with the terms and conditions stipulated below.

唛头 Marks and Numbers	名称及规格 Description of goods/ Specifications	数量 Quantity	单价 Unit Price	金额 Amount
	总值： TOTAL：			

Transshipment（转运）：

☐ allowed（允许）   ☐ not allowed（不允许）

Partial shipments（分批装运）：

☐ allowed（允许）   ☐ not allowed（不允许）

Shipment date（装运期）：

_____

Insurance（保险）：

由_____按发票金额110%投保_____险，另加保_____险至_____为止。

To be covered by the _____ FOR 110% of the invoice value covering _____ additional _____ from _____ to _____.

Terms of payment（付款条件）：

☐买方不迟于_____年_____月_____日前将100%的货款用即期汇票/电汇送抵卖方。

The buyer shall pay 100% of the sales proceeds through sight (demand) draft/by T/T remittance to the seller not later than _____.

☐买方须于_____年_____月_____日前通过_____银行开出以卖方为受益人的不可撤销_____天期信用证，并注明在上述装运日期后_____天内在中国议付有效，信用证须注明合同编号。

The buyer shall issue an irrevocable L/C at _____ sight through _____ in favor of the seller prior to _____ indicating L/C shall be valid in China through negotiation within _____ days after the shipment effected, the L/C must mention the Contract Number.

☐付款交单：买方应对卖方开具的以买方为付款人的见票后_____天付款跟单汇票，付款时交单。

Documents against payment：(D/P) The buyer shall duly make the payment against documentary draft made out to the buyer at _____ sight by the seller.

☐承兑交单：买方应对卖方开具的以买方为付款人的见票后_____天承兑跟单汇票，承兑交单。

Documents against acceptance：(D/A) The buyer shall duly accept the documentary draft made out to the buyer at _____ days by the seller.

续表

Documents required（单据）：
卖方应将下列单据提交银行议付/托收。
The seller shall present the following documents required for negotiation/collection to the bank.
□整套正本清洁提单。
Full set of clean on board ocean Bills of Lading.
□商业发票一式_____份。
Signed commercial invoice in _____ copies.
□装箱单或重量单一式_____份。
Packing list/weight memo in _____ copies.
□由_____签发的质量与数量证明书一式_____份。
Certificate of quantity and quality in _____ copies issued by _____ .
□保险单一式_____份。
Insurance policy in _____ copies.
□由_____签发的产地证一式_____份。
Certificate of Origin in _____ copies issued by _____ .

Shipping advice（装运通知）：
一旦装运完毕，卖方应立即电告买方合同号、商品号、已装载数量、发票总金额、毛重、运输工具名称及启运日期等。
The seller shall immediately, upon the completion of the loading of the goods, advise the buyerof the Contract No., names of commodity, loaded quantity, invoice values, gross weight, names of vessel and shipment date by TLX/FAX.

Inspection and claims（检验与索赔）：
1. 卖方在发货前由_____检验机构对货物的品质、规格和数量进行检验，并出具检验证明书。
The seller shall have the qualities, specifications, quantities of the goods carefully inspected by theInspection Authority, which shall issue Inspection Certificate before shipment.
2. 货物到达目的口岸后，买方可委托当地的商品检验机构对货物进行复检。如果发现货物有损坏、残缺或规格、数量与合同规定不符，买方须于货到目的口岸的_____天内凭_____检验机构出具的检验证明书向卖方索赔。
The buyer has right to have the goods inspected by the local commodity inspection authority after the arrival of the goods at the port of destination if the goods are found damaged/short/their specifications and quantities not in compliance with that specified in the contract, the buyer shall lodge claims against the seller based on the Inspection Certificate issued by the Commodity _____ Inspection Authority within _____ days after the goods arrival at the destination.
3. 如买方提出索赔，凡属品质异议须于货到目的口岸之起_____天内提出；凡属数量异议须于货到目的口岸之日起_____天内提出。对所交货物提出的任何异议应由保险公司、运输公司或邮递机构负责的，卖方不负任何责任。
The claims, if any regarding to the quality of the goods, shall be lodged within _____ days after arrival of the goods at the destination, if any regarding to the quantities of the goods, shall be lodged within _____ days after arrival of the goods at the destination. The seller shall not take any responsibility if any claims concerning the shipping goods is up to the responsibility of Insurance Company/Transportation Company/Post Office.

Force Majeure（不可抗力）：
如因不可抗力的原因造成本合同全部或部分不能履约，卖方概不负责，但卖方将上述发生的情况及时通知买方。
The seller shall not hold any responsibility for partial or total non-performance of this contract due to Force Majeure. But the seller shall advise the buyer on time of such occurrence.

续表

Disputes settlement（争议之解决方式）： 凡因执行本合约或有关本合约所发生的一切争执，双方应协商解决。如果协商不能得到解决，应提交仲裁。仲裁地点在被告方所在国内，或者在双方同意的第三国。仲裁裁决是终局的，对双方都有约束力，仲裁费用由败诉方承担。 All disputes in connection with this contract or the execution thereof shall be amicably settled through negotiation. In case no amicable settlement can be reached between the two parties, the case under dispute shall be submitted to arbitration, which shall be held in the country where the defendant resides, or in third country agreed by both parties. The decision of the arbitration shall be accepted as final and binding upon both parties. The arbitration fees shall be borne by the losing party.
Law application（法律适用）： 本合同之签订地，或发生争议时货物所在地在中华人民共和国境内或被诉人为中国法人的，适用中华人民共和国法律，除此规定外，适用《联合国国际货物销售合同公约》。 It will be governed by the law of the People's Republic of China under the circumstances that the contract is signed or the goods while the disputes arising are in the People's Republic of China or the defendant is Chinese legal person, otherwise it is governed by United Nations Convention on Contracts for the International Sale of Goods. 本合同使用的价格术语系根据国际商会 INCOTERMS 2000。 The terms in the contract based on INCOTERMS 2000 of the International Chamber of Commerce.
Versions（文字）： 本合同中、英两种文字具有同等法律效力，在文字解释上，若有异议，以中文解释为准。 This contract is made out in both Chinese and English of which version is equally effective. Conflicts between these two languages arising therefrom, if any, shall be subject to Chinese version.

　　本合同共_____份，自双方代表签字（盖章）之日起生效。
This contract is in _____ copies, effective since being singed/sealed by both parties.

The Buyer	The Seller

项目四　履行合同

【目标与要求】

1. 熟悉进出口合同履行的业务流程
2. 了解进出口业务履行中的业务单证
3. 能够根据业务示范完成具体环节的业务操作

子项目一　履行出口合同

　　合同履行中卖方的基本义务是：按照合同的规定交付货物，移交一切与货物有关的单据和转移货物的所有权。

我国的出口贸易操作，多数采用 CIF 或 CFR 术语按信用证支付方式成交。此类出口合同履行一般要经过落实预付款或信用证、备货、报检、办理运输（保险）、报关、装船出运、制单结汇、出口善后等环节。其中，证（催证、审证、改证）、货（备货）、船（租船订舱）、款（制单结汇）是履行出口合同的重要步骤。

出口合同履行的业务流程如图 2-2-4-1 所示。

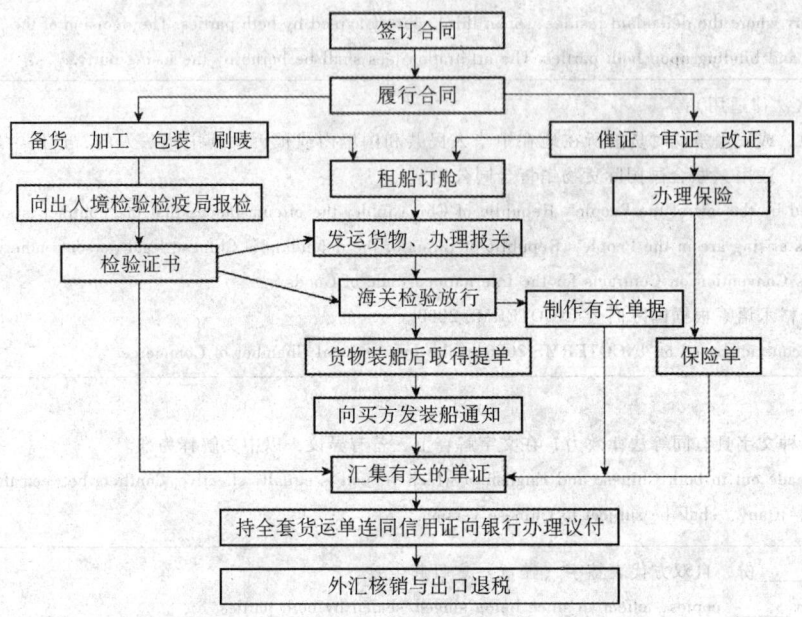

图 2-2-4-1 海运出口业务工作流程

【项目导入】

一笔 CIF 条件、L/C 支付的出口合同的履行

2015 年 8 月 3 日，青岛金桥进出口有限公司（以下简称金桥公司）与加拿大 STYLE FIT CO., LTD.（以下简称 S.F. 公司）成交一笔女士纯棉上衣出口业务，签订如下销售合同，见表 2-2-4-1。

表 2-2-4-1　　　　　　　　　出口销售合同

销售合同 SALES CONTRACT			
卖方 SELLER:	QINGDAO GOLDENBRIDGE IMP. &EXP. CO., LTD. 20*, JUFENG ROAD, QINGDAO P. R. CHINA	编号 NO.:	SDIE20150803
		日期 DATE:	AUG. 03, 2015

续表

买方 BUYER:	STYLE FIT CO., LTD. P. O. BOX 0721 NEW TERMINAL, ALTA, VISTA OTTAWA, CANADA	地点 SIGNED IN:	QINGDAO, CHINA

买卖双方同意以下条款达成交易:
This contract is made by and agreed between the BUYER and SELLER, in accordance with the terms and conditions stipulated below.

1. 商品号 Art No.	2. 品名及规格 Commodity & Specification	3. 数量 Quantity	4. 单价 Unit Price	5. 金额 Amount
301A	LADIES COTTON BLAZER (100% COTTON, 40SX20/140X60)	2 550PCS	CIF MONTREAL, CANADA USD 12.80	USD 32 640.00
	Total:		USD 12.80	USD 32 640.00

允许 With	3%	溢短装,由卖方决定。 More or less of shipment allowed at the sellers' option.

6. 总值 (Total Value): SAY USD THIRTY TWO THOUSAND SIX HUNDRED AND FORTY ONLY.

7. 包装 (Packing): CARTON

8. 唛头 (Shipping Marks):	STYLE FIT SDIE20150803 CTN NO. 1 – 441 MONTREAL MADE IN CHINA
9. 装运期及运输方式 (Time of Shipment & Means of Transportation):	NOT LATER THAN OCT. 31, 2015 BY VESSEL
10. 装运港及目的地 (Port of Loading & Destination):	FROM: QINGDAO CHINA TO: MONTREAL CANADA
11. 保险 (Insurance):	TO BE COVERED BY THE SELLER FOR 110% CIF INVOICE VALUE COVERING ICC (A), AS PER INSTITUTE CARGO CLAUSES DATED 2009.01.01.
12. 付款方式 (Terms of Payment):	THE BUYER SHALL OPEN THROUGH A BANK ACCEPTABLE TO THE SELLER AN IRREVOCABLE SIGHT LETTER OF CREDIT FOR 100% INVOICE VALUE TO REACH THE SELLER BEFORE SEP. 15 2015, VALID FOR NEGOTIATION IN CHINA UNTIL NOV. 15 2015.
13. 备注 (Remarks):	1. PARTIAL SHIPMENTS: NOT ALLOWED. 2. TRANSSHIPMENT: ALLOWED.

The Buyer STYLE FIT CO., LTD. (进口商签字和盖章)	The Seller QINGDAO GOLDEN BRIDGE IMP. &EXP. CO., LTD. (出口商签字和盖章)

任务一 证——落实信用证

任务分解如图2-2-4-2所示。

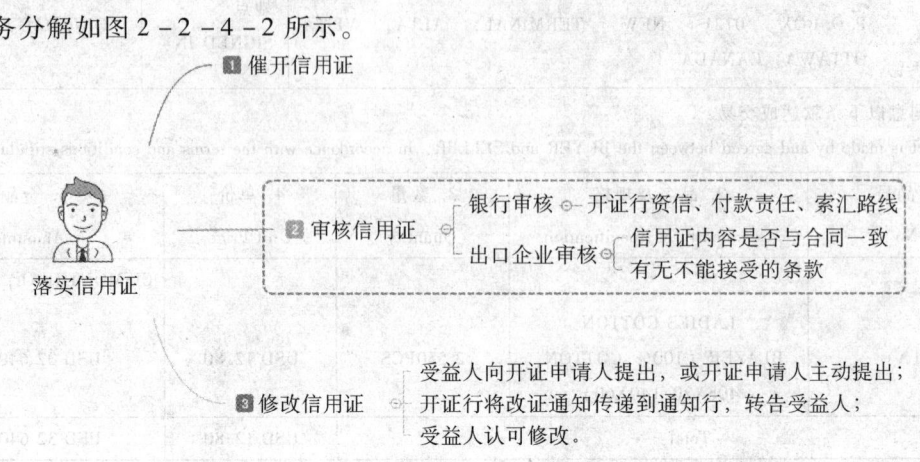

图2-2-4-2 落实信用证任务分解

(一) 催开信用证

按时开立信用证是买方的一项义务。在下列情况下，卖方应注意向买方发出函电提醒或催促对方开立信用证。

(1) 在合同规定的期限内，买方未及时开证这一事实已构成违约。如卖方不希望中断交易，可在保留索赔权的前提下，催促对方开证。

(2) 签约日期和履约日期相隔较远，应在合同规定开证日之前，去信表示对该笔交易的重视，并提醒对方及时开证。

(3) 卖方货已备妥，并打算提前装运。可去信征求对方同意提前开证。

(4) 买方资信欠佳，提前去信提示，有利于督促对方履行合同。为了确保收汇安全，信用证的受益人在收到信用证后，应立即对其进行认真的核对和审查，发现问题后应及时改证。

(二) 审核信用证

审核信用证是银行和出口企业的共同职责，但在审核内容上又各有侧重。银行着重负责审核有关开证行资信、付款责任以及索汇路线等方面的条款和规定，出口企业着重审核信用证的条款是否与买卖合同的规定相一致。

审核要点：

(1) 开证行资信。受益人可以委托信用证的通知行调查开证行的资信，但通知行对其提供的信息不负任何法律责任。

(2) 信用证是否有效、有无"保留"或"限制"条款。"简电本"不是有效文本，因此，出口企业在收到这样的信用证时要注意，只能按此进行发货准备工作，而不能急忙发货，只有在收到开证行通过通知行递送的有效信用证文件并对之审核无误后方可发货，否则，不能凭此收取货款。另外，如果信用证中附加"保留"和"限制"条款，或可能是开证申请人故意设置陷阱的条款，凡此类信用证不能接受，必须要求对方取消或修改这些条款。

（3）信用证类型。如果是保兑信用证，应检查证内有无"保兑"字样；如果是可转让信用证，应检查有无相应的条款规定。

（4）信用证的有效期及到期地点。《跟单信用证统一惯例》规定：信用证必须规定提示单据的有效期限。规定的用于兑付或者议付的有效期限将被认为是提示单据的有效期限。除此还规定，由受益人或代表受益人提示的单据必须在到期日当日或在此之前提交。没有规定有效期的信用证是无效的，而关于信用证的到期地点，我国出口企业应争取在我国到期，以便在交付货物后及时办理议付等手续。至于交单日期，如果信用证未规定，按惯例，银行有权拒收迟于运输单据日期21天后提交的单据，但无论怎样，单据也不得迟于信用证到期日提交。在我国的出口业务中，如交单地点在我国，通常要求信用证的交单日期在装运期限后15天，以便受益人有足够的时间办理制单、交单议付等工作。

（5）信用证金额和支付货币。信用证规定的支付货币应与合同规定相同，金额一般应与合同金额相符。发票和/或汇票金额不能超过信用证金额。

（6）装运货物是否与合同一致。

（7）运输和保险条款。信用证的运输条款必须与合同规定相符，对转运和分批装运要重点审核。对于信用证内的保险条款应注意：信用证内规定的投保险别是否与合同相符；信用证内规定的保险金额的幅度是否与合同的规定一致；保险单据的出单日期是否迟于运输单据上注明的货物装船、发运或接受监督的日期。

（8）信用证中单据要求。对信用证内要求交付的各种单据，要根据合同的原订条款及我国的习惯做法进行审核。如果单据上加注的条款与我国有关政策相抵触或不能办到，应及时通知修改。

（9）付款期限。信用证的付款期限必须与买卖合同的规定一致。

（10）信用证"软条款"。"软条款"（Soft Clause）是指在信用证中加列的一种条款，开证行可随时利用这种条款单方面解除其保证付款的责任。受益人处于受制于人的地位，而信用证项下开证行的付款承诺毫不确定，很不可靠，例如：The certificates of inspection would be issued and signed by authorized the applicant of L/C before shipment of cargo, which the signature will be inspected by issuing bank. 这就是典型的"软条款"，实际上是开证申请人控制了整笔交易。

另外，对于来证中的其他条款或不同国家的不同惯例的"特殊条款"应格外认真并仔细地进行审核。应特别注意有无歧视和不能办到的特殊要求。

（三）修改信用证

改证的程序是：

（1）受益人向开证申请人提出，或开证申请人主动提出；

（2）开证行将改证通知传递到通知行，转告受益人；

（3）受益人认可修改。

实践中，为了节省改证的费用和时间，在正式开证前，可以由客户先把信用证扫描后发过来给受益人预审，尽量避免信用证到手后再修改。此外，如果发生了改证的情况，对于改证的费用，往往开证申请人认为费用应该由受益人承担，出口商可以尽量和客户沟通，由开证申请人承担开证行的费用，受益人承担通知行的费用，这样比较公平。

【法规惯例链接】《UCP600》对信用证修改的规定：如果受益人未做出接受或拒绝修改书的通知，当交单与信用证以及尚未表示接受的修改的要求一致时，即视为受益人已作出接受修改的通知，否则就是拒绝。对同一修改的内容不允许部分接受，部分接受将被视为拒绝修改的通知。修改中关于除非受益人在某一时间内拒绝修改否则修改生效的规定应被不予理会。

【操作示范】

[第1步] 催开信用证（见表2-2-4-2所示）。

2015年8月20日，金桥公司根据合同缮制形式发票，通过电子邮件提醒对方公司及时开立信用证。

表2-2-4-2　　　　　　　　　形式发票

青岛金桥进出口有限公司
QINGDAO GOLDEN BRIDGE IMP. &EXP. CO., LTD.
20*, JUFENG ROAD, QINGDAO, P.R. CHINA
TEL: 0086-532-******** FAX: 0086-532-********
PROFORMA INVOICE

TO: STYLE FIT CO., LTD. P.O. BOX 0721 NEW TERMINAL, ALTA VISTA, OTTAWA, CANADA	INVOICE NO.:	NT10A01007
	INVOICE DATE:	AUG. 20, 2015
	S/C NO.:	SDIE20150803
	S/C DATE:	AUG. 03, 2015
TERM OF PAYMENT	THE BUYER SHALL OPEN THROUGH A BANK ACCEPTABLE TO THE SELLER AN IRREVOCABLE SIGHT LETTER OF CREDIT FOR 100% INVOICE VALUE TO REACH THE SELLER BEFORE SEP. 15 2015, VALID FOR NEGOTIATION IN CHINA UNTIL NOV. 15 2015.	
PORT OF LOADING	QINGDAO	
PORT OF DESTINATION	MONTREAL	
TIME OF DELIVERY	NOT LATER THAN OCT. 31, 2015 BY VESSEL	
INSURANCE	TO BE COVERED BY THE SELLER FOR 110% CIF INVOICE VALUE COVERING ICC (A), AS PER INSTITUTE CARGO CLAUSES DATED 2009.01.01.	

MARKS AND NUMBERS	NUMBER AND KIND OF PACKAGES/ DESCRIPTION OF GOODS	QUANTITY	UNIT PRICE	AMOUNT
				USD

续表

STYLE FIT SDFT20150803 CTN NO. MONTREAL MADE IN CHINA	CIF MONTREAL, CANADA		
	LADIES COTTON BLAZER (100% COTTON, 40SX20/140X60)	2,550PCS	USD 12.80	USD 32,640.00
	TTL:	2,550PCS	USD 32,640.00
BENEFICIARY:	QINGDAO GOLDEN BRIDGE IMP. &EXP. CO., LTD. 20 *, JUFENG ROAD, QINGDAO, P. R. CHINA		
ADVISING BANK:	BANK OF CHINA, QINGDAO BRANCH ADD: 59 XIANGGANG ROAD QINGDAO, 266071, P. R. CHINA TELEX: 34116/34127 BOCQD CN SWIFT: BKCHCNBJ50A		
NEGOTIATING BANK:	ANY BANK BY NEGOTIATION		

（出口商签字和盖章）

[第2步] 审核信用证。

2015年8月26日，金桥公司收到S.F.公司传来的信用证扫描件，请金桥公司初审提出审证意见后供S.F.公司向开证行落实信用证。

业务员审核信用证后，提出了参考审证意见：

（1）信用证的提单条款为"Full set of clean on board ocean Bills of Lading..."，要求全套2/2，但在该信用证的特别条款规定"Two signed original B/L must be forwarded to us in the first mail and the third signed original copy to be forwarded in the second mail"，两者关于提单的份数要求不一，如不注意就可能忽略特别条款，按一般惯例若只提供两份正本，可能导致不符点。

（2）议付单据中有关客检证条款项，对出口方极为不利。

（3）信用证有效期为2015年10月31日，而合同规定有效期为11月15日。

[第3步] 修改信用证（见表2-2-4-3、表2-2-4-4所示）。

业务师傅基本肯定了业务员提出的审证意见。第一条关于提单的份数需要提请S.F.公司正式开证时修改一致。第三条信用证有效期规定错误。但对于第二条客检证，师傅认为该客户为老客户，信誉良好，以往都会在样品检验合格后及时签发客检证明，但要特别注意及时寄样和催客户及时签发客检证。

2015年9月3日，中国银行青岛分行通知金桥公司收到S.F.公司通过BNP PARIBAS (CANADA) MONTREAL银行开来信用证电开本，仔细审核后确认无误。

表 2-2-4-3　　　　　　　　　信用证通知书

中国银行
BANK OF CHINA
BANK OF CHINAQINGDAO BRANCH
ADDRESS: 59 XIANGGANG ROAD QINGDAO
CABLE: CHUNGKUO
TELEX: 34116/34127 BOCQD CN
SWIFT: BKCHCNBJ50A

信 用 证 通 知 书
NOTIFICATION OF DOCUMENTARY CREDIT
FAX: 42088432015/09/03

TO 致: QINGDAO GOLDEN BRIDGE IMP. &EXP CO., LTD. 20*, JUFENG ROAD, QINGDAO, P. R. CHINA	WHEN CORRESPONDING PLEASE QUOTE OUT REF NO.	AD94001A08126	
ISSUING BANK 开证行 BNP PARIBAS (CANADA) MONTREAL	TRANSMITTED TO US THROUGH 转递行 REF NO.		
L/C NO. 信用证号 84232110205	DATED 开证日期 2015/09/01	AMOUNT 金额 USD 32,640.00	EXPIRY PLACE 有效地 LOCAL
EXPIRY DATE 有效期 2015/11/15	TENOR 期限 SIGHT	CHARGE 未付费用 RMB 0.00	CHARGE BY 费用承担人 BENEFICIARY
RECEIVED VIA 来证方式 SWIFT	AVAILABLE 是否生效 VALID	TEST/SIGN 印押是否相符 YES	CONFIRM 我行是否保兑 NO

DEAR SIRS,
WE HAVE PLEASURE IN ADVISING YOU THAT WE HAVE RECEIVED FROM THE A/M BANK A (N) LETTER OF CREDIT, CONTENTS OF WHICH ARE AS PER ATTACHED SHEET (S).
THIS ADVICE AND THE ATTACHED SHEET (S) MUST ACCOMPANY THE RELATIVE DOCUMENTS WHEN PRESENTED FOR NEGOTIATION.
兹通知贵公司，我行收自上述银行信用证一份，现随附通知。贵司交单时，请将本通知书及信用证一并提示。
REMARK 备注:
PLEASE NOTE THAT THIS ADVICE DOES NOT CONSTITUTE OUR CONFIRMATION OF THE ABOVE L/C NOR DOES IT CONVEY ANY ENGAGEMENT OR OBLIGATION ON OUT PART.

THIS L/C CONSISTS OF　　　　SHEET (S), INCLUDING THE COVERING LETTER AND ATTACHMENT (S).
本信用证连同面函及附件共　　　纸。
IF YOU FIND ANY TERMS AND CONDITIONS IN THE L/C WHICH YOU ARE UNABLE TO COMPLY WITH AND/OR ANY ERROR (S), IT IS SUGGESTED THAT YOU CONTACT APPLICANT DIRECTLY FOR NECESSARY AMENDMENT (S) SO AS TO AVOID ANY DIFFICULTIES WHICH MAY ARISE WHEN DOCUMENTS ARE PRESENED.
如本信用证中有无法办到的条款及/或错误，请与开证申请人联系，进行必要的修改，以排除交单时可能发生的问题。
THIS L/C IS ADVISED SUBJECT TO ICC UCP PUBLICATION NO. 600.
本信用证之通知系遵循国际商会《跟单信用证统一惯例》(第600号出版物) 办理。
此证如有任何问题及疑虑，请与我行联系，电话: 0532-81859700 传真: 0532-67755601

YOURS FAITHFULLY,
BANK OF CHINA
（银行盖信用证通知专用章）

表 2-2-4-4　　　　　　　　　　　　　信用证

SEQUENCE OF TOTAL	: 27 A :	1 / 1
FORM OF DOC. CREDIT	: 40 A :	IRREVOCABLE
DOC. CREDIT NUMBER	: 20 :	84232110205
DATE OF ISSUE	: 31 C :	150901
APPLICABLE RULES	: 40 E :	UCP LATEST VERSION
DATE AND PLACE OF EXPIRY	: 31 D :	DATE 151115 PLACE IN BENEFICIARY'S COUNTRY
APPLICANT	: 50 :	STYLE FIT CO., LTD. P. O. BOX 0721 NEW TERMINAL, ALTA VISTA, OTTAWA, CANADA
BENEFICIARY	: 59 :	QINGDAO GOLDEN BRIDGE IMP. % EXP. CO., LTD. 20 * , JUFENG ROAD, QINGDAO, P. R. CHINA
AMOUNT	: 32 B :	CURRENCY USD AMOUNT 32,640
AVAILABLE WITH/BY	: 41 D :	ANY BANK BY NEGOTIATION
DRAFTS AT ...	: 42 C :	SIGHT
DRAWEE	: 42 A :	BNPACAMMXXX * BNP PARIBAS (CANADA) * MONTREAL
PARTIAL SHIPMTS	: 43 P :	NOT ALLOWED
TRANSSHIPMENT	: 43 T :	ALLOWED
LOADING IN CHARGE	: 44 A :	CHINA
FOR TRANSPORT TO...	: 44 B :	MONTREAL
LATEST DATE OF SHIP.	: 44 C :	151031
DESCRIPT. OF GOODS	: 45 A :	

　　　SALES CONDITIONS：CIF MONTREAL/CANADA
　　　SALES CONTRACT NO. SDIE20150803
　　　LADIES COTTON BLAZER（100% COTTON, 40SX20/140X60）
　　　STYLE NO.　　PO NO.　　QTY/PCS　　USD/PC
　　　301A　　　　10337　　　2,550　　　12.80

DOCUMENTS REQUIRED　　　: 46 A :

+ COMMERCIAL INVOICES IN 3 COPIES SIGNED BY BENEFICIARY'S REPRESENTATIVE.

+ CANADA CUSTOMS INVOICES IN 4 COPIES.

+ FULL SET OF ORIGINAL MARINE BILLS OF LADING CLEAN ON BOARD PLUS 2 NON – NEGOTIABLE COPIES MADE OUT OR ENDORSED TO ORDER OF BNP PARIBAS (CANADA) MARKED FREIGHT PREPAID AND NOTIFY APPLICANT'S FULL NAME AND ADDRESS.

+ DETAILED PACKING LISTS IN 3 COPIES.

续表

  + COPY OF CERTIFICATE OF ORIGIN FORM A.

  + COPY OF EXPORT LICENCE.

  + BENEFICIARY'S LETTER STATING THAT ORIGINAL CERTIFICATE OF ORIGIN FORM A, ORIGINAL EXPORT LICENCE, COPY OF COMMERCIAL INVOICE, DETAILED PACKING LISTS AND A COPY OF BILL OF LADING WERE SENT DIRECT TO APPLICANT BY COURIER WITHIN 5 DAYS AFTER SHIPMENT. THE RELATIVE COURIER RECEIPT IS ALSO REQUIRED FOR PRESENTATION.

  + COPY OF APPLICANT'S FAX APPROVING PRODUCTION SAMPLES BEFORE SHIPMENT.

  + LETTER FROM SHIPPER ON THEIR LETTERHEAD INDICATING THEIR NAME OF COMPANY AND ADDRESS, BILL OF LADING NUMBER, CONTAINER NUMBER AND THAT THIS SHIPMENT, INCLUDING ITS CONTAINER, DOES NOT CONTAIN ANY NON – MANUFACTURED WOODEN MATERIAL, DUNNAGE, BRACING MATERIAL, PALLETS, CRATING OR OTHER NON – MANUFACTURED WOODEN PACKING MATERIAL.

  + INSPECTION CERTIFICATE ORIGINAL SINGED AND ISSUED BY STYLE FIT CO., LTD.
STATING THE SAMPLES OF FOUR STYLE GARMENTS HAS BEEN APPROVED, WHICH SEND THROUGH FEDEX 15 DAYS BEFORE DATE OF SHIPMENT.

  + INSURANCE POLICY OR CERTIFICATE IN 1 ORIGINAL AND 1 COPY ISSUED OR ENDORSED TO THE ORDER OF BNP PARIBAS (CANADA) FOR THE CIF INVOICE PLUS 10 PERCENT COVERING ICC (A) AS PER INSTITUTE CARGO CLAUSES DATED 2009.01.01.

ADDITIONAL COND. :47 A:

IF DOCUMENTS PRESENTED ARE FOUND BY US NOT TO BE IN FULL COMPLIANCE WITH CREDIT TERMS. WE WILL ASSESS A CHARGE OF USD 55.00 PER SET OF DOCUMENTS.

ALL CHARGES IF ANY RELATED TO SETTLEMENTS ARE FOR ACCOUNT OF BENEFICIARY.

3 PCT MORE OR LESS IN AMOUNT AND QUANTITY IS ALLOWED.

ALL CERTIFICATES/LETTERS/STATEMENTS MUST BE SIGNED AND DATED.

FOR INFORMATION ONLY, PLEASE NOTE AS OF JANUARY 4, 1999 THAT ALL SHIPMENTS FROM CHINA THAT ARE PACKED WITH UNTREATED WOOD WILL BE BANNED FROM CANADA DUE TO THE THREAT POSED BY THE ASIAN LONGNORNED BEETLE.

THE CANADIAN GOVERNMENT NOW INSIST THAT EVERY SHIPMENT ENTERING

CANADA MUST HAVE THE ABOVE DOCUMENTATION WITH THE SHIPMENT.

BILL OF LADING AND COMMERCIAL INVOICE MUST CERTIFY THE FOLLOWING:

THIS SHIPMENT, INCLUDING ITS CONTAINER DOES NOT CONTAIN ANY NON – MANUFACTURED WOODEN MATERIAL, DUNNAGE, BRACING MATERIAL PALLETS, CRATING OR OTHER NON MANUFACTURED WOODEN PACKING MATERIAL.

BENEFICIARYS BANK ACCOUNT NO. 222298375

CHARGES :71 B: OUTSIDE COUNTRY BANK CHARGES TO BE BORNE BY THE BENEFICIARY
OPENING BANK CHARGES TO BE BORNE BY THE APPLICANT

CONFIRMATION :49 B: WITHOUT

续表

INSTRUCTIONS	: 78 B:
	WE SHALL COVER THE NEGOTIATING BANK AS PER THEIR INSTRUCTIONS. FORWARD DOCUMENTS IN ONE LOT BY SPECIAL COURIER PREPAID TO BNP PARIBAS (CANADA) 1981 MCGILL COLLECE AVE. MONTREAL QC H3A 2W8 CANADA.

任务二 货——备货、报检

任务分解如图 2-2-4-3 所示：

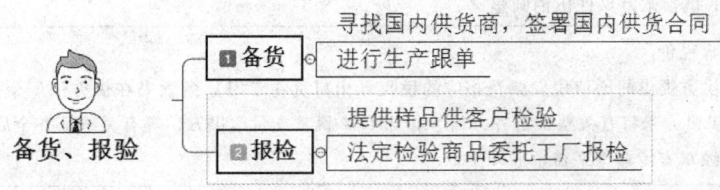

图 2-2-4-3 备货、报检任务分解

（一）备货

备货是进出口公司根据合同和信用证的规定，卖方根据合同或销售确认书的规定，按时、按质、按量准备好应交的货物，如有现货，可以直接通知仓库或供货厂商办理打包、改装、发货等工作。如属期货，应该与供货单位签订购货协议或以要货单的形式向生产部门落实生产，按规定交货，对货物进行清点、核对、加工整理、刷唛等。

备货的注意事项：

（1）货物的品质、规格应符合合同的规定。按照样品买卖的合同，提供的产品应符合样品的各项指标。

（2）商品的数量应符合合同的规定，注意合同中是否有溢短装条款。信用证中数量有溢短装条款，但金额没有规定可以增减的，只能减少履行，不能有增幅，否则发票金额将超过信用证总金额。

（3）货物的包装和唛头要符合合同的规定。

（4）备货的时间安排应便于合同的履行。

（5）凡合同规定卖方收到信用证后若干天内交付货物的，为保证按时履约，防止被动，应催促买方按合同规定的期限开来信用证。我方收到信用证后应及时审核，审核无误后及时安排生产或加工。

（6）卖方应保证自己出售的货物符合《联合国国际货物销售合同公约》要求的品质担保和权利担保。

【操作示范】

【备货】由于 S.F. 公司是金桥公司的老客户，金桥公司在落实信用证的同时，早已着手组织货源。

[第 1 步] 寻找合适的国内供货商，并签署国内购销合同

2015 年 8 月 10 日，金桥公司与青岛巨峰服装有限公司签订购销合同（见表 2-2-4-5）。

表 2－2－4－5　　　　　　　　服装购销合同

供方：	青岛巨峰服装有限公司	合同编号：	F01LCB05127－B
		签订时间：	2015 年 8 月 10 日
需方：	青岛金桥进出口有限公司	签订地点：	青岛

一、产品名称、品种规格、数量、金额、供货时间：

款号	订单号	货物描述	计量单位	数量	单价（元）	总金额（元）	交（提）货时间及数量 2015 年 10 月 20 日前工厂交货
合计人民币（大写）		贰拾贰万玖仟伍佰圆整					
备注：		1. 单价为含税价。 2. 需方凭供方提供的增值税发票及相应的税收（出口货物专用）缴款书在供方工厂交货后 15 个工作日内付款。如果供方未将有关票证备齐，需方扣除 17% 税款支付给供方，等有关票证齐全后结清余款。 3. 本合同经双方传真签字盖章后即生效。					

二、质量要求和技术标准
(1) 服装搭配按客户要求。
(2) 服装尺寸按客供尺码表，不得超公差。
(3) 成衣不得有色差，不得有脏迹，整烫平整。
(4) 平摊包装。
三、交（提）货地点、方式：工厂交货。
四、运输方式及到达站（港）和费用负担：需方自行送货至指定仓库，费用由需方承担。
五、包装标准、包装物的供应与回收：纸箱包装，符合出口标准和客户要求。
六、验收标准、方法及提出异议期限：经客户验货合格后放行，同时供方提供商检放行单或商检换证凭单。
七、结算方式及期限：供方按时、按质、按量交货后，需方全额付款。
八、违约责任：违约方支付合同金额 10% 的违约金。
九、解决合同纠纷的方式：按《中华人民共和国经济合同法》相关规定或双方协商解决。

供方（盖章）	需方（盖章）	鉴（公）证意见
单位名称：青岛巨峰服装有限公司	单位名称：青岛金桥进出口有限公司	
单位地址：青岛市巨峰路＊号	单位地址：青岛市巨峰路 20＊号	
法定代表人：＊＊	法定代表人：＊＊	鉴（公）证意见（章）
联系电话：＊＊＊＊＊＊＊＊＊＊＊	联系电话：＊＊＊＊＊＊＊＊＊＊＊	
税务登记号：＊＊＊＊＊＊＊＊＊＊＊	税务登记号：＊＊＊＊＊＊＊＊＊＊＊	经办人：
开户银行：青岛市建设银行	开户银行：中国银行青岛市分行	日期：
账号：＊＊＊＊＊＊＊＊＊＊＊	账号：＊＊＊＊＊＊＊＊＊＊＊	
邮政编码：＊＊＊＊＊＊	邮政编码：200010　　日期：	

[第 2 步] 根据交货时间，定期对工厂的生产进度进行服装生产跟单，督促生产的进度，监督产品的质量，并根据合同的规定确认产品的吊牌、运输标志等细节。

（二）报检

根据《中华人民共和国进出口商品检验法》的规定，由国家商检部门制定、调整必须实施检验的进出口商品目录（以下简称目录），列入目录的进出口商品，由商检机构实施检验。必须经商检机构检验的出口商品的发货人或者其代理人，应当在商检机构规定的地点和期限内，向商检机构报检。商检机构应当在国家商检部门统一规定的期限内检验完毕，并出具检验证单。经商检机构检验合格发给检验证单的出口商品，应当在商检机构规定的期限内报关出口；超过期限的，应当重新报检。

列入法定检验的进出口商品范围如下：

（1）出入境动植物检疫范围：进境、出境、过境的动植物、动植物产品和其他检疫物；装载动植物及其产品和其他检疫物的装载容器、包装物、铺垫材料；来自动植物疫区的运输工具；进境拆解的废旧船舶；有关法律、行政法规、国际条约规定或者贸易合同约定应当实施进出境动植物检疫的其他货物。

（2）出入境的人员、交通工具、运输设备以及可能传播检疫传染病的行李、货物、邮包等物品的卫生检疫。

（3）列入《出入境检验检疫机构实施检验检疫的进出境商品目录》的出入境货物的检验检疫。

（4）对出口危险货物的包装容器实施性能鉴定和使用鉴定。

（5）对装运出口易腐烂变质食品、冷冻品的船舱、集装箱等运载工具的适载检验。

（6）对有关国际条约或双边协议规定须经检验检疫的出入境货物的检验检疫。

（7）外商在中国境内合作、合资创办企业时，作为投资进口的机器设备等的财产鉴定。

（8）进境废物原料的检验检疫。

（9）其他法律、法规规定须经检验检疫的出入境货物的检验检疫。

对列入《出入境检验检疫机构实施检验检疫的进出境商品目录》以及其他法律法规规定需要检验检疫的进出口货物，海关原规定一律凭货物报关地出入境检验检疫局签发的"入境货物通关单"或"出境货物通关单"验放。2018年4月20日，出入境检验检疫划入海关，关检合并，海关加快推进关检业务融合工作，于5月29日发布"关于全面取消《入/出境货物通关单》有关事项的公告"，宣布自6月1日起，取消出入境货物通关单，涉及法定检验检疫要求的出口商品申报时，企业不需在报关单随附单证栏中填写原通关单代码和编号，应当填写报检电子回执上的企业报检电子底账数据号，并填写代码"B"；对出口集中申报等特殊货物，或者因计算机、系统等故障问题，根据需要出具纸质《出境货物检验检疫工作联系单》。

此外，在我国外贸实践中，有时会接受客户检验、出具客检证的条款。关于品质检验和客检证的签发，视客户检验的具体状况而定。一般有以下两种方式：

其一，客户派相关人员亲自来厂检验，检验合格后当场签发客检证，或该检验人员将检验结果向客户汇报后，由客户将客检证寄给我方。在此种方式下，客户一般是在出运前4~5天派人员来厂检验，此时工厂的加工、包装已基本结束，验货通过后即可安排出运。

其二，将样品寄给客户检验，检验合格后，客户签发客检证并寄给我方。在此种方式下，一般客户会要求我方在出货前10~15天寄样品供其检验。

【操作示范】

金桥公司在安排工厂生产备货的同时,准备报检。

[第1步] 提供样品供客户检验,取得客检证(见表2-2-4-6)。

8月17日,美南公司寄出4件不同型号的成衣样品供S.F.公司检验。

8月25日,S.F.公司收到样品后,经检验合格,签发客检证书正本一份并通过FedEx寄回给美南公司。

表 2-2-4-6　　　　　　　　客检证书

STYLE FIT CO., LTD.
FINAL INSPECTION REPORT

To	QINGDAO GOLDEN BRIDGE IMP. &EXP. CO., LTD.				
From	STYLE FIT CO., LTD.				
Date	AUGUST 25, 2015	Location	STYLE FIT	Insp. No	03-06-085
Style No.	301A	P.O. No.	10337	Quantity	4 PCS (10, 12, 16, 18)
Description	LADIES COTTON BLAZER		Label		SMART SET
Fabric	100% COTTON, 40SX20/140X60		Color		BLACK, WHITE
Insp. category	Major	Minor	Insp. category	Major	Minor
Style			Workmanship		
■ o.k.			■ o.k.		
☐ defect			☐ defect		
☐ not inspected			☐ not inspected		
Measurement					
■ o.k.					
☐ defect					
☐ not inspected					
Fitting					
☐ o.k.					
☐ defect					
■ not inspected					
Fabric			Labeling		
■ o.k.			■ o.k.		
☐ defect			☐ defect		
☐ not inspected			☐ not inspected		
Accessories			Packing		
■ o.k.			■ o.k.		
☐ defect			☐ defect		
☐ not inspected			☐ not inspected		
Inspection Decision					(进口商签字和盖章)

[第2步] 委托工厂进行异地检报检，缮制报检委托书。

女士全棉上衣属于法定检验的商品范围（即属于《出入境检验检疫机构实施检验检疫的进出境商品目录》的商品范畴）。2015年9月26日，金桥公司寄出商业发票、装箱单、报检委托书，委托服装加工厂向青岛市出入境检验检疫局申请出口检验。

[第3步] 工厂缮制出口货物报检单（见表2-2-4-7）。

申请出口商品检验时，工厂必须填写出口商品检验申请单，并随附报检委托书、外销合同、信用证复印件、商业发票、装箱单、纸箱证等单据。

9月30日，此批货物经检验合格，青岛出入境检验检疫局出具出境货物报检单给工厂。

表2-2-4-7 出境货物报检单

报检单位（加盖公章）：				编　号	
报检单位登记号：	联系人：		电话：	报检日期：2015年9月	
发货人	（中文）青岛金桥进出口有限公司				
	（外文）QINGDAO GOLDEN BRIDGE IMP. &EXP. CO., LTD.				
收货人	（中文）				
	（外文）STYLE FIT CO., LTD.				
货物名称（中/外文）	H.S.编码	产地	数/重量	货物总值	包装种类及数量
女式全棉上衣 LADIES COTTONBLAZER	62043200.90	青岛	2 550件	USD 32 640.00	纸箱201箱
运输工具名称号码	海运	贸易方式	一般贸易	货物存放地点	工厂仓库
合同号	SDIE20150803	信用证号	84232110205	用途	外穿
发货日期	2015-10-31	输往国家（地区）	加拿大	许可证/审批号	
起运地	青岛	到达口岸	蒙特利尔	生产单位注册号	
集装箱规格、数量及号码		20英尺×1			
合同订立的特殊条款 以及其他要求		标记及号码		随附单据（划"√"或补填）	
		STYLE FIT SDIE20150803 CTN NO. MONTREAL MADE IN CHINA		☑合同 ☑信用证 ☑发票 □换证凭单 ☑装箱单 □厂检单	□包装性能结果单 □许可/审批文件
需要证单名称（划"√"或补填）				*检验检疫费	

续表

□品质证书 ___正___副	□植物检疫证书 ___正___副	总金额	
□重量证书 ___正___副	□熏蒸/消毒证书 ___正___副	（人民币元）	
□数量证书 ___正___副	☑出境货物换证凭单 ___正___副		
□兽医卫生证书 ___正___副	□	计费人	
□健康证书 ___正___副	□		
□卫生证书 ___正___副	□	收费人	
□动物卫生证书 ___正___副			

报检人郑重声明：	领取证单	
1. 本人被授权报检。		
2. 上列填写内容正确属实，货物无伪造或冒用他人的厂名、标志、认证标志，并承担货物质量责任。	日期	
签名： _____	签名	

◆国家出入境检验检疫局制

任务三　船——办理托运、报关、保险、装运

任务分解如图 2-2-4-4 所示：

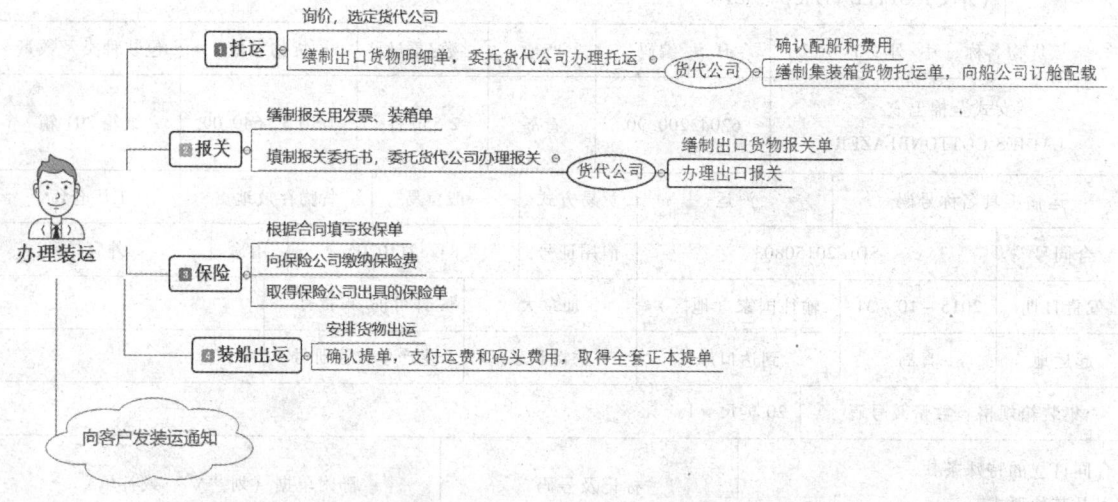

图 2-2-4-4　出口托运、报关、保险、装运任务分解

（一）办理托运

1. 选择合适的国际货运代理公司。

国际货运代理（International Freight Forwarder）的主要工作是接受委托人的委托或授权，代办各种国际贸易、货物运输所需要的业务，包括托运、提货、存仓、报检、报关和保险等环节的手续。货运代理公司简称货代公司。

2. 填写出口货物明细单。

出口货物明细单的内容包括：

（1）发货人、地址和电话。发货人是指需要出口商品的一方，即卖方。

（2）日期。此单据的填写日期。

（3）收货人、地址、电话。收货人即运输单据的抬头人，要严格按信用证中提单条款的具体规定填写。将来船公司签发的提单上相应栏目的填写会参照委托书的写法，有以下两种：

记名抬头，直接填写收货人，即进口商名称。

指示抬头，完全按照来证提单条款填写，如 TO ORDER、TO ORDER OF SHIPPER、TO ORDER OF THE COLLECTING BANK 等。

（4）通知人名称、地址、电话。填写信用证规定的提单通知人的名称及地址，通常为进口商。

（5）装运港。合同中规定的出口港。

（6）目的港。合同中规定的进口港。

（7）船名。此栏不用填，订舱后会自动生成船名。

（8）货物名称及描述。根据合同要求填写货物英文名称和英文描述。

（9）唛头。与合同相关内容一致，参照"Shipping Mark"栏。

（10）件数及单位。此栏中的件数为商品的包装数量，即我们通常说的箱数，不是合同中的销售数量。例如：出售120件羊毛衫，每箱10件，有12箱，这个12就是件数。

（11）毛重及单位。毛重是指产品的重量和包装该产品所需的包装用品的重量之和。此栏为出运产品的总的毛重。

（12）净重及单位。净重是单指产品的重量，即毛重去掉包装的重量。此栏为出运产品的总的净重。

（13）体积及单位。体积是指出运产品的总的体积。

（14）合计件数、合计毛重、合计净重、合计体积。如果一笔合同中有多个商品，此处填累加值。注意：一笔合同中可以同时交易同一商品属类的多种商品，如果这些商品的包装单位不同，合计中单位栏应填"Packages"。

（15）柜型选择和数量。此栏有拼箱和货柜两种类型可选，按照货物具体情况选择。

（16）运费金额、预付与到付。运费金额无须自己填写，待订舱后自动生成。CIF、CFR、CIP、CPT方式下选预付，FOB、FCA方式下选到付。

（17）发票、装箱单号。如有需要，可根据合同、信用证或相关单据填写。

（18）委托人名称地址、签名。填写委托人（即出口商）公司英文名称和英文地址，签名为委托人法人英文名称。

【操作示范】

［第1步］选定货代公司。

本批出口商品系采用集装箱班轮运输，故在落实信用证及备货时，金桥公司即向青岛各家货运代理公司询价，最终确定委托青岛远航国际货运有限公司（以下简称青岛远航）代为订舱，以便及时履行合同及信用证项下的交货和交单的义务。

［第2步］办理货物托运手续。

2015年10月10日，服装全部生产、包装完毕，工厂制作装箱单传真给美南公司。金桥公司根据工厂报来的装箱单，结合合同及信用证货物明细描述，开具出仓通知单，单证储运部门根据出仓通知单、工厂制的装箱单、信用证统一缮制全套的出运单据。单证储运部门将出口货物明细单（见表2-2-4-8）传真给青岛远航配船订舱，确认配船和费用。

表2-2-4-8 出口货物明细单

出口货物明细单 2015年10月10日			银行编号		外运编号	MN112SF008
			核销单号	327656966	许可证号	141252
经营单位（装船人）		QINGDAO GOLDEN BRIDGE IMP. &EXP. CO., LTD. 20*, JUFENG ROAD, QINGDAO, P. R. CHINA	合同号		SDIE20150803	
			信用证号		84232110205	
			开证日期	2015-09-01	收到日期	2015-09-03
提单或承运收据	抬头人	TO THEORDER OF BNP PARIBAS (CANADA)	金额	USD 32 640.00	收汇方式	L/C AT SIGHT
			货物性质	贸易	贸易国别	CANADA
	通知人	STYLE FIT CO., LTD. P. O. BOX 0721 NEW TERMINAL, ALTA VISTA, OTTAWA, CANADA	出口口岸	QINGDAO	目的港	MONTREAL
			可否转运	YES	可否分批	NO
	运费	FREIGHT PREPAID	装运期限	2015-10-31	有效期限	2015-11-15
标记唛头	货名规格及货号	件数	体积 CBM	毛重 KG	净重	价格 USD
						单价	总价
STYLE FIT SDIE20150803 CTN NO. MONTREAL MADE IN CHINA	LADIES COTTONBLAZER 100% COTTON, 40SX20/140X60	201CTNS	17.51	3015.00	2010.00	12.8	32640.00
	TOTAL	201CARTONS	17.51	3015KGS	2010KGS		32640.00
SAY TOTAL: TWO HUNDRED AND ONE CARTONS ONLY. （出口商盖出口货物明细专用章）							
本公司注意事项			总体积		17.51CBM	
			保险单	险别		
				保额		
				赔款地点		
外运外轮注意事项			船名			
			海关编号			
			放行日期			
			制单员			

青岛远航在确认配船和费用后，传真送货通知给金桥公司，要求金桥公司于10月15日中午前将货物运至指定仓库；

2015年10月16日，根据金桥公司提供的出口货物明细单缮制集装箱货物托运单，作为向船公司订舱配载的依据。该托运单一式数联，分别用于货主留底、船代留底、运费通知、装货单、缴纳出口货物港务费申请书、场站收据、货代留底、配舱回单、场站收据副本（大副联）等。其中比较重要的单据有：装货单（Shipping Order，S/O）和场站收据副本（Mate's Receipt，M/R）。

各联的设计和用途如下：

第1联货主留底。

第2联船代留底。此联盖有货主的公章或订舱章，船代据以缮制载货清单，船公司据以编制预配图。

第3联运费通知（1）。船代在此联上批注运价，作为船代结算部门办理运费结算的参考依据。

第4联运费通知（2）。此联作为货代向发货人办理运费结算的参考依据。

第5联装货单（Shipping Order）。此联又称场站收据副本或关单，船代在此联上盖订舱章，表示确认接受发货人的订舱申请签发给托运人的一种通知船方装货的凭证；海关凭此联接收出口报关申报，经查验合格后在此联盖海关放行章。

第5联（附页）缴纳出口货物港务申请书。此联是港区核算应收的港务费用的单据。

第6联（浅红色）场站收据副本大副联。此联为理货单据，表示大副已代表船方接收了单据上的货物，一般由理货公司签署后将此联留存。

第7联（黄色）场站收据（Dock Receipt）正本。此联又称收货单或大副收据，在货物装船后由大副签字和批注，表示所列货物已经装上船；装船结束后，船代凭此联签发已装船提单。

第8联货代留底。此联由货运代理公司留存以备查询、编制货物流向单。

第9联配舱回单（1）。配舱后交还发货人，发货人凭此联缮制提单；如果货运代理统一缮制提单，则由货代缮制提单。

第10联配舱回单（2）。根据此联回单批注修改提单。如果货运代理统一缮制提单，第9联、第10联就不用退还发货人了。

（二）办理报关

报关是指进出口货物收发货人、进出境运输工具的负责人、进出境物品的所有人或者他们的代理人向海关办理货物、物品或运输工具进出境手续及相关海关事务的过程（见图2-2-4-5）。

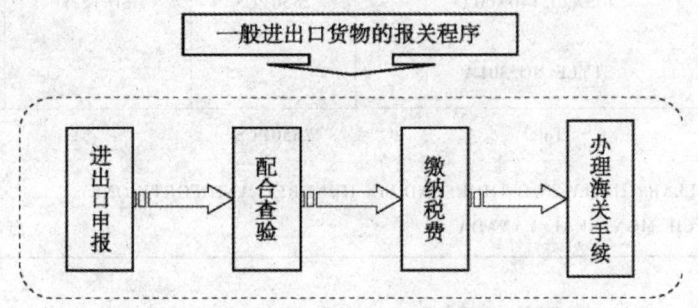

图2-2-4-5　一般进出口货物的报关程序

进出境货物的报关比较复杂。根据海关规定，进出境货物的报关应由报关员办理。进出口货物收发货人自理报关的比重较小，更多的是委托代理人代为报关，从而形成了代理报关。

办理报关需要填制、提供、核对或接触的单据有：报关单或代理报关委托协议；发票；装箱单等。

【操作示范】

10月17日，青岛巨峰公司按照出货通知的要求，将货物送至集装箱场站进行装箱。货物装箱后，集装箱被运至海关监管区域。此时在海关系统上显示该批货物有了运抵报告，可以报关了。

[第1步] 缮制报关用商业发票、装箱单（见表2-2-4-9、表2-2-4-10）。

表2-2-4-9　　　　　　　　　　商业发票

QINGDAO GOLDEN BRIDGE IMP. &EXP. CO., LTD.
20*, JUAFENG ROAD, QINGDAO, P. R. CHINA

商业发票
COMMERCIAL INVOICE

TO：NO：MN112SF008

STYLE FIT CO. LTD.　　　　　　　　　　　　　　　　　　　DATE：10.17, 2015

P. O. BOX 0721 NEW TERMINAL, ALTA VISTA, OTTAWA, CANADA

TRANSPORT DETAILS

SHIPMENT FROMQINGDAO TO MONTREAL BY VESSEL

S/C NO：SDIE20150803　　　　　　　L/C NO：84232110205

TERMS OF PAYMENT：L/C AT SIGHT

Marks and Numbers	Number and Kind of Packages/ Description of goods	Quantity	Unit Price USD	Amount USD
STYLE FIT SDIE20150803 CTN NO. MONTREAL MADE IN CHINA	CIF MONTREAL, CANADA LADIES COTTON BLAZER (100% COTTON, 40SX20/140X60) STYLE NO. 301A	2550PCS	USD 12.80	USD 32640.00
	Total：	2550PCS		USD 32640.00

SAY TOTAL：U.S. DOLLAR THIRTY TWO THOUSAND SIX HUNDRED AND FORTY ONLY.

SALES CONDITIONS：CIF MONTREAL/CANADA　　　　　　　　　　（出口商签字和盖单据章）

表 2-2-4-10　　　　　　　　　　装箱单

青岛金桥进出口有限公司
QINGDAO GOLDEN BRIDGE IMP. &EXP. CO., LTD.
PACKING LIST

TO:	STYLE FIT CO., LTD. P.O. BOX 0721 NEW TERMINAL, ALTA VISTA, OTTAWA, CANADA							INVOICE NO.:	MN112SF008
								INVOICE DATE:	2015-10-17
								S/C NO.:	SDIE20150803
								S/C DATE:	2015-08-03

FROM	QINGDAO	TO	MONTREAL
Letter of Credit No.	84232110205	Date of Shipment	2015-10-31

CTN NO.	CT-NS	DESIGNS/ COLORS	STYLE NO.	SIZE ASSORTMENT PER CARTON						PCS /CNT	TOTAL PCS /CNTS	G.W./ CTN	N.W./ CTN	MEAS./ CTN	CBM/ CTN
				10	12	14	16	18	20						
1-18	18	BLACK	301A	14						14	252	15	10	97×72×12	0.084
19-56	38	BLACK			14					14	532				
57-106	50	BLACK				13				13	650			98×76×12	0.089
107-149	43	BLACK					12			12	516				
150-174	25	BLACK						12		12	300			99×80×11	0.087
175-193	19	BLACK							12	12	228				
194	1	WHITE		11						11	11			97×72×12	0.084
195	1	WHITE			9	3				12	12				
196	1	WHITE				13				13	13			98×76×12	0.089
197	1	WHITE				3	9			12	12				
198-200	3	WHITE					4			4	12			99×80×11	0.087
201	1	WHITE						2	10	12	12				
1/201ex TOTAL	201										2,550	3,015	2,010		17.51

SHIPPING MARKS:
STYLE FIT
SDIE20150803
CTN NO.
MONTREAL
MADE IN CHINA

SALES CONDITIONS: CIF MONTREAL/CANADA
SALES CONTRACT NO.: SDIE20150803
LADIES COTTON BLAZER (100% COTTON, 40SX20/140X60)

STYLE NO.	PO NO.	QTY/PCS	USD/PC
301A	10337	2550	12.80

（出口商签字和盖单据章）

[第2步] 缮制报关委托书,并将报关委托书、商业发票、装箱单交给货代公司(有报关业务),办理委托报关

10月18日,金桥公司将报关所需的代理报关委托书及委托报关协议(见表2-2-4-11、表2-2-4-12)、出口货物报关单、出口收汇核销单、商业发票、装箱单、外销合同交付青岛远航,委托代为报关。

表 2-2-4-11　　　　　　　　代理报关委托书

代 理 报 关 委 托 书

编号:□□□□□□□□□□

我单位现 __B__ (A逐票、B长期)委托贵公司代理 __A__ 等通关事宜(A报关查验、B垫缴税款、C办理海关证明联、D审批手册、E核销手册、F申办减免税手续、G其他)。详见《委托报关协议》。

我单位保证遵守《中华人民共和国海关法》和国家有关法规,保证所提供的情况真实、完整、单货相符。否则,愿承担相关法律责任。

本委托书有效期自签字之日起至2016年10月01日止。

委托方(盖章):青岛金桥进出口有限公司

法定代表人或其授权签署《代理报关委托书》的人(签字):

2015年10月18日

表 2-2-4-12　　　　　　　　委托报关协议

为明确委托报关具体事项和各自责任,双方经平等协商签订协议如下:

委托方	青岛金桥进出口有限公司	被委托方	青岛远航国际货运代理有限公司	
主要货物名称	女式全棉上衣	*报关单编码		
HS 编码	6204320090	收到单证日期	年　月　日	
进出口日期	年　月　日		合同☑	发票☑
提单号		收到单证情况	装箱清单☑	提(运)单□
贸易方式	一般贸易		加工贸易手册□	许可证件□
原产地/货源地	青岛		其他	
传真电话		报关收费	人民币:	元
其他要求: 背面所列通用条款是本协议不可分割的一部分,对本协议的签署构成了对背面通用条款的同意。		承诺说明: 背面所列通用条款是本协议不可分割的一部分,对本协议的签署构成了对背面通用条款的同意。		
委托方业务签章:		被委托方业务签章:		
经办人签章: 联系电话: 年　月　日		经办报关员签章: 联系电话: 年　月　日		

(白联:海关留存,黄联:被委托方留存,红联:委托方留存)　　中国报关协会监制

[第3步] 货代公司缮制出口货物报关单,办理货物报关手续。

青岛远航在报关前,先上网向青岛海关进行核销单的口岸备案,并如实向海关申报成交方式(CIF),按成交方式申报成交总价、运费等,之后外汇管理局即根据实际成交方式及成交总价办理收汇核销手续。

根据报关规定的要求:货物的出口报关必须在货物进入港口仓库或集装箱整箱进入堆场后才能进行。在收到货物运抵信息后,远航公司即向海关申报。报关时填写中华人民共和国海关出口货物报关单(白色的报关联和黄色的出口退税联),并随附报关委托书、商业发票、装箱单、出口收汇核销单、出境货物通关单、装货单等单证向海关报关,海关依此份报关单(见表2-2-4-13)验货,并退回已盖章的核销单和两份报关单。

报关通过后,青岛远航安排集装箱拖货至船公司指定的码头。

表2-2-4-13　　　　　　　　　　　中华人民共和国海关出口货物报关单

预录入编号:　　海关编号:

出口口岸 青岛海关	备案号	出口日期 2015-10-31	申报日期
经营单位 青岛金桥进出口有限公司 3205944276	运输方式 2	运输工具名称 MAY FLY /19908	提运单号 COS7186112076
发货单位 青岛金桥进出口有限公司 3205944276	贸易方式 一般贸易	征免性质 一般征税	结汇方式 信用证
许可证号	运抵国(地区) 加拿大	指运港 蒙特利尔	境内货源地
批准文号	成交方式 CIF	运费 502/1 000.00/3	保费 502/3 590.40/3	杂费
合同协议号 SDIE20150803	件数 2 550	包装种类 纸箱	毛重(千克) 3 015.00	净重(千克) 2 010.00
集装箱号	随附单据 B		生产厂家
标记唛码及备注 FASHION FORCE SDIE20150803 CTN NO. MONTREAL MADE IN CHINA			

项号	商品编号	商品名称、规格型号	数量及单位	最终目的国(地区)	单价	总价	币制	征免
1	6204320090	LADIES COTTON BLAZER 100% COTTON 40SX20/140X60	2 550PCS	加拿大	USD 12.80	USD 32 640.00	USD	

续表

税费征收情况			
录入员　录入单位	兹声明以上申报无讹并承担法律责任	海关审单批注及放行日期（签章）	
报关员	申报单位（签章）	审单	审价
单位地址 20 *, JUFENG ROAD, QING-DAO		征税	统计
		查验	放行
邮编　　　电话　　　填制日期　2015 - 10 - 15			

自 2018 年 8 月 1 日起，出口货物报关单有重大修改。增加 7 项："页码/页数"、"境外收货人"、"离境口岸"、"原产国（地区）"、"报关人员证号"、"电话"、"自报自缴"（在表体商品项下方打印）；修改 4 项：原"收发货人"修改为"境内发货人"、原"出口口岸"修改为"出境关别"、原"运输工具名称"修改为"运输工具名称及航次号"、原"随附单证"修改为"随附单证及编号"；删除 2 项："录入员"、"录入单位"；位置变化 3 项："集装箱号"、"境内货源地"、"申报单位"。

（三）办理保险

在以 CIF 或 CIP 条件成交的出口贸易中，出口商须向保险公司投保运输货物保险，运输中发生货物损坏或灭失可由保险人向货主予以补偿。运输货物保险应在货物装运前向保险公司投保，取得保险人签发的保险单，即保险单的签发日期应早于运输单据的签发日期。

办理保险需要填制、提供、核对或确认的单据有：投保单、发票、装箱单、保险单（确认核对）等。

【操作示范】

金桥公司在办理货物报关的同时，向保险公司办理货物的投保手续。

[第 1 步] 根据合同缮制投保单。

投保时应填制投保单，并随附商业发票办理投保手续。在实际业务中，一些和外贸公司长期合作的保险公司，有时只需外贸公司提供商业发票，甚至可以不填制投保单，直接凭商业发票出具保险单。

[第 2 步] 缴纳保险费，取得保险单。

金桥公司缴纳保险费（保险费 = 保险金额 × 保险费率），并获得了保险公司出具的保险单（见表 2 - 2 - 4 - 14）。

（四）装船出运

海关放行货物后，出口商持经海关盖章的装箱单正本将货物运至船边或船公司指定的仓库或收货地点，船公司开始装船。货物装船时，船公司与出口商共同检查货物数量、包装等，若发现有包装不良现象，理货员将此情况记载于理货单上。装船完毕，双方在理货单上

表 2-2-4-14　　　　　　　　　　货物运输保险单

中国人民保险公司青岛市分公司
The People's Insurance Company of China QINGDAO Branch
总公司设于北京　　　一九四九年创立
Head Office Beijing　　Established in 1949

货物运输保险单
CARGO TRANSPORTATION INSURANCE POLICY

发票号（INVOICE NO.）MN112SF008　　　保险单号（POLICY NO.）QD29/GJ20151015
合同号（CONTRACT NO.）SDIE20150803
信用证号（L/C NO.）84232110205
被保险人：青岛金桥进出口有限公司
Insured：QINGDAO GOLDEN BRIDGE IMP. &EXP. CO., LTD.

中国人民保险公司（以下简称本公司）根据被保险人的要求，由被保险人向本公司缴付约定的保险费，按照本保险单承保险别和背面所载条款与下列特款承保下述货物运输保险，特立本保险单。
THIS POLICY OF INSURANCE WITNESSES THAT THE PEOPLE'S INSURANCE COMPANY OF CHINA (HEREINAFTER CALLED "THE COMPANY") AT THE REQUEST OF THE INSURED AND IN CONSIDERATION OF THE AGREED PREMIUM PAID TO THE COMPANY BY THE INSURED, UNDERTAKES TO INSURE THE UNDERMENTIONED GOODS IN TRANSPORTATION SUBJECT TO THE CONDITIONS OF THIS POLICY AS PER THE CLAUSES PRINTED OVERLEAF AND OTHER SPECIAL CLAUSES ATTACHED HEREON.

标　记 MARKS&NOS	包装及数量 QUANTITY	保险货物项目 DESCRIPTION OF GOODS	保险金额 AMOUNT INSURED
AS PER INVOICE NO. MN112SF008	201CARTONS	LADIES COTTON BLAZER （100% COTTON, 40SX20/140X60）	USD 3,590.40

总保险金额
TOTAL AMOUNT：
U.S. DOLLAR THREE THOUSAND FIVE HUNDRED AND NINETY ONLY.
保费
PERMIUM：
起运日期
DATE OF COMMENCEMENT：AS PER B/L
装载运输工具
　　PER CONVEYANCE：BY SEA
自：　　　　　　经：　　　　　至：
FROM QINGDAO VIA _____ TO MONTREAL
承保险别
CONDITIONS：
COVERING ICC（A）AS PER INSTITUTE CARGO CLAUSES DATED 2009.01.01.
所保货物，如发生保险单项下可能引起索赔的损失或损坏，应立即通知本公司下述代理人查勘。如有索赔，应向本公司提交保单正本（本保险单共有 2 份正本）及有关文件。如一份正本已用于索赔，其余正本自动失效。
IN THE EVENT OF LOSS OR DAMAGE WHICH MAY RESULT IN A CLAIM UNDER THIS POLICY, IMMEDIATE NOTICE MUST BE GIVEN TO THE COMPANY'S AGENT AS MENTIONED HEREUNDER. CLAIMS, IF ANY, ONE OF THE ORIGINAL POLICY WHICH HAS BEEN ISSUED IN TOGETHER WITH THE RELEVANT DOCUMENTS SHALL BE SURRENDERED TO THE COMPANY. IF ONE OF THE ORIGINAL POLICY HAS BEEN ACCOMPLISHED, THE OTHERS TO BE VOID.

续表

STYLE FIT CO., LTD. P. O. BOX 0721 NEW TERMINAL, ALTA VISTA, OTTAWA, CANADA	中国人民保险公司青岛市分公司 The People's Insurance Company of China QINGDAO Branch
赔款偿付地点 CLAIM PAYABLE AT <u>CANADA</u> 出单日期　　　　　　　　　　制单：H2 复核：D2 ISSUING DATE <u>OCT. 16, 2015</u>（保险公司负责人签名、保险公司盖保单专用章）	Authorized Signature

签字，船上大副依据理货单内容签发大副收据，出口商凭此大副收据向船公司换取正式提单。

货物装船后，出口商应向进口商发出装运通知，如有可能出口商可以附上相关单证的副本，以便进口商了解装船情况，做好付款和接货准备。装运通知一般包括船名、航次、开航日、装船数量与金额、船舶预计到达的时间等。装运通知一般应采取电讯方式，发出的时间应在货物全部装上运输工具以后，在实际工作中，宁早毋迟，过迟则会影响买方接货、付款的准备工作。在此应特别注意，若贸易条件为进口商投保，如 CFR、FOB 等，出口商的装运通知应充分及时，否则因出口商怠于发出装运通知，从而使进口商不能按时投保，货物在运输途中发生的灭失或损坏的风险要由出口商承担。

此环节需要填制或确认的单据有：提单（核对确认）、装船通知。

【操作示范】

金桥公司完成货物的报关手续后，将货物装船，向货代公司支付运费和码头费用后，取得海运提单，并发送已装船通知。

[第1步] 安排货物出运，确认提单、支付运费和码头费用，取得全套正本提单。

海关放行货物后，预定的班轮顺利靠岸。10月25日，货物开始装船。

在货物离港前，青岛远航传真海运提单给金桥公司确认。

金桥公司根据信用证和合同审核提单的主要内容，确认提单。

青岛远航在金桥公司付清运费和港杂费后，作为承运人中国远洋运输（集团）公司下属的中远集装箱运输有限公司的代理，签发了 COS7186112076 号的海运提单（见表2-2-4-15）。

[第2步] 发送已装船通知。

10月26日，在确定货物安全离港后，金桥公司传真已装船通知给 S. F. 公司（见表2-2-4-16）。

表 2-2-4-15　　　海运提单

1. Shipper (Name, Address and Phone) QINGDAO GOLDEN BRIDGE IMP. &EXP. CO., LTD. 20∗, JUFENG ROAD, QINGDAO, P. R. CHINA		B/L No. COS7186112076  中远集装箱运输有限公司 COSCO CONTAINER LINES ORIGINAL Port–to–Port or Combined Transport BILL OF LADING RECEIVED in external apparent good order and condition except as otherwise noted. The total number of packages or unites stuffed in the container, the description of the goods and the weights shown in this Bill of Lading are furnished by the Merchants, and which the carrier has no reasonable means of checking and is not a part of this Bill of Lading contract. The carrier has issued the number of Bills of Lading stated below, all of this tenor and date, one of the original Bills of Lading must be surrendered and endorsed or signed against the delivery of the shipment and hereupon any other original Bills of Lading shall be void. The Merchants agree to be bound by the terms and conditions of this Bill of Lading as if each had personally signed this Bill of Lading. SEE clause 4 on the back of this Bill of Lading (Terms continued on the back hereof, please read carefully). ∗ Applicable Only When Document Used as a Combined Transport Bill of Lading.		
2. Consignee (Name, Address and Phone) TO THE ORDER OF BNP PARIBAS (CANADA)				
3. Notify Party (Name, Address and Phone) (It is agreed that no responsibility shall attach to the Carrier or his agents for failure to notify) STYLE FIT CO., LTD. P. O. BOX 0721 NEW TERMINAL, ALTA VISTA, OTTAWA, CANADA				
4. Pre–carriage by	5. Place of Receipt			
6. Ocean Vessel Voy. No. MAY FLY V. 19908	7. Port of Loading QINGDAO			
8. Port of Discharge MONTREAL	9. Place of Delivery MONTREAL			
Marks & Nos. Container/Seal No.	No. of Containers or Packages	Description of Goods (If Dangerous Goods, See Clause 20)	Gross Weight (Kgs)	Measurement
STYLE FIT SDIE20150803 CTN NO. MONTREAL MADE IN CHINA MSKU2612114 / 1681316 20■■	CARTONS	SHIPPER■■S LOAD&COUNT&SEAL SAID TO CONTAINER ONLY SALES CONDITIONS: CIF MONTREAL/CANADA SALES CONTRACT NO.：SDIE20150803 LADIES COTTON BLAZER (100% COTTON, 40SX20/140X60) STYLE NO. PO NO. QTY/PCS USD/PC 46–301A　10337　　2,550　12.80 1×20 GP FCLS CY–CY CLEAN ON BOARD FREIGHT PREPAID	3,015.00KGS	17.510 M³
		Description of Contents for Shipper's Use Only (Not part of This B/L Contract)		
10. Total Number of containers and/or packages (in words) Subject to Clause 7 Limitation　　SAY TWO HUNDRED AND ONE CARTONS ONLY				
11. Freight & Charges Declared Value Charge		Revenue Tons	Rate	Per	Prepaid	Collect

Ex. Rate：	Prepaid at	Payable at	Place and date of issue QINGDAO PORT OCT. 22, 2015
	Total Prepaid	No. of Original B (s) /L THREE	Signed for the Carrier COSCO CONTAINER LINES

LADEN ON BOARD THE VESSEL (货运代理公司签字盖章)
DATE OCT. 25, 2015

青岛远航国际货运代理有限公司
2015 年 10 月 25 日

表 2-2-4-16　　　　　　　已装船通知

青岛金桥进出口有限公司
QINGDAO GOLDEN BRIDGE IMP. &EXP. CO., LTD.
20＊, JUFENG ROAD, QINGDAO, P. R. CHINA
TEL：0086-532-＊＊＊＊＊＊＊＊　FAX：0086-532-＊＊＊＊＊＊＊＊
SHIPPING ADVICE

OCT. 26, 2015

DEAR SIR,

WE ARE PLEASED TO INFORM YOUR ESTEEMED COMPANY THAT THE FOLLOWING MENTIONED GOODS WILL BE SHIPPED OUT ON THE 20th MARCH, FULL DETAILS WERE SHOWN AS FOLLOWS：

1. INVOICE：MN112SF008
2. BILL OF LADING NUMBER：COS7186112076
3. OCEAN VESSEL：MAY FLY V. 19908
4. PORT OF LOADING：QINGDAO PORT
5. DATE OF SHIPMENT：OCT. 22, 2015
6. PORT OF DESTINATION：MONTREAL
7. ESTIMATED DATE OF ARRIVAL：NOV. 25, 2015
8. DESCRIPTION OF PACKAGES AND GOODS：
SALES CONDITIONS：CIF MONTREAL/CANADA
SALES CONTRACT NO. SDIE20180803
LADIES COTTON BLAZER (100% COTTON, 40SX20/140X60)

STYLE NO.	PO NO.	QTY/PCS	USD/PC
301A	10337	2,550	12.80

9. MARKS AND NUMBER ON B/L：
STYLE FIT
SDIE20180803
CTN NO.
MONTREAL
MADE IN CHINA
10. CONTAINER/SEAL NUMBER：MSKU2612114/1681316
11. L/C NUMBER：84232110205

（出口商签字和盖单据章）

QINGDAO GOLDEN BRIDGE IMP. &EXP. CO., LTD.

任务四　款——制单结汇

任务分解如图 2-2-4-6 所示：

出口结汇是指外汇收款人将外汇卖给银行，银行按照外币的汇率支付等值的人民币。凡未有规定或未经核准可以保留现汇的经常项目项下的外汇收入必须办理结汇；凡未规定或核准结汇的资本项目项下的外汇收入不得办理结汇。

此环节需要填制、提供的单据有：汇票、发票、提单、保险单据、装箱单、产地证、托收申请、受益人证明等。

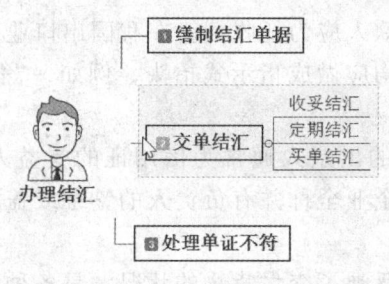

图 2-2-4-6 办理结汇任务分解

(一) 缮制结汇单据

缮制单据必须符合国际贸易惯例和有关法律法规的规定以及进出口双方的实际需要。其基本要求是正确、完整、及时、简洁和严谨。要做到：

证同一致。在以信用证为付款方式的交易中，买方开给卖方的信用证，其基本条款应该与合同内容保持一致，否则卖方应要求买方修改信用证，以维护合同的严肃性。

单证一致。银行在处理信用证业务时，应坚持严格相符的原则，卖方提供的单据，即使一字之讹，也可成为银行及其委托人拒绝付款的理由。

单单一致。国际商会 UCP600 规定：单据之间表面上互不一致者，将被认为表面上不符信用证条款。例如，货运单据上的运输标志如与装箱单上的运输标志存在差异，银行就可拒绝付款，尽管信用证上并没有规定具体的运输标志。

单货一致。单据必须真实地反映货物，如果单据上的品质、规格、数量与合同、信用证完全相符，而实际发运的货物以次充好或以假乱真，这就有悖于"重合同、守信用"的基本商业准则。尽管在信用证业务中只要单证相符，单单相符，银行就应付款。但如果所装货物不符合合同条款要求，买方在收货检验后仍然有权根据合同向卖方索赔和追偿损失。

另外，值得注意的是，处理的单据必须要与有关惯例和法规规定相符合。例如，世界各国银行在信用证业务中，绝大多数都在证内注明按照国际商会的 UCP600 来解释。银行在审单时，除非信用证另有特殊规定，都是以 UCP600 作为审单的依据。因此，在缮制单据时，应注意不要与 UCP600 的规定相抵触。

常用的结汇单据如下。

1. 汇票

出口贸易中通常使用的是跟单汇票。汇票的内容包括：

(1) 出票条款。在信用证业务中，如果信用证中有规定，则按照规定填写；如没有规定，一般包含三个内容：开证行名称、信用证号码和开证日期。采用托收方式时，一般填写的是有关销售合同的号码、签约地点和签约时间。

(2) 汇票金额和币别。除非信用证另有规定，汇票金额应与发票金额一致。当发票金额含佣金时，信用证表明发票含佣，议付时佣金须在汇票中予以扣除。汇票上的金额大、小写必须一致，汇票金额不得涂改。

(3) 付款人名称。在信用证方式下，应以开证行或其指定的付款行为付款人。若信用证中未指定付款人，应填写开证行。在托收方式时，汇票的付款人一般为国外进口商。

(4) 汇票的受款人。在信用证方式下，汇票的受款人通常为议付行或出口商的往来银行。在托收方式下,汇票的受款人应为托收行。在我国出口业务中,无论以信用证还是以托收方式结算,对外签发的汇票均应做成指示式抬头,例如,"付中国银行或其指定人"(pay to the order of Bank of China)。

(5)汇票的出票人。汇票的出票人通常为信用证的受益人。在托收方式下,一般为买卖合同的出口人。出票人应署企业全称并有负责人的签字或盖章。

2. 商业发票

商业发票简称发票,全面反映了交付货物的状况,是各种单据的中心单据,是出口人必须提供的主要的单据之一。

发票并无统一格式,但其内容大致相同,主要包括出具人名称、发票字样、抬头人名称、发票号码、合同号码、信用证号码、开票日期、装运地点、目的港(地)、唛头、货物的名称、规格、数量、包装方法、单价、总值等。有的在发票下端还印有"有错当查"(E.& O.E.)的字句。这是为了一旦发生错误或遗漏时可以进行更正或更换,但这并非必要项目。

发票内容必须符合买卖合同规定。在采用信用证支付方式时,还应与信用证的规定严格相符,不能有丝毫差异。

(1)出具人名称。发票出具人一般为出口人。在发票的顶端,通常印有出口人的名称及详细地址。在信用证方式下,上述出口人的名称及地址必须与信用证所规定的受益人的名称与地址相一致。按《UCP600》规定,除可转让信用证外,发票必须由信用证指定的受益人出具。

(2)发票抬头人名称。在信用证方式下,商业发票的抬头必须做成开证申请人(可转让信用证除外)。在托收方式下,商业发票的抬头一般为国外进口商。

(3)发票号码、合同号码、信用证号码及开票日期。发票号码由出口商统一编制,一般采用顺序号,以便查对;合同号码应如实填列;信用证号码依照信用证中列明的填制。发票的开立日期不要与运输单据的日期相距过远,且必须在信用证的交单有效期内,也不应晚于交单日。

(4)装运港(地)和目的港(地)。在符合信用证规定的前提下,应明确具体,不能含糊笼统。如遇重名的港口或城市,应加列国名或地区名称。

(5)运输标志。凡是信用证有指定唛头的,必须依照规定制唛。如未指定,出口人可自行设计。发票的唛头及件号应与运输单据和其他单据所表示的相一致。

(6)货物的名称、规格、数量与包装方法。发票上的货物名称、规格、数量与包装方法等有关货物的描述,必须与信用证要求完全相符,不能有任何差异。《UCP600》规定:商业发票上的货物描述应该与信用证中的描述一致。其他单据中货物的描述可使用与信用证中的描述不矛盾的概括性用语。

(7)单价与总值。单价和总值是发票的重要项目,必须准确计算,并且单价乘以数量应等于总值。商业发票的总金额不得超过信用证规定的金额。《UCP600》第十八条规定:商业发票必须与信用证的货币相同。

(8)各种说明。国外开来的信用证,有时要求在发票上加注特定费用金额等说明、有关文件号码与证明文句等。在缮制发票时,可将上述内容打在发票的商品描述栏内。

(9)签发人的签字或盖章。商业发票习惯上均有发货人的正式签字。但依照《UCP600》规定,商业发票无须签署。

发票的份数较多,一般正本不少于四份。其中两份随同提单等其他单据交银行议付或托收,另外两份则连同提单副本径寄进口商,以便对方做好付款赎单和收货准备。此外,还需准备副本多份,除供出口企业本身留底备查,以及在出口地报关时使用外,进口商或中间商也常要求增加提供份数,以供其记账、存查等所需。

3. 运输单据

运输单据随不同的运输方式而各异。海运提单可以由出口企业或委托运输代理制作,在货物装船后由轮船公司签署后交出口企业。提单内容包括:

(1) 海运提单的名称。在实际业务中,运输单据与其他单据一样,通常都标明单据的名称。根据《UCP600》第二十条规定,必须看似满足本条的规定,银行将接受无论名称如何的提单。例如,来证中规定为"Ocean B/L",但提交银行的为"Marine B/L",甚至是"Combined Transport B/L",只要其内容符合信用证的要求,银行也予以接受。

(2) 托运人(Shipper)。托运人一般为信用证的受益人。除非信用证另有规定,银行亦接受以信用证受益人以外的一方为托运人的海运提单,此种提单称之为第三者提单(Third Party B/L)。

(3) 收货人(Consignee)。提单中收货人栏目的缮制方法应严格依照信用证的规定。在实际业务中,提单大都依照信用证的规定做成"凭指定"(to order)或"凭托运人指定"(to order of shipper)抬头。这种提单必须经托运人背书,才可流通转让。有时信用证中规定提单应做成"凭××银行指定"(to order of ×× Bank),例如凭开证行指定。这种提单须经该银行背书后方可转让或提货。

(4) 被通知人(Notify Party)。提单上列被通知人的目的,是便于轮船公司在船货抵港前能及时通知实际购货人做好提货准备。所以提单中的被通知人通常是货物的进口人或其代理。信用证有具体规定时,应按信用证规定填制。被通知人的名称、地址必须详细,有的还要加上邮政信箱号。如是记名提单,则被通知人一栏可以不填。

(5) 提单号码(B/L No.)。为便于查核和工作联系,提单号码通常按轮船公司签发的装货单所用号码填制,并与大副收据或场站收据号码相一致。

(6) 船名及航次(Name of Vessel)。应填列货物实际所装船舶的船名及航次。

(7) 装货港、卸货港(Port of Loading,Port of Discharge)。装货港和卸货港必须具体填制,如"装货港:上海;卸货港:伦敦",而不能把装货港笼统地写成"中国港口",把卸货港写成"欧洲港口"。如需转船,且由第一程轮船公司出具转运提单,则卸货港填最后目的港,提单上列明第一程和第二程的船名。如第二程船名尚未确定,但转船港已确定,则卸货港填最后目的港,同时注明"在××港转船"(With Transhipment at ××)。如集装箱运输使用多式运输单据(Multimodal Transport Document)时,提单上除列明装货港、卸货港外,还需列明交货地(Place of Delivery)和收货地(Place of Receipt)以及第一程运输工具(Pre-carriage by)海运船名和航次(Ocean Vessel Voy. No.)。如果目的港为选择港时,应在所列的选择港前或后加注"选择"(Optional)字样。如卸货港有同名港时,则须加注国名或地区名称。

(8) 唛头(shipping mark)。按实际使用填列。信用证有规定的,应按信用证的规定,并与发票上所列相一致。

(9) 包装件数、种类与货物的描述。包装件数、种类应按实际情况填列，托盘及集装箱也可作为包装填列，裸装货应注明"××捆"（×× bundle）或"××件"（×× pieces），散装货可注明"散装"（In Bulk）字样。货物的名称，可用货物的统称，但不得与信用证中货物名称有抵触。如系危险品必须写明化学名称，注明国际海上危险品运输规则号码（MCO CODE PAGE）、联合国危险品规则号码（UNCODE No.）与危险品等级（Class No.）。冷藏货物则需注明所要求的温度。

(10) 毛重和尺码（Gross weight & Measurement）。一般以公吨作为重量单位，以立方米作为体积单位，小数要保留三位。信用证另有规定的，按信用证规定。

(11) 运费和费用（Freight & Charges）。运费和费用一栏一般只填运费的支付情况：按CFR或CIF条件达成的交易，应填"运费已预付"（Freight Prepaid）；若以FOB术语成交的出口交易，除非发货人代为支付运费，应填"运费到付"（Freight to Collect; Freight Payable at Destination）。在承租船项下的提单，一般只列明"按商定"（As Arranged）。

(12) 正本提单份数。按信用证中规定填制，并用大写数字，如"一份"（ONE），"两份"（TWO），"三份"（THREE）。如信用证中仅规定"全套"（Full Set），可按习惯填制为一式两份或三份，即请船公司或其代理人签发一式两份或三份正本提单。按《UCP600》规定，全套提单是指承运人在签发的提单上所注明的全部正本份数，包括单份正本提单。

(13) 提单日期及签发地点。已装船提单的签发日期为装船完毕日期，由轮船公司按实际装运日期填列。提单日期应不迟于信用证规定的最迟装运日。提单的签发地点应按装运地点填列。

(14) 签署。《UCP600》规定：提单必须表明承运人名称，并由承运人或其具名代理人，或者船长或其具名代理人签署。承运人，船长或代理人的任何签字必须标明其承运人，船长或代理人的身份。代理人的任何签字必须标明其系代表承运人还是船长签字。除以上主要内容外，按照信用证规定，提单有时还需加列进口许可证号、信用证号、目的港船公司代理的名称和地址等内容。

4. 保险单据

在CIF或CIP合同中，出口人在向银行或进口人收款时，提交符合买卖合同及/或信用证规定的保险单据，是其重要义务。《UCP600》第二十八条规定：暂保单将不被接受。可以接受保险单代预约保险项下的保险证明书或声明书。保险单据可以援引任何除外条款。保险单据可以注明受免赔率或免赔额（减除额）约束。当出口人办妥投保手续后，保险公司即根据投保人提供的投保单缮制保险单。

5. 包装单据

包装单据是指一切记载或描述商品包装情况的单据，也是商业发票的补充单据。不同商品有不同的包装单据，常用的有装箱单（Packing List; Packing Slip）、重量单（Weight List; Weight Note）和尺码单（Measurement List）等。

6. 产地证明书

产地证明书（Certificate of Origin）是一种证明货物原产地或制造地的文件，也是进口国海关核定进口货物应征税率的依据。

产地证明书的种类：

（1）普通产地证，又称原产地证，它是证明中国出口货物符合《中华人民共和国货物原产地规则》，确系中华人民共和国原产地的证明文件。这种文件是进口国海关对该进口货物按何种税率征收进口税的依据。可分为：出口商自己出具的产地证，生产厂商出具的产地证，出入境检验检疫局签发的产地证明书，中国国际贸易促进委员会签发的产地证明书。在实际业务中，应根据买卖合同或信用证规定，提交相应的产地证。

（2）普惠制产地证，普惠制产地证（Generalised System of Preference Certificate of Origin）是普惠制的主要单据。凡是对给予我国以普惠制关税优惠待遇的国家出口的受惠商品，须提供这种产地证，作为进口国海关减免关税的依据。其书面格式名称为"格式 A"（Form A）。但对新西兰除使用格式 A 外，还须提供格式59A 证书（Form59A）。对澳大利亚不用任何格式的产地证，只须在商业发票上加注有关声明文句即可。在我国，普惠制产地证书由出口人填制后连同普惠制产地证申请书和商业发票一份，送交出入境检验检疫局签发。

（3）自由贸易协定下的原产地证明书。比如：《亚太贸易协定》优惠原产地证书、《中国—东盟自由贸易区》优惠原产地证（FORME）、《中国—巴基斯坦自贸区》原产地证书、《中国—智利自由贸易区》原产地证书（FORMF）。

7. 检验证书

检验证书一般由国家检验检疫部门指定的检验检疫机构如设在各省、市、自治区的出入境检验检疫局出具，也可以根据不同情况和不同要求，由出口企业或生产企业出具。

8. 海关发票

海关发票（Customs Invoice）是按非洲、美洲和大洋洲等某些国家海关规定的格式，由出口商填制，供进口商凭以向进口国海关报关时用的一种特别的发票。其主要作用是作为海关估价定税，征收差别关税或反倾销税的依据，也供编制统计资料使用。

9. 其他单据

其他单证是根据信用证要求而提供的，有的是出口人自己制作，有的是其他单位应出口人要求而出具的。常见的有：

（1）寄单证明（Beneficiary's Certificate for Despatch of Documents）。

（2）寄船样证明（Beneficiary's Certificate for Despatch of Shipment Samples）。

（3）装运通知副本（Copy of Shipping Advice）。

（4）邮局收据（Post Receipt）或快递收据（Courier Receipt）。该单据须由受益人在以邮寄或快递方式对外寄出样品或单据时，向邮局或快递机构索取。

（5）有关运输方面的证明，如船籍或航程证明、船龄证明、船级证明等，受益人应向轮船公司或其代理索取。

前三种单据，均由出口人自己缮制，并无固定格式。

（二）交单结汇

1. 结汇的方式

（1）收妥结汇又称先收后付，是指议付行收到出口公司的出口单据后，经审查无误，将单据寄交国外付款行索取货款，待收到付款行将货款拨入议付行账户通知书时，即按当时外汇牌价,折成人民币拨给出口公司。目前,我国银行一般采用收妥结汇方式,尤其是对可以电汇索偿的信用证业务。

电汇索偿(T/T reimbursement),是指信用证汇总允许议付行在议付后用电报通知开证行,说明各种单证与信用证要求相符,开证行接电后有义务立即将货款用电汇拨交议付行,使出口商尽快回收货款。

(2)定期结汇是指议付行根据向国外付款行索偿所需时间,预先确定一个固定的结汇期限(7-14天不等),到期后主动将票款金额折成人民币拨交出口企业。

(3)出口押汇又称买单结汇或议付,是指议付行在审单无误的情况下,按信用证条款买入受益人(出口公司)的汇票和单据,从票面金额中扣除从议付日到估计收到票款之日的利息,将余款按议付日牌价,折成人民币拨给出口公司。议付行向受益人垫付资金,买入跟单汇票后,即成为汇票持有人,可凭票向付款行索取票款。银行同意做出口押汇,是为了对出口公司提供资金融通,有利于出口公司的资金周转。

在出口押汇方式下,出口地银行买入跟单汇票后,面临开证行自身的原因或单据的挑剔而拒付的风险。因此,目前我国银行只对符合以下条件的出口信用证业务做押汇:(1)开证行资信良好;(2)单证相符的单据;(3)可由议付行执行议付、付款或承兑的信用证;(4)开证行不属于外汇短缺或有严重政治、经济危机的国家和地区。

2. 结汇注意事项

银行审单时间。《UCP600》第十四条规定:按指定行事的指定银行、保兑行(如有的话)及开证行各有从交单次日起至多五个银行工作日用以确定交单是否相符。

受益人提交单据标准。单据应满足信用证本身条款,《UCP600》的规定以及国际标准银行实务的要求。《UCP600》规定:银行只接受清洁运输单据,清洁运输单据指未载有明确宣称货物或包装有缺陷的条款或批注的运输单据。"清洁"一词并不需要在运输单据上出现,即使信用证要求运输单据为"清洁已装船"的。单据中的数据,在与信用证、单据本身以及国际标准银行实务参照解读时,无须与该单据本身中的数据、其他要求的单据或信用证中的数据等同一致,但不得矛盾。

单证不符。单证不符时银行不接受单据。交单后如果议付银行发现单证不符,受益人应及时修改或要求申请人放弃不符点。根据《UCP600》第十六条的规定:当开证行确定交单不符时,可以自行决定联系申请人放弃不符点。当有关银行决定拒绝承付或议付时,必须给予交单人一份单独的拒付通知,该通知必须以电讯方式,如不可能,则以其他快捷方式,在不迟于自交单之翌日起第五个银行工作日结束前发出。该通知必须声明:银行拒绝承付或议付;及银行拒绝承付或者议付所依据的每一个不符点;及银行留存单据听候交单人的进一步指示;或者开证行留存单据直到其从申请人处接到放弃不符点的通知并同意接受该放弃,或者其同意接受对不符点的放弃之前从交单人处收到其进一步指示;或者银行将退回单据;或者银行将按之前从交单人处获得的指示处理。如果开证行或保兑行未能按照第十六条行事,则无权宣称交单不符。

出单日期、最迟交单日和有效期(截止日)。

(1)出单日期。《UCP600》第十四条规定:单据日期可以早于信用证的开立日期,但不得晚于交单日期。

（2）最迟交单日。信用证有明确规定的，按信用证规定时间交单，没有规定的在提单日后 21 天内交单，但都应在信用证的有效期内（截止日前）。《UCP600》第十四条规定：不迟于本惯例所指的发运日之后的二十一个日历日内交单，但是在任何情况下都不得迟于信用证的截止日。

（3）有效期（截止日）。在有效期内（截止日前）信用证为开证行的银行信用，过期则开证行的确定承诺失效。《UCP600》第六条规定：信用证必须定一个交单的截止日。规定的承付或议付的截止日将被视为交单的截止日。受益人或者代表受益人的交单应在截止日当天或之前完成。

（4）最迟交单日和截止日的顺延。根据《UCP600》第二十九条的规定：如果信用证的截止日或最迟交单日适逢接受交单的银行非因不可抗力原因而歇业，则截止日或最迟交单日，将顺延至其重新开业的第一个银行工作日。最迟发运日（装运期）不能顺延。

有关时间的起算。《UCP600》第三条规定："在或大概在（on or about）"或类似用语将被视为规定事件发生在指定日期的前后五个日历日之间，起讫日期计算在内。"至（to）"、"直至（until、till）"、"从……开始（from）"及"在……之间（between）"等词用于确定发运日期时包含提及的日期，使用"在……之前（before）"及"在……之后（after）"时则不包含提及的日期。"从……开始（from）"及"在……之后（after）"等词用于确定到期日时不包含提及的日期。

单据正副本。根据《UCP600》第十七条的规定：任何带有看似出单人的原始签名、标记、印戳或标签的单据视为正本单据，除非单据本身表明其非正本。除非单据本身另有说明，下列单据也视为正本单据：单据看似由出单人手写、打字、穿孔或盖章；或者单据看似使用出单人的原始信纸出具；或者单据声明其为正本单据，除非该声明看似不适用于提交的单据。如果信用证要求提交单据的副本，提交正本或副本均可。

（三）单证不符的处理

在出口业务中，由于种种原因造成单据不符，即单据存在不符点。如果能够修改，议付行会通知受益人及时修改，而如果受益人无法在规定期限内更正，则有下列处理方法。

（1）凭保议付。受益人出具保证书承认单据瑕疵，声明如开证行拒付，由受益人偿还议付行所垫付款项和费用，同时电请开证人授权开证行付款。

（2）表提。议付行把不符点开列在寄单函上，征求开证行意见，由开证行接洽申请人是否同意付款。接到肯定答复后，议付行即行议付。如果申请人不予接受，开证行退单，议付行照样退单给受益人。

（3）电提。议付行暂不向开证行寄单，而是用电传和传真通知开证行单据不符点。如果开证行同意付款，再行议付并寄单，若不同意，受益人可及早收回单据，设法改正。

（4）有证托收。单据有严重不符点，或信用证有效期已过，已无法利用手上的信用证，只能委托银行在向开证行寄单函中注明"信用证项下单据作托收处理"，作为区别，称为"有证托收"。而一般的托收，则称为"无证托收"。由于申请人已因单证不符而不同意接受，因此有证托收往往遭到拒付，实是一种不得已而为之的方式。

【操作示范】

根据信用证要求，金桥公司需要向议付行提交如下单据：

① 商业发票 3 份，受益人代表签名。

② 加拿大海关发票 4 份。

③ 全套正本已装船的清洁海运提单以及 2 份副本，抬头人为 "TO THE ORDER OF BNP PARIBAS (CANADA)"，显示运费预付，通知方为开证人的名称和地址。

④ 明细装箱单 3 份。

⑤ 普惠制原产地证 1 份副本（FORM A）。

⑥ 输加拿大纺织品出口许可证 1 份副本。

⑦ 受益人证明：证明装运后 5 天内，将普惠制原产地证正本、输加拿大纺织品出口许可证正本、商业发票副本、明细装箱单副本、正本提单的复印件经由快递方式直接寄送给开证人，并附快件回执。

⑧ 提供开证人的传真确认函，确认货物在装运前生产的样品由开证人认可。

⑨ 印有承运人抬头的证明，显示承运公司的名称和地址、海运提单号、集装箱号，以及本次承运人的集装箱内不含有任何原生木料制成的支撑物或托盘，以及其他任何原生木制包装材料。

⑩ 客检证正本 1 份：要求出运前 15 天用 FedEx 寄 4 件不同型号的成衣样品，经检验合格后由 S.F. 公司出具客检证。

⑪ 中国人民保险公司出具的保险单 1 份正本、1 份副本。

同时，信用证的附加条款规定：

① 如果提供的单据不符合信用证条款的规定，每个不符点收取 55 美金。

② 一切结算费用由受益人支付。

③ 本信用证的数量和金额有 3% 的溢短装。

④ 所有的单据、证明、申明必须签字及标明日期。

⑤ 如下内容仅作参考：从 1999 年 1 月 4 日开始，所有从中国运往加拿大的货物，如果包装物中含有木制成分，将被加拿大海关禁止。因为原生木质中含有一种亚洲长角甲虫。

⑥ 加拿大政府现在坚持所有进入加拿大的货物必须提供上述所有文件。

⑦ 海运提单和商业发票必须证明如下内容：集装箱内不含有任何原生木料制成的支撑物或托盘，以及其他任何原生木制包装材料。

[第 1 步] 向买方寄送要求的单据。

10 月 26 日，按照信用证要求，金桥公司将海运提单复印件、商业发票、装箱单、加拿大海关发票、普惠制原产地证用 FedEx 寄给 S.F. 公司供其作进口清关用。

[第 2 步] 缮制议付单据。

部分单据如下（见表 2-2-4-17、表 2-2-4-18）：

表 2-2-4-17　　普惠制原产地证

1. Goods consigned from (Exporter's business name, address, country) QINGDAO GOLDEN IMP. &EXP. CO., LTD. 20*, JUFENG ROAD, QINGDAO, P. R. CHINA	Reference No. GENERALIZED SYSTEM OF PREFERENCES CERTIFICATE OF ORIGIN (Combined declaration and certificate) FORM A Issued in THE PEOPLE'S REPUBLIC OF CHINA (country) See Notes overleaf
2. Goods consigned to(Consignee's name, address, country) STYLE FIT CO., LTD P. O. BOX0721 NEW TERMINAL, ALTA, VISTA OTTAWA, CANADA	
3. Means of transport and route (as far as known) SHIPMENT FROM QINGDAO TO MONTREAL BY VESSEL	4. For official use

5. Item number	6. Marks and numbers of packages	7. Number and kind of packages, description of goods	8. Origin criterion (see notes overleaf)	9. Gross weight or other quantity	10. Number and date of invoices
1	STYLE FIT SDIE20180803 CTN NO. MONTREAL MADE IN CHINA	SALES CONDITIONS: CIF MONTREAL/CANADA SALES CONTRACT NO. SDIE20180803 LADIES COTTON BLAZER (100% COTTON,40SX20/140X60) STYLE NO.　　PO NO. 301A　　　　10337 QTY/PCS USD/PC 2,550　12.80	"P"	2,550 PCS TAL:2,550 PCS	MN112SF008 OCT.17,2015

11. Certification It is hereby certified, on the basis of control carried out, that the declaration by the exporter is correct. (出入境检验检疫局或贸促会盖 FORM A 章) QINGDAO, SHANDONG OCT. 20,2015	12. Declaration by the exporter The undersigned hereby declares that the above details and statements are correct, that all the goods were produced in CHINA (country) and that they comply with the origin requirements specified for those good CANADA (importing country) (出口商签字和盖章)
Place and date, signature and stamp of certifying authority	Place and date, signature of authorized signatory

表 2-2-4-18　　　　　　　　受益人证明

青岛金桥进出口有限公司
QINGDAO GOLDEN IMP. &EXP. CO. ,LTD.
20* ,JUFENG ROAD,QINGDAO,P. R. CHINA
TEL:0086 – 532 – ********　　FAX:0086 – 532 – ********
CERTIFICATE

To:STYLE FIT CO. ,LTD.　　　　Invoice No. :MN112SF008
P. O. BOX 0721 NEW TERMINAL,
ALTA VISTA,OTTAWA,CANADA
Date:OCT. 20,2015
WE CERTIFY HEREBY THAT ORIGINAL CERTIFICATE OF ORIGIN FORM A,ORIGINAL EXPORT LICENCE,COPY OF COMMERCIAL INVOICE,DETAILED PACKING LISTS AND A COPY OF BILL OF LADING WERE SENT DIRECT TO APPLICANT BY COURIER WITHIN 5 DAYS AFTER SHIPMENT. THE RELATIVE COURIERRECEIPT IS ALSO REQUIRED FOR PRESENTATION.

[第3步] 交单议付。

根据信用证的规定，美南公司备齐了全套议付单据（全套海运提单正本、商业发票、装箱单、普惠制原产地证、受益人证明、汇票、客检证、货物运输保险单等），于11月2日向议付银行——中国银行青岛市分行交单议付。

中国银行青岛分行审核单据无误后，将本票单据通过国际快递寄交开证行加拿大蒙特利尔银行。

11月4日，蒙特利尔银行签收单据。按照《UCP600》规定，开证行收到单据后有五个银行工作日的审单时间。11月9日，蒙特利尔银行审核单据无误，向中国银行青岛分行承付了该笔款项。

11月10日，中国银行青岛分行收到款项。

11月12日，金桥公司收到银行的结汇水单，入账款项中扣除了银行的各项费用。

任务五　办理业务善后

当出口方向议付行或向开证行提交整套单据后，业务就进入了善后阶段。开证行会对出口方所提交的单据进行审核，以确定其表面上是否符合信用证条款。如果开证行对单据没有提出异议，说明出口方已得到开证行的付款保证。进口方在目的港接受货物后，本笔交易就可视为顺利完成。

货物报关出口并在财务上做销售核算后，出口商即可凭有关凭证报送所在地国家税务局（以下简称税务机关）批准退还或免征其增值税、消费税、消费税。

【操作示范】

[第1步] 撰写业务善后函。

金桥公司业务员给 S. F. 公司的业务代表 Sherry 电邮了一封善后函（见表2-2-4-19），表达谢意及继续合作的意愿。

表 2-2-4-19　　　　　　　　　　　　善后函

Dear Sherry,

We are very glad to have received USD 32,640.00 against L/C No. 84232110205 under contract No. SDIE20150803. You can be sure that the goods shipped will meet your needs just well. Needless to say, with the development of our trade relations, there will be more and topics of interest to be discussed between us. We are expecting your advice.

Since you might be aware of the new development in our product range, we are airmailing to you a copy of our latest illustrated price list. If any item interests you, please let us know.

Look forward to your favorable reply.

[第 2 步] 办理出口退税，支付巨峰服装公司货款。

11 月 10 日，金桥公司通知巨峰公司开具增值税发票。11 月 12 日，收到巨峰公司开来增值税发票记账联和抵扣联一式两份，将抵扣联去税务局认证无误后，财务支付了巨峰服装公司该笔款项。至此，该笔业务顺利结束。

子项目二　履行进口合同

合同履行中买方的基本义务是，按照合同的规定支付价款、收取货物。

我国进口业务中，多采用 FOB 贸易术语、T/T 及信用证支付方式。按此方式达成的进口合同，其履行环节包括对外预付货款、开立信用证、办理进口运输和保险、审核进口单据、对外付款、进口报关、进口报验、提货以及处理索赔、业务善后等。

根据 FOB、L/C 进口业务的流程和内容，分解五项工作任务，如图 2-2-4-7 所示：

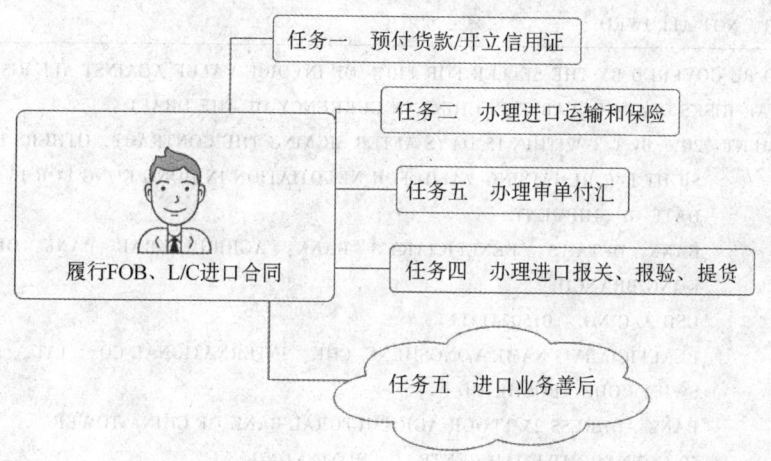

图 2-2-4-7　FOB、L/C 进口合同履行任务分解

【项目导入】

一笔 FOB 条件、T/T 预付与 L/C 结合付款的进口合同履行

2012 年 9 月 28 日，青岛运豪经济发展有限公司（以下简称青岛运豪）的业务员张丽与永盛（香港）国际有限公司签订了一份棉纱进口合同（见表 2-2-4-20）。合同规定：合

同签订后15日内预付20%货款,其余80%货款采用即期不可撤销议付信用证方式结算。

表2-2-4-20   进口合同

YONGSHENG (HK) INTERNATIONAL CO., LTD.
RM1616, 16F, TOWER 2, LIPPO CENTRE
NO. 89 QUEENSWAY, ADMIRALTY, HK.
TEL 852-27765228 FAX 852-29949699

SALES CONTRACT

DATE SEP. 28TH, 2012
CONTRACT NO. MS-1042
THE BUYER QINGDAO YUNHAO ECONOMICAL DEVELOPMENT CO., LTD.
　　ROOM 1102, KAIXUAN GARDEN NO. 1 XIANXIALING ROAD,
　　QINGDAO CHINA
　　TEL: 0086-532-88966366　　　　FAX: 0086-532-88966355

NAME OF COMMODITY: 100% COTTON YARN NE 16/1 CARDED WEAVEN FOR TOWEL (FIVE STAR BRAND)
　　　　　　　　　　ORIGIN: TURKMENISTAN
QUANTITY: 17,415.20 KGS (1×40 FT HC)
PACKING: STANDARD EXPORT PACKING
UINT PRICE: AT USD 2.87 PER KG FOB MERSIN, TURKEY
TOTAL AMOUNT: USD 49,981.62
TIME OF SHIPMENT: NOT LATER THAN NOV. 30, 2012
PORT OF SHIPMENT: MERSIN, TURKEY
PORT OF DESTINATION: QINGDAO, CHINA
PARTIAL SHIPMENT: NOT ALLOWED
TRANSSHIPMENT: NOT ALLOWED

INSURANCE: TO BE COVERED BY THE SELLER FOR 110% OF INVOICE VALUE AGAINST ALL RISKS AND
　　　　　　WAR RISKS CLAIM PAYABLE IN CHINA IN CURRENCY OF THE DRAFT.
TERMS OF PAYMENT: 20% By T/T WITHIN 15 DAYS AFTER SIGNING THE CONTRACT, OTHERS BY IRREVOCABLE
　　　　　　SIGHT L/C REMAINING VALID FOR NEGOTIATION IN HONG KONG FOR 15 DAYS AFTER THE
　　　　　　DATE OF SHIPMENT.
　　　　　　BANK DETAILS: BENEFICIARY'S BANK: AGRICULTURAL BANK OF CHINA HONG
　　　　　　KONG BRANCH
　　　　　　USD A/C NO.: 0150241411
　　　　　　BENEFICIARY'S NAME YONGSHENG (HK) INTERNATIONAL CO., LTD.
　　　　　　SWIFT CODE ABOCHKHH
　　　　　　BANK ADDRESS 25/FLOOR AGRICULTURAL BANK OF CHINA TOWER,
　　　　　　50 CONNAUGHT ROAD CENTRAL, HONG KONG
　　　　　　TEL NO. 2861 8000
BUYER: QINGDAO YUNHAO ECONOMICAL DEVELOPMENT CO., LTD.

SELLER

任务一 预付货款与申请开立信用证

任务分解如图2-2-4-8所示。

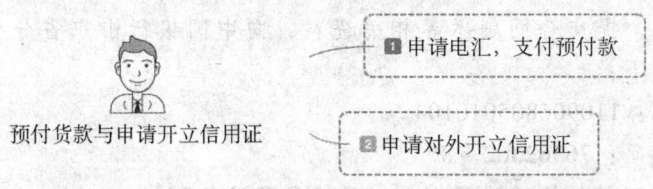

图2-2-4-8 预付货款与申请开立信用证任务分解

(一) 预付货款的程序

预付货款的要点是填写境外汇款申请书。

境外汇款申请书一般至少有两联：一联为申请书正本，作为付款凭证；另一联为汇款回执或汇款收据，银行受理汇款后，退还汇款人做收条或会计凭证。例如，中国银行的《境外汇款申请书》是一式五联，第一联是银行留存联，第二联是外汇管理局留存联，第三联是申报主体留存联，第四联和第五联是银行留存联。

电汇、信汇和票汇三种汇款方式下，汇款人填写汇款申请书时，除汇款种类选择不同外，其他填写的内容都一样。

(二) 对外开立信用证的程序

开证申请书是银行开具信用证的依据，是开证申请人与开证行之间的有关开立信用证的权利与义务的契约。开证申请书通常一式三份（一份银行结算部门留存，一份银行信贷部门留存，一份开证申请人留存），由银行专门印发，在填写时必须按合同条款的具体规定，写明对信用证的各项要求。

为了最大限度地规避风险，银行除开证申请书外，还会要求开证申请人提供其他相关资料。首次到银行办理进口开证手续的企业应提交营业执照副本、企业有权从事外贸经营活动的文件原件、法人代表授权书、被授权人的签样、外汇局备案表等。有长期业务的上述资料不用提交，只提交进口合同、购汇/用汇申请书（如果需要的话）、代理合同（如果有的话）、进口许可证（如果需要的话）等，向开证行申请开立信用证。

【业务链接】中国银行对外开立信用证提交材料与业务流程

在向银行递交开证资料的同时，还须按照事先约定的金额向银行支付开证保证金，其比例为开证金额的0—100%不等，该比例主要取决于开证申请人的信用，银行会根据开证申请人信用状况对其给予一定的授信额度，并且在申请开证时，还要支付一定金额的开证手续费，通常为开证金额的1.5%。

开证行根据开证申请书将信用证开立出来以后，向开证申请人发送"客户确认开证通知书"请其确认是否有误。如果没有问题，开证申请人加盖预留印鉴章并传真给开证行，确认开证无误。

【操作示范】

[第1步] 申请电汇，支付预付款。

2012年10月12日，青岛运豪的业务员张丽根据进出口合同资料填写境外汇款申请书（见表2-2-4-21），提交合同副本等相关资料，向中国银行山东省分行办理预付货款手续。其他业务资料如下：

企业人民币账号：110906805010104

对公组织机构代码：76362362-8

收款人常驻国家（地区）名称及代码：HONG KONG 344

交易编码及交易附言：101010   GENERAL TRADE

表2-2-4-21　　　　　　　　境外汇款申请书

APPLICATION FOR FUNDS TRANSFERS (OVERSEAS)

TO: BANK OF CHINA, SHANDONG BRANCH		DATE: OCT. 12, 2012		
□√电汇 T/T □票汇 D/D □信汇 M/T		发报等级 Priority	□√电汇 Normal □电汇 Urgent	
申报号码 BOP Reporting No.		□□□□□□ □□□□ □□ □□□□□□ □□□□		
20　　银行业务编号 Bank Transaction Ref. No.			收电行/付款行 Receiver/Drawn on	
32A　　汇款币种及金额 　　　　Currency&Inter-bank Settlement Amount		USD 9,996.32	金额大写 Amount in Words	U. S. DOLLARS NINE THOUSAND NINE HUNDRED AND NINTY SIX POINT THREE TWO ONLY
其中	现汇金额 Amount FX		账号 Account No.	
	购汇金额 Amount of Purchase	USD 9,996.32	账号 Account No.	110906805010104
	其他金额 Amount of Others		账号 Account No.	
50A　　汇款人名称及地址 　　　　Remitter's Name & Address		QINGDAO YUNHAO ECONOMICAL DEVELOPMENT CO., LTD. ROOM 1102, KAIXUAN GARDEN NO.1 XIANXIALING ROAD, QINGDAO CHINA		
□√对公组织机构代码 Unit Code 76362362 - 8		□对私	□个人身份证号码 Individual ID No. □中国居民个人 Resident Individual □中国非居民个人 Non-Resident Individual	
54/56a　　收款银行之代理行名称及地址 　　　　Correspondent of Beneficiary's Banker Name & Address				

续表

57a 收款人开户银行名称及地址 Beneficiary's Bank Name & Address	收款人开户银行在其代理行账号 Beneficiary's Bank Account No. AGRICULTURAL BANK OF CHINA HONG KONG BRANCH 25/FLOOR AGRICULTURAL BANK OF CHINA TOWER, 50 CONNAUGHT ROAD CENTRAL, HONG KONG		
59a 收款人名称及地址 Beneficiary's Name & Address	收款人账号 Beneficiary's Account No.　0150241411 YONGSHENG (HK) INTERNATIONAL CO., LTD.		
70　汇款附言 Remittance Information	只限140个字位 Not Exceeding 140 Characters MS - 1042 20%	71A　国内外费用承担 All Bank's Charges if Any Are to Be Bone By ☑汇款人 OUR　□收款人 BEN　□共同 SHA	

收款人常驻国家（地区）名称及代码
Beneficiary Resident Country/Region Name & Code　　HONGKONG
　　　　　　　　　　　　　　　　　　　　　　　　　　　　　　　　344

请选择：☑预付货款 Advance Payment　□货到付款 Payment against Delivery　□退款 Refund　□其他 Others

交易编码 BOP Transaction Code	101010 □□□□□□	相应币种及金额 Currency & Amount	USD 9,996.32	交易附言 Transaction Remark	GENERAL TRADE
是否为进口核销项下付款	☑是 □否	合同号	MS - 1042	发票号	YS - 1420/12
外汇局批件/备案表号			报关单经营单位代码		□□□□□□□□□
报关单号		报关单币种及总金额		本次核注金额	
银行专用栏 For Bank Use Only		申请人签章 Applicant's Signature		银行签章 Bank's Signature	
购汇汇率 Rate @		请按照贵行背页所列条款代办以上汇款并进行申报 Please effect the upwards remittance subject to the conditions overleaf			
等值人民币 RMB Equivalent					
手续费 Commission					
电报费 Cable Charges				核准人签字 Authorized Person	
合计 Total Charges				日期 Date	
支付费用方式	□现金 by Cash □支票 by Check □账户 from Account	申请人姓名　张丽 Name of Applicant 电话 1357382××× Phone No.			
核印 Sig. Ver		经办 Maker		复核 Checker	

[第 2 步] 申请开证。

2012 年 10 月 12 日，青岛运豪的业务员张丽根据合同资料填写开证申请书（见表 2－2－4－22），在背面的开证承诺书上签字、盖章，提交包括合同副本等相关资料，向中国银行山东省分行提出开证申请，并支付给开证行 20% 金额的开证保证金和 1.5% 的开证手续费。2012 年 10 月 15 日，中国银行山东省分行将信用证开立出来以后，将客户确认开证通知书传真给青岛运豪，业务员张丽审核无误后加盖公司印章并回传给中国银行山东省分行。

表 2－2－4－22　　　　　　　　信用证开证申请书

IRREVOCABLE DOCUMENTARY CREDIT APPLICATION

To: BANK OF CHINA SHANDONG BRANCH　Date　OCT. 12, 2012

Please issue by SWIFT an Irrevocable Letter of Credit as follows:

Advising Bank (if blank, at your option)	Credit No. Expiry Date and Place DEC. 15, 2012 IN BENEFICIARY'S COUNTRY
Applicant (full name & detailed address) QINGDAO YUNHAO ECONOMICAL DEVELOPMENT CO., LTD. ROOM 1102, KAIXUAN GARDEN NO. 1 XIANXIALING ROAD, QINGDAO CHINA	Beneficiary (with full name and address) YONGSHENG (HK) INTERNATIONAL CO., LTD. RM1616, 16F, TOWER 2, LIPPO CENTRE NO. 89 QUEENSWAY, ADMIRALTY, HK.
Amount (in figures & words) USD 399, 85. 30 U. S. DOLLARS THIRTY NINE THOUSAND NINE HUNDRED AND EIGHTY FIVE POINT THREE ZERO ONLY	Credit available with (×) any bank　　( ) issuing bank By ( ) sight payment (×) negotiation ( ) deferred payment ( ) acceptance Draft at　SIGHT 　　for　80　% of invoice value 　　Drawn on　ISSUING BANK
Partial shipments　　Transshipment ( ) allowed　　　　( ) allowed (×) not allowed　　(×) not allowed (×) FOB　( ) CFR　( ) CIF ( ) or other terms	

Loading on board /dispatch/taking in charge at/ from　MERSIN, TURKEY
For transportation to　QINGDAO CHINA
Latest shipment date　NOV. 30, 2012

Documents required: (marked with " × "):

(×) Signed Commercial Invoice in　3　copies indicating L/C No. and Contract No. (Photo copy and carbon copy not acceptable as original)

(×) Full set (included　3　original and　3　non－negotiable copies) of clean on board Ocean Bill of Lading made out to order and blank endorsed, marked "freight　COLLECTED　" and notifying　APPLICANT　.

(·) Air Waybills consigned to applicant marked "freight　　　" and notifying　　　.

( ) Full set (included　　original and　　non－negotiable copies) of Insurance Policy/Certificate for　　% of the invoice value, blank endorsed, showing claims payable in China in the currency of the draft, covering ( ) ocean marine transportation ( ) air transportation ( ) overland transportation All risks and War risks and　　　　.

续表

(×) Packing List/Weight Memo in   3   copies indicating quantity, gross and net weight of each package.
(×) Certificate of Quantity/Weight in   3   copies issued by beneficiary indicating the actual surveyed quantity/weight of shipped goods.
(×) Certificate of Quality in   3   copies issued by beneficiary.
( ) Beneficiary's Certified copy of fax / telex dispatched to the applicant within day (s) after shipment advising ( ) L/C No., ( ) name of vessel, ( ) flight No., ( ) shipping date, ( ) name of goods, ( ) quantity, ( ) weight and value of goods.
( ) Beneficiary's Certificate certifying that extra copies of documents have been dispatched according to the contract terms.
( ) Shipping Co.'s Certificate attesting that the carrying vessel is chartered or booked by applicant or their shipping agents.
( ) Other documents, if any
CERTIFICATE OF ORIGIN ISSUED AND SIGNED BY ANY THE OFFICIAL AUTHORITY IN 1 ORIGINAL AND 1 COPY INDICATING CONSIGNEE AND HS CODE NO.

Description of goods or services:
100% COTTON YARN NE 16/1 CARDED WEAVEN FOR TOWEL (FIVE STAR BRAND)
UINT PRICE: AT USD 2.87 PER KG FOB MERSIN, TURKEY
QUANTITY: 17,415.20KGS
PACKING: STANDARD EXPORT PACKING

Additional instructions:
(×) All banking charges outside the Issuing Bank are for account of Beneficiary.
(×) Documents must be presented within   15   days after date of issuance of the transport document but within the validity of the credit.
(×) Third party as shipper is not acceptable. Short Form/Blank Back B/L is not acceptable.
(×) Both quantity and Credit amount   10   % more or less are allowed.
( ) Prepaid freight drawn in excess of L/C amount is acceptable against presentation of original charges voucher issued by Shipping Co./Air Line/or it's agent.
( ) All documents to be forwarded in one cover, unless otherwise stated above.
(×) Other terms and conditions, if any
ALL GOODS WHICH ARE SENT IN ONE DELIVERY DATE MUST BE INDICATED IN ONE B/L.
Account No.:
with ____ (name of bank)
Transacted by:
Telephone No.: (Applicant: name, signature of authorized person)

(with seal)

任务二　办理运输和保险

任务分解如图 2-2-4-9 所示。

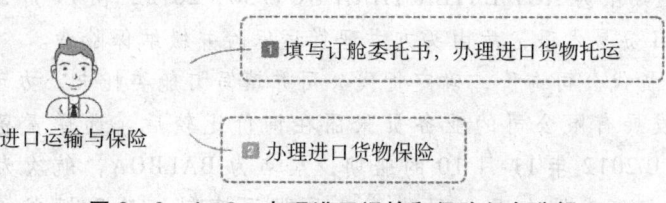

图 2-2-4-9　办理进口运输和保险任务分解

（一）进口货物运输的程序

（1）向承运人咨询运价、船期等。

（2）承运人回复进口商的询价，进口商进行比较后从中选择适当承运人承运此批货物。

（3）进口商向选定的承运人提出订舱申请，确定海运运费等费用，同时提交订舱委托书，载明国外供货人等详细资料。承运人接受订舱后在配舱回单上加注订舱船名、航次等信息，将配舱回单等单据返还进口商。随后，承运人开具海运发票，进口商将海运运费支付给承运人。

（4）进口商在订舱完成后，向出口商发出 FOB 货载订舱指令，通知进口商货物订舱情况。

（5）承运人接受进口商订舱后，通知其在出口国装货港的代理有关订舱情况及出口商的详细资料。

（6）承运人的代理与出口商联系，并将出口商备货情况反馈给承运人，承运人再反馈给进口商。

（7）进口商在出口商备货全过程中，应与承运人或其代理保持联系，及时掌握货运动态，解决突发事件。

（8）出口商完成交货后，向进口商发出装船通知。

（二）进口货物运输保险的程序

在 FOB 和 CFR 术语下，进口商的投保有以下两种方式：

（1）预约保险。在进口货物未装运前，进口商与保险公司签订进口货物预约保险合同，进口商在确定货物起运日期时，将船名、开航日期及航线、货物品名及数量、保险金额等项内容及时通知保险公司，即视为向保险公司办理了投保手续，保险公司就应负自动承保责任。

（2）逐笔保险。进口商在确定货物起运日期时，填写投保单，向保险公司进行逐笔投保。

进口货物运输保险的操作流程如下：

（1）进口商在拟定航次船舶到达装运港完成装货前，向保险公司申请投保，填写投保单。如果采用预约保险，进口商在确定货物起运日期时，将船名、开航日期及航线、货物品名及数量、保险金额等内容，及时通知保险公司。

（2）保险公司人员审核投保单后缮制保险单。

（3）保险公司对该笔业务核保，收取保险费，并向进口商发放保险单。

【操作示范】

本合同规定装运期限为 NOT LATER THAN NOV. 30, 2012，在 11 月 30 日之前买方将舱位定好。因采用 FOB 贸易术语，故由买方办理货运保险并缴纳保险费。

［第 1 步］比较货代公司询价，确定货代公司并填写订舱委托书，办理托运手续。

青岛运豪经济发展有限公司的业务员张丽在询价比较后，选择青岛环球国际货运代理有限公司代理 APL 2012 年 11 月 10 的船期，船名为 BALBOA，航次为 286。2012 年 10 月 29 日，青岛运豪经济发展有限公司的业务员张丽填制订舱委托书（见表 2－2－4－

23），并加盖公章，交给青岛环球国际货运代理有限公司。张丽在接到货代的配载回单之后，制作货载订舱指令（见表2-2-4-24），并向永盛（香港）国际有限公司发出货物订舱指令。

表2-2-4-23　　　　　　　　　　订舱委托书

Shipper　　OCT. 29, 2012
YONGSHENG（HK）INTERNATIONAL CO., LTD.
RM1616, 16F, TOWER 2, LIPPO CENTRE, NO. 89 QUEENSWAY, ADMIRALTY, HK.
Consignee：
TO ORDER
Notify Party：
QINGDAO YUNHAO ECONOMICAL DEVELOPMENT CO., LTD.
ROOM 1102, KAIXUAN GARDEN NO. 1 XIANXIALING ROAD, QINGDAO CHINA
Pre-carriage by：　　　　　Place of Receipt：
Ocean Vessel：　Voy. No.　　Port of Loading：
BALBOA　　　　286　　　　MERSIN, TURKEY
Port of Discharge：　Port of Delivery：　Final Destination for the Merchant's Reference：
QINGDAO, CHINA

Seal No. Marks & Nos.	No. of cntrs. or Packages	Kind of Packages, Description of Goods	Gross Weight	Measurement
1×40'HC	45SACKS	100% COTTON YARN NE 16/1 CARDED WEAVEN FOR TOWEL (FIVE STAR BRAND) FREIGHT COLLECTED	17,460.20 KGS	
TOTAL NO. OF CONTAINERS OR PACKAGES (IN WORDS)		SAY FORTY FIVE SACKS ONLY		
	Container No.　Seal No.　Pkgs		Container No.　Seal No.　Pkgs.	

FREIGHT & CHARGES	Prepaid at：	Payable at QINGDAO, CHINA	Place and date of Issue： MERSIN, TURKEY NOV. 10, 2012
	Total prepaid	No. of Original B(s)/L THREE	BOOK APPROVED BY：

表 2-2-4-24　　　　　　　　　　　货物订舱指令

DEAR SIRS,
WE ARE PLEASED TO INFORM YOU THAT WE HAVE BOOKED SPACE ACCORDING TO CONTRACT NO. MS – 1042 COVERING 100% COTTON YARN NE 16/1 CARDED WEAVEN FOR TOWEL (FIVE STAR BRAND), ESTIMATED TIME OF DEPARTURE FROM MERSIN, TURKEY ON NOV. 10, 2012 VIA BALBOA V. 286, THE CARRIER IS APL.

FORWARDER AGENCY IN MERSIN, TURKEY:
MERSIN WORLDWILD INTERNATIONAL FREIGHT FORWARDING CO., LTD.
ADDRESS: 152 – 33 MERSIN, TURKEY
CONTRACT PERSON: JOHN
TEL: 0090 – 24 – 4571230
FAX: 0090 – 24 – 4571233
PROPER ARRANGEMENTS OF SHIPMENT WILL BE APPRECIATED.
BEST REGARDS,
ZHANG LI

[第 2 步] 办理货物保险。

要点：与保险公司签订预约保险合同。

青岛运豪接到青岛环球国际货运代理有限公司发出的装船通知，然后转发给中国人民保险公司山东分公司，保险公司根据进口货物运输预约保险合同（见表 2-2-4-25）的规定自动接受投保。

表 2-2-4-25　　　　　　　　　　　预约保险合同

进口货物运输预约保险合同

合同号：OP45678 2012 年 11 月 8 日
甲方：青岛运豪经济发展有限公司　　　乙方：中国人民保险集团山东分公司

双方就进口货物的运输预约保险拟定下列各条以资共同遵守：

一、保险范围

甲方从国外进口全部货物，不论运输方式，凡贸易条件规定由进口商办理保险的，都属于本合同范围之内。甲方应根据本合同规定，向乙方办理投保手续并支付保险费。

二、保险金额

保险金额以货物的到岸价格（CIF），即货价加运费加保险费为准（运费可用实际运费，亦可由双方协定一个平均运费率计算）。

三、保险险别和费率

各种货物需要投保的险别由甲方选定并在投保单中填明。乙方根据不同的险别规定不同的费率。现暂定如下：

货物种类	运输方式	保险险别	保险费率
棉纱	海运	一切险加战争险	0.88%

四、保险责任

各种险别的责任范围，按照所属乙方制定的"海洋运输货物保险条款""海洋运输货物战争险条款""海运进口货物国内转运期间保险责任扩展条款""航空运输一切险条款"和其他有关条款的规定为准。

五、投保手续

续表

甲方一经掌握货物发运情况，即应向乙方寄送起运通知书，办理投保。通知书一式五份，由保险公司签认后，退回一份。如不办理投保，货物发生损失，乙方不予理赔。

六、保险费
乙方按照甲方寄送的起运通知书照前列相应的费率逐笔计收保费，甲方应及时付费。

七、索赔手续和期限
本合同所保货物发生保险责任范围内的损失时，乙方应按制定的"关于海运进口保险货物残损检验的赔款给付方法"和"进口货物施救整理费用支付方法"迅速处理。甲方应尽力采取防止货物扩大受损的措施，对已遭受损失的货物必须积极抢救，尽量减少货物的损失。向乙方办理索赔的有效期限，以保险货物卸离海港之日起满一年终止。如有特殊需要可向乙方提出延长索赔期。

八、合同期限
本合同自 2012 年 11 月 8 日生效。

甲方：青岛运豪经济发展有限公司　　　　乙方：中国人民保险集团山东分公司
签字（盖章）：　　　　　　　　　　　　签字（盖章）：

任务三　办理审单付汇

任务分解如图 2-2-4-10 所示。

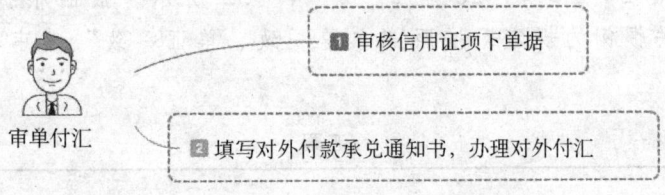

图 2-2-4-10　办理对外审单付汇任务分解

在信用证支付方式下，开证行和开证申请人审单无误后，就可以按照信用证规定进行对外付款操作了。

（一）开证行审单和付款

开证行对通过议付行交来的单据在收到单据次日起 5 个银行工作日内进行审核以作出付款或拒付的决定，审单时主要看单据的种类、份数和内容是否符合信用证的规定，是否符合《UCP600》与《审核跟单信用证项下单据的国际标准银行实务》（ISBP）的相关规定。

如果单据符合信用证条款且单单一致，开证行则向寄单行付款/承兑。不一致时，有下面的做法：

一种是开证行可以在规定时间内作出拒付通知，在拒付通知中列明拒收单据的所有不符点并且说明是否留存单据或已将单据退还；

另一种是开证行可以联系开证申请人，若开证申请人接受不符点，由申请人付款赎单，这样做不能延长《UCP600》规定的 5 个银行工作日，所以我国的开证行一般是复印一份连同进口信用证到单通知书交给申请人，限其 3 天内做出答复，以便开证行有时间对外发出通知。

(二) 开证申请人审单及付款赎单

开证申请人在收到开证行转来的进口信用证到单通知书及复印的单据后，应对单据认真审核，因为开证行的审单是表面的，单据上记载的货物是否与合同一致，单据是否是伪造的，银行都不负责任，但是这对开证申请人却是非常重要的，因此要认真审核把关。开证申请人的审单除了上述银行审单要注意的事项外，还要按照行业做法与商品特性来审查单据的真伪，必要时根据提单通过委托代理人进行船情调查来确认货物装运的实际情况再付款。如果开证申请人拒付货款，则应该在进口信用证到单通知书上明确表示拒绝接受并列出不符点，加盖全套财务专用章或其他约定印章，在银行规定的期限内返还给银行。对于开证行及自行审出的不符点，开证申请人应慎重对待，视不符点性质及各方面情况来确定接受或拒绝。如果开证申请人决定付款赎单，必须填写对外付款/承兑通知书，附上进口合同、跟单信用证开证申请书、银行已受理的开证申请回执、进口付汇备案表（若需要的话）、进口许可证或登记表、进口证明（若需要的话），按即期或远期规定的付款日或之前委托开证行以购汇或现汇方式支付货款。

【操作示范】

［第1步］收到银行到单通知，审核信用证项下单据。

2012年12月1日，张丽收到中国银行山东省分行的到单通知以及其他单据的复印件，具体单据如表2-2-4-26至2-2-4-32所示。张丽根据信用证条款以及《UCP600》等有关惯例的规定，按照"单单一致、单证一致"的审单原则，对进口单据进行审核。

表 2-2-4-26　　　　　　　　　　　　　汇票

No. YS-1402/12　　　　　HONG KONG,　　　NOV. 11, 2012

EXCHANGE FOR　　USD 39,985.30

At　***　sight of this FIRST OF EXCHANGE (Second of the same tenor and date unpaid) Pay to the order of　AGRICULTURAL BANK OF CHINA HONG KONG BRANCH

the sum of　U. S. DOLLARS THIRTY NINE THOUSAND NINE HUNDRED AND EIGHTY FIVE POINT THREE ZERO ONLY

　　　　　　　　　　　Value received Drawn under　BANK OF CHINA SHANDONG BRANCH　L/C

NO. LC1065712002428

DATED OCT. 15, 2012

To: BANK OF CHINA SHANDONG BRANCH

on behalf of
CHUSHENG (HK) INTERNATIONAL CO., LIMITED
永盛（香港）国际有限公司

Authorised Signature(s)

表 2－2－4－27　　　　　　　　商业发票

YONGSHENG (HK) INTERNATIONAL CO., LTD.
RM1616, 16F, TOWER 2, LIPPO CENTRE, NO. 89 QUEENSWAY, ADMIRALTY, HK.
COMMERCIAL INVOICE

HONG KONG, NOV. 01, 2012

INVOICE NO. YS－1402/12

INVOICE OF　　　45 SACKS ONLY
SHIPPED PER APL BALBOA VOG. 286　　ON OR ABOUT　　NOV. 10, 2012
FROM　　MERSIN, TURKEY　　　　TO　　　　QINGDAO, CHINA
FOR ACCOUNT AND RISK OF OF MESSRS: QINGDAO YUNHAO ECONOMICAL DEVELOPMENT CO., LTD. ROOM 1102, KAIXUAN GARDEN NO. 1 XIANXIALING ROAD, QINGDAO CHINA
BY THE UNDERSIGNED AGAINST　　　　CONTRACT NO. MS－1402

MARKS & NOS.	COMMODITY	UINT PRICE	AMOUNT
1 × 40'HC	100% COTTON YARN NE 16/1 CARDED WEAVEN FOR TOWEL FOB MERSIN （FIVE STAR BRAND） ORIGIN: TURKMENISTAN PACKING: STANDARD EXPORT PACKING QUANTITY: 17, 415. 20KGS SAY UNITED STATES DOLLARS FORTY NINE THOUSAND NINE HUNDRED AND EIGHTY ONE POINT SIX TWO ONLY PAYMENT TERMS: 20% BY T/T WITHIN 15 DAYS AFTER SIGNING THE CONTRACT 80% BY IRREVOCABLE SIGHT L/C DRAWN UNDER L/C NO. LC1065712002428 ISSUED BY BANK OF CHINA SHANDONG BRANCH QINGDAO CN DATED 121015	FOB MERSIN USD 2. 87 PER KG	<u>USD 49, 981. 62</u> <u>USD 49, 981. 62</u>

E. & O. E

表 2-2-4-28　　　　　　　　海运提单

BILL OF LADING

SHIPPER (FULL NAME AND ADDRESS) YONGSHENG (HK) INTERNATIONAL CO., LTD. RM1616, 16F, TOWER 2, LIPPO CENTRE NO. 89 QUEENSWAY, ADMIRALTY, HK.		BOOKING NO. 800920068	B/L NO. APLU800920068
CONSIGNEE TO ORDER		EXPORT REFERENCE	
NOTIFY PARTY (FULL NAME AND ADDRESS) QINGDAO YUNHAO ECONOMICAL DEVELOPMENT CO., LTD. ROOM 1102, KAIXUAN GARDEN NO.1 XIANXIALING ROAD, QINGDAO CHINA		FORWARDING AGENT	
INITIAL CARRIAGE	PLACE OF RECEIPT MERSIN, TU	POINT AND COUNTRY OF ORIGIN OF GOODS MERSIN, TU	
EXPORT CARRIER (VESSEL, VOG. &FLAG) APL BALBOA 286	PORT OF LOADING MERSIN, TU	ALSO NOTIFY (NAME AND FULL ADDRESS/DOMESTIC, ROUTING/EXPORT INSTRUCTIONS)	
PORT OF DISCHARGE QINGDAO, CHINA	PLACE OF DELIVERY QINGDAO, CHINA		

EXCESS VALUATION PLEASE REFER TO CLAUSE 7 iii ON REVERSE SIDE
PARTICULARS FURNISHED BY SHIPPER

MARKS NO. & CONTAINER NO.	NO. OF PKGS	DESCREPTION OF PKGS AND GOODS	GROSS WEIGHT	MEASURMENT
1×40'HC CTR NBR: APHU631378-1 SEAL BR: APE0322722 ON BOARD APL BALBOA 286	45SACKS	SLAC CY/CY 100% COTTON YARN NE 16/1 CARDED WEAVEN FOR TOWEL (FIVE STAR BRAND) ORIGIN: TURKMENISTAN INVOICE NO. YS - 1402/12 HS CODE: 520512 FREIGHT COLLECTED L/C NO. LC1065712002428 ISSUED BY BANK OF CHINA SHANDONG BRANCH QINGDAO CN DATED 121015 (FORTY FIVE SACKS ONLY) ON NOV. 10, 2012 ATMERSIN	17,415.20 KGS ORIGINAL	

续表

B/L TO BE RELEASE AT HONG KONG	FREIGHT PAYABLE AT MERSIN, TU		RRCEIVED by the Carrier from the Shipper in apparent good order and condition unless otherwise indicated herein, the Goods, or the container (s) or package (s) said to contain the cargo herein mentioned, to be carried subject to all the terms and conditions provided for on the face and back of this Bill of Lading by the vessel named herein or any substitute at the Carriers option and/or other means of transport, from the place of receipt or the port of loading to the port of discharge or the place of delivery shown herein and there to be delivered unto order or assigns. AMERICAN PRESIDENT LINES, LTD.
	PREPAID	COLLECT	
1BB	286		
VESSEL	VOYAGE		
			BY *Actinales* DATE AND PLACE ISSUED: NOV. 10, 2012 HONG KONG No. of Original B/L: 3

表 2-2-4-29　　　数量/重量证明

YONGSHENG (HK) INTERNATIONAL CO., LTD.
RM1616, 16F, TOWER 2, LIPPO CENTRE NO. 89 QUEENSWAY, ADMIRALTY, HK.
OUR INVOICE NO. YS-1402/12
CONTRACT NO. MS-1402
L/C NO. LC1065712002428 ISSUED BY BANK OF CHINA SHANDONG BRANCH QINGDAO CN DATED 121015

CERTIFICATE OF QUANTITY/WEIGHT

COMMODITY: 100% COTTON YARN NE 16/1 CARDED WEAVEN FOR TOWEL (FIVE STAR BRAND)
ORIGIN: TURKMENISTAN
PACKING: STANDARD EXPORT PACKING
QUANTITY: 17,415.20KGS

TOTAL NET WEIGHT: 17,415.20 KGS
TOTAL GROSS WEIGHT: 17,527.70KGS

WE HEREBY CERTIFY THAT THE ACTUAL SURVEYED QUANTITY/WEIGHT OF SHIPPED GOODS ARE CORRECT AND IN GOOD CONDITION.

表 2-2-4-30　　　　　　　　　　装箱单

YONGSHENG (HK) INTERNATIONAL CO., LTD.
RM1616, 16F, TOWER 2, LIPPO CENTRE NO. 89 QUEENSWAY, ADMIRALTY, HK.
WEIGHT MEMO/PACKING LIST

LINE NO		UNIT NO	LINE NO		UNIT NO	LINE NO		UNIT NO
1	—	386.90	16	—	386.90	31	—	386.90
2	—	386.90	17	—	386.90	32	—	386.90
3	—	386.90	18	—	386.90	33	—	386.90
4	—	386.90	179	—	386.90	34	—	386.90
5	—	386.90	20	—	386.90	5	—	386.90
6	—	386.90	21	—	386.90	36	—	386.90
7	—	386.90	22	—	386.90	37	—	386.90
8	—	386.90	23	—	386.90	38	—	386.90
9	—	386.90	24	—	386.90	39	—	386.90
10	—	386.90	25	—	386.90	40	—	386.90
11	—	386.90	26	—	386.90	41	—	387.84
12	—	386.90	27	—	386.90	42	—	387.84
13	—	386.90	28	—	386.90	43	—	387.84
14	—	386.90	29	—	386.90	44	—	387.84
15	—	386.90	30	—	386.90	45	—	387.84
COLUMN T.		5,803.5	COLUMN T.		5,803.5	COLUMN T.		5,808.2
TOTAL KG:			N. 17,415.20			D. 112.50		G. 17,527.70

DELIVERY CONDITIONS: FOB

INVOICE NO. YS-1402/12

CONTRACT NO. MS-1402

L/C NO. LC1065712002428 ISSUED BY BANK OF CHINA SHANDONG BRANCH QINGDAO CN DATED 121015

表 2-2-4-31　　　　　　　　　　品质证明

YONGSHENG (HK) INTERNATIONAL CO., LTD.
RM1616, 16F, TOWER 2, LIPPO CENTRE NO. 89 QUEENSWAY, ADMIRALTY, HK.

OUR INVOICE NO. YS-1402/12

CONTRACT NO. MS-1402

L/C NO. LC1065712002428 ISSUED BY BANK OF CHINA SHANDONG BRANCH QINGDAO CN DATED 121015

CERTIFICATE OF QUALITY

COMMODITY: 100% COTTON YARN NE 16/1 CARDED WEAVEN FOR TOWEL (FIVE STAR BRAND)

ORIGIN: TURKMENISTAN

PACKING: STANDARD EXPORT PACKING

QUANTITY: 17,415.20KGS

TOTAL NET WEIGHT: 17,415.20KGS

TOTAL GROSS WEIGHT: 17,527.70KGS

WE HEREBY CERTIFY THAT THE ABOVE MENTIONED CARGOES ARE IN GOOD QUALITY.

On behalf of
YONGSHENG (HK) INTERNATIONAL CO., LIMITED
永盛（香港）国际有限公司

Authorized Signature(s)

表 2-2-4-32　　原产地证书

1. IHRATATCI CONSIGNOR EXPEDITEUR	NO. 0497442	ORIGINAL ORIGINAL ORIGINAL
EVA NILTEKA TEKS. SAN. VE TIC. A. S. ZAFER MAH KAYNAK CAD. NI. : 18 GUMUSLER DENIZLI		MENSE SAHADETNAMESI CERTIFICATE OF ORIGIN CERTIFICATE D'ORIGINE
2. ALICI CONSIGNEE DESTINATAIRE		
YONGSHENG (HK) INTERNATIONAL CO., LTD. RM1616, 16F, TOWER 2, LIPPO CENTRE NO. 89 QUEENSWAY, ADMIRALTY, HK.	3. MENSE UIKESI COUNTY OF ORIGIN TURKMENISTAN PAYS D'ORIGINE	
4. TASIMAYA HISKIN BILGILER (TERCIHE BAGH) TRANSPORT DETAILS (OPTIONAL) INFORMATIONS RELATIVES AD TRANSPORT	5. GOZLEMLER REMARKS REMARQUES	
BY SHIP	608	
6. SIRA NO; KOLILERIN MARKA VE ISARCTLERI, SAYI VE TURLERI; ESY-ANM TANIMI 　ITERM NO; MARKS, NUMBERS AND KIND OF PACKAGES; DESCRIPTION OF GOODS 　NUMERO D'ORDRE – MARQUES, NUMBRE ET NATURE DES COLIS – DESIGNATION DES MARCHANDISES 　45 SACKS L/C NO. LC1065712002428 ISSUED BY BANK OF CHINA SHANDONG BRANCH QINGDAO CN DATED 121015 　100% COTTON YARN NE 16/1 CARDED WEAVEN FOR TOWEL (FIVE STAR BRAND) 　INVOICE NR：0119674/08. 11. 2012 　******************************* THE GOODS ARE OF TURKMENISTAN ORIGIN	7. MIKTAR QUANTITY QUANTITE KGS 17, 415. 20 ************	

8. YUKARIDA TAMLANAN ESYALARIN 3 NOLU KUNIDA BELIRTILEN UIKE MENSELI OLDUGU TASDIK OLUNUR
　THE UNDERSIGNED AUTHORITY CERTIIES THAT THE GOODS DESCRIBED ABOVE ORIGINATE IN THE COUNTRY SHOWN INBOX 3
　L'AUTORITE SOUSSIGNEE CERTIFIE QUE LES MARCHANDISES DESIGNEES CI – DESSUS SONT ORIGINAIRES DU PAYS FIGURANT DANSLA CASE NO. 3

TURKIYE
DENIZLI CHAMBER OF COMMERCE
E \ DENIZLI08/11/2012

　DUZENLEME YERI VE TARIHI, ISIM, IMZA VE YETKILI MERCUMN MUHRU
　PLACE AND DATE OF ISSUE, NAME, SIGNATURE AND STAMP OF COMPETENT AUTHORITY
　LIEU ET DATE DE DELIVRANCE , DESIGNATION, SIGNATURE ET CACHET DE I'AUTORITE COMPETENTE

[第 2 步] 回复银行审单结果，填写对外付款承兑通知书，办理对外付汇。

12 月 3 日，张丽审单无误后回复中国银行山东省分行，同意支付信用证项下的汇票，保留全套货运单据，同时填写对外付款/承兑通知书（见表 2-2-4-33），办理信用证项下的对外付款手续（已知企业的外汇账号为 4567123214）。

表 2-2-4-33　　　　　　　　　对外付款/承兑通知书

银行业务编号：111M00885312　　　　　　　　　　　　日期：2012.12.03

结算方式	R 信用证 □保函 □托收 □其他		信用证编号	LC1065712002428	
来单币种及金额	USD 49 981.62		开证日期	121015	
索汇币种及金额	USD 39 985.30		到期日	121215	
来单行名称	AGRICULTURAL BANK OF CHINA HONG KONG BRANCH				
收款行名称及地址	AGRICULTURAL BANK OF CHINA HONG KONG BRANCH 25/FLOOR AGRICULTURAL BANK OF CHINA TOWER, 50 CONNAUGHT ROAD CENTRAL, HONG KONG				
付款人名称	QINGDAO YUNHAO ECONOMICAL DEVELOPMENT CO., LTD.				
R 对公组织机构代码 76362362-8		□对私	□个人身份证号码		
扣费币种及金额		发票号	□中国居民个人　□中国非居民个人		
合同号	MS-1042	合同金额	YS-1402/12		
提运单号	APLU800920068		USD 49 981.62		
银行附言（各银行可根据本行业务要求规定其内容及格式）					
申报号码			实际付款币种及金额	USD 39 985.30	
付款编号	111M00885312		若为购汇支出，购汇汇率		
收款人常驻国家（地区）名称及代码	HONGKONG 344		是否为进口核销项下付款	□是 □否	
是否为预付款	□是 □否	最迟装运期	121130	外汇局批件/备案表号	
付款币种及金额	USD 39 985.30		金额大写	叁万玖仟玖佰捌拾伍圆叁角	
其中	购汇金额		账号		
	现汇金额	USD 39 985.30	账号	4567123214	
	其他金额		账号		
交易编码	101010	相应币种及金额 USD 39 985.30	交易附言	一般贸易	
R 同意即期付款 □同意承兑并到期付款 □申请拒付 联系人及电话 张丽 1357382××× 申报日期 2012.12.03		付款人印鉴（银行预留印鉴）	银行业务章 经办　　　复核　　　负责人		

任务四 报检、报关、提货

任务分解如图 2-2-4-11 所示。

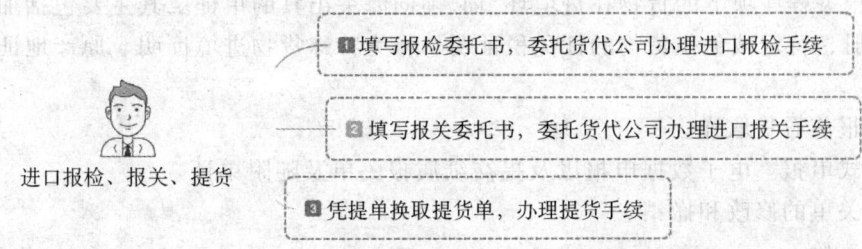

图 2-2-4-11 进口报检、报关、提货任务分解

（一）货物入境报检

入境需要报检的货物：

（1）国家法律、行政法规规定必须由出入境检验检疫机构实施检验检疫的；

（2）对外贸易合同约定须凭检验检疫机构签发的证书进行结算的；

（3）有关国际条约规定必须经检验检疫的；

（4）国际贸易关系人申请的其他检验检疫鉴定工作。

入境货物报检流程：

（1）填写入境货物报检单。报检单位须加盖报检单位印章，并准确填写本单位在检验检疫机构备案或注册登记的代码。所列各项内容必须完整、准确、清晰、不得涂改。

（2）提交有关的单据及资料。入境货物报检时要提供外贸合同、发票、提单、装箱单等单证；实施安全质量许可、卫生检疫注册和强制性认证的，应提交有关证明的复印件，并在报检单上注名文号。报检品质检验的，还应提供国外品质证书或质量保证书、产品使用说明及有关标准和技术资料；凭样成交的，须加成交样品。申请残损鉴定的，还应提供理货残损单、铁路商务记录、空运事故记录或海事报告等证明货损情况的有关单证。

商检机构接受报验后，根据有关检验标准，对进口商品进行检验，报验人应提供进行抽样和检验、鉴定等必要的工作条件。对于自行开箱检验的进口商品，应在索赔有效期内将检验结果报商检机构。如检验中发现有与合同不符的情况，应保持原状，及时与商检机构联系，一同进行复核。情况属实者，由商检机构出证后向外索赔。

（二）一般进口货物报关

1. 进口申报

进口货物到港后，收货人或其代理取得相应的货物单据，自装载货物的运输工具申报进境之日起 14 日内①（从运输工具申报进境之日的第 2 日开始算）向海关申报。具体步骤如下：

---

① 申报期限的最后一天是法定节假日或休息日的，顺延至法定节假日或休息日后的第一个工作日。

（1）准备申报的单证。其包括主要单证和随附单证两大类。主要单证就是进口货物报关单，随附单证包括基本单证和特殊单证。基本单证是指进口货物的货运单据和商业单据，主要有进口提货单据、商业发票、装箱单等。特殊单证是指涉及各类国家管制的进口货物以及使用不同报关程序项下的货物在进境环节必须向海关出具的单证。其主要包括加工贸易货物的登记手册、特定减免税货物的征免税证明、作为特殊货物进境证明、原产地证明书、贸易合同等。

（2）申报前看货取样。

（3）正式申报。电子数据申报以及提交纸质报关单及随附单证。

（4）报关单的修改和撤销。

2. 配合查验

海关根据进口货物的不同及进口商的实际情况对进口货物进行查验，即根据进口商提供的资料对货物进行核对，查验其真实性和一致性。

3. 缴纳税费

查验无误后，海关会按国家的征税规定对申报的进口货物开具海关进口关税专用缴款书及海关代征增值税专用缴款书。收货人须在海关填发税款缴款书之日起15日内向指定银行缴纳税款，以避免产生滞纳金和监管仓库仓储费。

4. 提取货物

完成税费缴纳后，海关对进口货物予以放行，收货人应及时提取货物。同时，应向海关领取进口付汇证明以办理进口付汇核销；对特殊进口货物还应向海关申请进口货物证明书。

（三）进口提货流程

货物到港后，进口商能够凭借正本提单或副本提单加换单保函或凭电放提单和电放保函至船代处换取提货单，其操作程序为：

（1）进口商首先到船代公司财务缴清相关费用，并提供缴费凭证。

（2）向船公司提供客户代码，若为新客户，需申请新客户代码（填写客户代码申请表，并加盖公章确认）。

（3）备齐换单材料办理换单手续。

①正本提单换提货单：客户凭背书齐全的正本提单换取提货单。

②银行担保换提货单：如船公司同意收货人凭银行担保提货，且出具保函的银行在船代有相关备案，客户凭无正本提单提货保函和提单副本换提货单。收货人应在收到正本提单后及时将正本提单归还船公司以换回无正本提单提货保函。

③电放形式换单：如船公司同意收货人以电放形式提货，客户凭电放提单和电放保函换提货单。

④特殊业务：参照船公司具体指示。

进口商办完换单、进口报检、报关手续，进口货物被海关准予放行后，进口商可自行或委托货代至港口现场提箱、提货。

件杂货的提货操作：码头仓库收到海关的电子放行信息后，凭进口商或货运代理人出具的船公司的提货单放货；进口商或货运代理人安排车队，结清港口相关费用，提取货物；进口商或货运代理人将货物提回至进口商仓库。

整箱货的提货操作：进口商或其货运代理人安排车队，落实货物出港事宜；进口商或其货运代理人办理提箱事宜，办理汽车运输、理货、放箱等手续；进口商或其货运代理人办妥相关手续后，凭船公司签发的提货单至码头堆场提箱，交由选定的车队将货物运至进口商指定地点；整箱货拆箱，将空箱返还空箱堆场，整箱进口业务流程结束。

【业务链接】海关总署关于全面取消《入/出境货物通关单》有关事项的公告

【操作示范】

2012 年 12 月 9 日，装载货物的船只 APL BALBOA 轮 286 航次，已经抵达青岛港，货代公司向收货人发送了到货通知。收货人办理货物的报检、报关和提货手续。

[第 1 步] 收货人填写报检委托书，委托货代公司办理进口报检手续。

2012 年 11 月 28 日，张丽填写代理报检委托书，委托青岛环球国际货运代理有限公司办理货物的报检手续。青岛环球国际货运代理有限公司填写入境货物报检单（见表 2-2-4-34），于 2012 年 12 月 7 日提交有关的贸易合同、国外发票、提单、装箱单、进口货物到货通知书等单据，到青岛出入境检验检疫局申请报检。

表 2-2-4-34　　　　　　　　入境货物报检单

中华人民共和国出入境检验检疫

入境货物报检单

报检单位（加盖公章）：青岛运豪经济发展有限公司　　　　*编号_____

报检单位登记号：　　联系人：张丽　　电话：　　报检日期：　年　月　日

收货人	（中文）青岛运豪经济发展有限公司		企业性质（画"√"）		□合资□合作□外资	
	（外文）QINGDAO YUNHAO ECONOMICAL DEVELOPMENT CO., LTD.					
发货人	（中文）永盛（香港）国际有限公司					
	（外文）YONGSHENG (HK) INTERNATIONAL CO., LTD.					
货物名称（中/外文）	H.S.编码	原产国(地区)	数/重量	货物总值	包装种类及数量	
棉纱 100% COTTON YARN NE 16/1 CARDED WEAVEN FOR TOWEL	520512	土库曼斯坦	17 415.20 千克	49 981.62 美元	45 麻袋	
运输工具名称号码	APL BALBOA 286			合同号	MS-1042	
贸易方式	一般贸易	贸易国别（地区）		中国香港	提单/运单号	APLU800920068
到货日期	2012-12-09	起运国家（地区）		土耳其	许可证/审批号	
卸毕日期	2012-12-09	起运口岸		梅尔辛	入境口岸	青岛
索赔有效期至	卸货后 60 天	经停口岸			目的地	青岛

续表

集装箱规格、数量及号码	1×40′HC APHU631378-1			
合同订立的特殊条款以及其他要求	货物到达口岸后,如发现到货与合同不符,除应由保险公司或船公司负责外,买方于货物到岸卸货后60天内凭有关检验证书有权拒收货物或向卖方索赔。		货物存放地点	招商局码头
			用途	
随附单据(划"√"或补填)		标记及号码	*外商投资资产(画"√")	□是 □否
☑合同	☑到货通知	1×40′HC	*检验检疫费	
☑发票	☑装箱单		总金额(人民币元)	
☑提/运单	□质保书			
□兽医卫生证书	□理货清单		计费人	
□植物检疫证书	□磅码单			
□动物检疫证书	□验收报告		收费人	
□卫生证书				
□原产地证	□			
□许可/审批文件	□			
报检人郑重声明: 1. 本人被授权报检。 2. 上列填写内容正确属实。 签名:张丽			领取证单	
			日期	
			签名	

注:有"*"栏由出入境检验检疫机关填写 ◆国家出入境检验检疫局制

[第2步] 填写代理报关委托书,委托货代公司办理进口报关手续。

2012年12月5日,张丽填写代理报关委托书,委托青岛环球国际货运代理有限公司办理货物的报关手续。青岛环球国际货运代理有限公司填写进口货物报关单(见表2-2-4-35),于2012年12月11日申请报关。

表 2-2-4-35　　　　　中华人民共和国海关进口货物报关单

预录入编号：704085344　　海关编号：421820101180021869

进口口岸　青岛开发区 704085344		备案号		进口日期 2012-12-09	申报日期 2012-12-11
经营单位　青岛运豪经济发展有限公司 3702964839		运输方式 水路运输	运输工具名称 APL BALBOA 286		提运单号 APLU800920068
收货单位　青岛运豪经济发展有限公司 3702964839		贸易方式 一般贸易	征免性质 一般征税		征税比例 0.%
许可证号		起运国（地区） 土耳其	装货港 梅尔辛		境内目的地 青岛
批准文号		成交方式 FOB	运费	保费	杂费
合同协议号 MS-1042		件数 45	包装种类 麻袋	毛重（千克） 17 527.70	净重（千克） 17 415.20
集装箱号 APHU631378-1		随附单据 A			用途
标记唛码及备注 随附单证号：370200110017028000					
项号	商品编号	商品名称、规格型号　数量及单位　原产国（地区）单价　总价　币制　征免			
1	520512	棉纱　　　17 415.20 千克　土库曼斯坦　2.87　49 981.62 USD 照章征税			
税费征收情况					
录入员　　录入单位		兹声明以上申报无讹并承担法律责任	海关审单批注及放行日期（签章）		
			审单		审价
报关员 单位地址		申报单位（签章）	征税		统计
			查验		放行
邮编　　　电话　　　填制日期					

自 2018 年 8 月 1 日起，进口货物报关单有重大修改。增加 9 项："页码/页数""境外发货人""货物存放地点""启运港""入境口岸""最终目的国（地区）""报关人员证号"

"电话""自报自缴"(在表体商品项下方打印);修改5项:原"收发货人"修改为"境内收货人"、原"进口口岸"修改为"进境关别"、原"运输工具名称"修改为"运输工具名称及航次号"、原"装货港"修改为"经停港"、原"随附单证"修改为"随附单证及编号";删除2项:"录入员""录入单位";位置变化3项:"集装箱号""境内目的地""申报单位"。

[第3步] 凭提单获取提货单(见表2-2-4-36),并办理提货手续。

表2-2-4-36　　　　　　　　　　提货单

青岛环球国际船舶代理有限公司
QINGDAO UNINTED INTERNATIONAL SHIPPING AGENCY LTD.
提　货　单　　　NO. 201248847
DELIVERY ORDER　　　2012年12月10日
收货人/通知方:TO ORDER
下列货物已办妥手续,运费结清,请予交付收货人。

船名 APL BALBOA		航次 286	起运港 MERSIN, TU	目的地 QINGDAO
提单号 APLU800920068		交付条款 CY/CY	到付海运费	合同号
卸货地点　招商局码头		到达日期 2012-12-09	进库场日期 2012-12-09	第一程运输
货名	100% COTTON YARN NE 16/1 CARDED WEAVEN FOR TOWEL		集装箱号/铅封号	
集装箱数	1×40'		APHU631378-1 APE0322722 40HC	
件数	45			
重量	17 527.70			
体积	61			
标志				
押箱地点:振华 86900832				
回空地点:				

请核对放货

青岛环球国际船舶代理有限公司(签章)

凡属于法定检验、检疫的商品,必须向有关监督机构申报。　　　年　月　日

收货人章 1	海关章 2	3	4
5	6	7	8

任务五　进口业务善后

（一）进口索赔

凡属下列情况者，均可向卖方索赔：原装数量不足，货物的品质、规格与合同规定不符，包装不良致使货物受损，未按期交货或拒不交货等。向卖方索赔的依据主要有合同、公证报告、检验证书、破损证明、提单、装箱单、发票、银行通知等。

凡属下列情况者，均可向轮船公司或承运人索赔：原装数量少于提单所载数量；提单是清洁提单，而货物有残缺情况，且属于船方过失所致；货物所受的损失，根据租船合约有关条款应由船方负责，等等。向承运人索赔的依据主要有公证报告、破损证明或相关机构会签证明、提货单或提单或运输合同、商业发票、商检证书、承运人要求的其他证明文件等。

凡属下列情况者，均可向保险公司索赔：由于自然灾害、意外事故或运输中其他事故的发生致使货物受损，并且属于承保险别范围以内的；凡轮船公司不予赔偿或赔偿金额不足抵补损失的部分，并且属于承保范围内的。向保险公司索赔的依据主要有：保险单或保险凭证正本、提单正本、托运人开立的发票、装箱单、重量证明书、公证报告、轮船公司签发的事故证明或破损证明书、磅码单、修理费用及其估价单、海难报告等。

（二）进口核销

进口付汇核销是以付汇的金额为标准核对是否有相应的货物进口到国内或有其他证明抵冲付汇的一种事后管理措施。

根据《国家外汇管理局关于实施进口付汇核销制度改革试点有关问题的通知》，自 2010 年 5 月 1 日起，进口核销改革在天津、江苏、山东、湖北、内蒙古、福建（省、自治区、直辖市）分局以及青岛市分局所辖地区进行试点。

改革的主要内容包括：合规企业的正常进口付汇业务无须再办理现场核销手续；取消银行为企业办理进口付汇业务的联网核查手续；外汇管理局对企业实行名录管理，进口付汇名录信息在全国范围内实现共享，企业异地付汇无须再到外汇局管理办理事前备案手续。

外汇管理局依托贸易收付汇核查系统采集贸易收付汇和进出口数据，对进口单位进口付汇数据和进口货物数据或进口项下收汇数据进行总量比对，实施非现场核查。进口单位申报为贸易项下的进口付汇数据、境外承包工程使用物资以及转口贸易等项下的收付汇数据，贸易方式为"可以对外售付汇"和"有条件对外售付汇"的进口货物数据以及其他进口货物数据纳入非现场总量核查。

进口付汇监测预警的主要内容包括进口付汇规模、结算方式以及国家/地区流向等情况，进口货物规模、贸易方式以及海关申报等情况，货物总量核查、多到货差额以及多付汇差额等情况等。

此次改革实现了由逐笔核查向总量核查、现场核查向非现场核查、行为监管向主体监管的转变，并降低了企业成本，特别是保证合规企业的正常业务活动顺畅进行。

同时，外汇管理局将利用"贸易收付汇核查系统"，以企业为主体进行非现场核查和监测预警，针对异常交易主体进行现场核查，确定企业分类考核等级并实施分类管理，采取更加有效的措施防范、化解风险，并依法处罚相关违规企业。

有关罚则规定,进口单位年度累计进口多付汇差额超过等值500万美元以上且无正当理由的,责令限期调回外汇,处逃汇金额30%以下的罚款;情节严重的,处逃汇金额30%以上等值以下的罚款;构成犯罪的,依法追究刑事责任。

【操作示范】

[第1步] 向出口商发送索赔函(见表2-2-4-37)。

表2-2-4-37　　　　　　　　　索赔函

RE: Claim
Contract No. MS-1402
Dear Sirs,

The enclosed Inspection Certificate will serve to inform you that the captioned machine is incapable of giving normal performance required in the contract.

Please let us know whether you agree to replace this faulty machine with a good one, or to reimburse us its FOB cost by remittance. In either case, the inspection fee of USD 200 is to be born by you.

We are looking forward to your reply.

Yours Faithfully,
Zhang Li

[第2步] 公司财务人员按照规定完成总量核销。

拓展学习模块　跨境电商实务

跨境电子商务（Cross-border Electronic Commerce）（简称跨境电商）是电子商务应用过程中一种较为高级的形式，是指分属不同关境的交易主体通过电子商务平台达成信息交流、商品交易、提供服务的国际商业活动。

在该商业活动中，若卖方企业仅通过电子商务平台发布产品信息和出售广告，交易和支付等环节在线下完成，本质上还是属于传统对外贸易，不作为跨境电子商务纳入海关统计。满足以下三个关键要素，通常判定为跨境电子商务：一是买卖的双方在不同的关境；二是必须在网上完成下单和支付；三是通过国际物流完成从国外到国内的货物的运送。

2017年，我国跨境电商整体交易规模（含跨境零售及B2B）达7.6万亿元人民币。同期，全国进出口贸易总额27.79万亿元人民币。

一、跨境电商概述

（一）跨境电商与传统贸易方式的区别

跨境电商以电子技术和物流为手段，以商务为核心，把原来传统的销售、购物渠道转移到互联网上，打破了国家与地区间的壁垒。

跨境电商与传统国际贸易的区别表现在三个方面：

第一，实现了交易的无纸化和虚拟性。跨境电子商务将传统的国际贸易流程电子化、数字化，订购、支付甚至数字化产品的交付都通过网上操作，交易的无纸化程度越来越高。交易合同、作为销售凭证的各种票据和运输单据都以电子形式存在。

第二，直接面对消费者，物流方式以快递为主。

第三，第三方支付机构参与结算过程。支付机构成为跨境电子商务结算双方之间的中介，这与传统国际贸易中买卖双方直接通过银行进行结算有着明显的区别。

（二）跨境电商模式

1. B2B模式

B2B是Business to Business的缩写，是商家对商家的电子商务，指企业与企业之间通过互联网进行产品、服务及信息的交换。

跨境B2B是指分属不同关境的企业对企业，通过电商平台达成交易、进行支付结算，并通过跨境物流送达商品、完成交易的一种国际商业活动。

2. B2C模式

B2C 是 Business to Customer 的缩写，是指企业针对个人开展的电子商务活动的总称，如企业为个人提供在线医疗咨询、在线商品购买等。

跨境 B2C 是指分属不同关境的企业直接面向消费个人开展在线销售产品和服务，通过电商平台达成交易、进行支付结算，并通过跨境物流送达商品、完成交易的一种国际商业活动。

3. C2C 模式

C2C 是 Customer to Customer 的缩写，是个人与个人之间的电子商务，即一个消费者通过网络交易，把商品出售给另一个消费者的交易模式。C2C 模式下的购物流程为搜索商品、联系卖家、购买商品和服务评价。

跨境 C2C 是指分属不同关境的个人卖方对个人买方开展在线销售产品和服务，由个人卖家通过第三方跨境电商平台发布产品和服务售卖、产品信息、价格等内容，个人买方进行筛选，最终通过跨境电商平台达成交易、进行支付结算，并通过跨境物流送达商品、完成交易的一种国际商业活动。

B2B 模式下，企业运用电子商务以广告和信息发布为主，成交和通关流程基本在线下完成，本质上仍属传统贸易，已纳入海关一般贸易统计。

B2C 模式下，我国企业直接面对国外消费者，以销售个人消费品为主，物流方面主要采用航空小包、快递等方式，其报关主体是邮政或快递公司，目前大多未纳入海关登记。我们通常所说的跨境电商指的是跨境网络零售，即 B2C、C2C 跨境电子商务，其中主要是 B2C。

（三）跨境电商平台

跨境电商平台分两类，一类是电商自建平台，另一类是第三方平台。

主要第三方电商平台：

1. 全球速卖通（AliExpress）

全球速卖通（见图 3-1）是阿里巴巴旗下唯一面向全球市场打造的在线交易平台，致力于跨境电商业务，被广大卖家称为国际版"淘宝"。

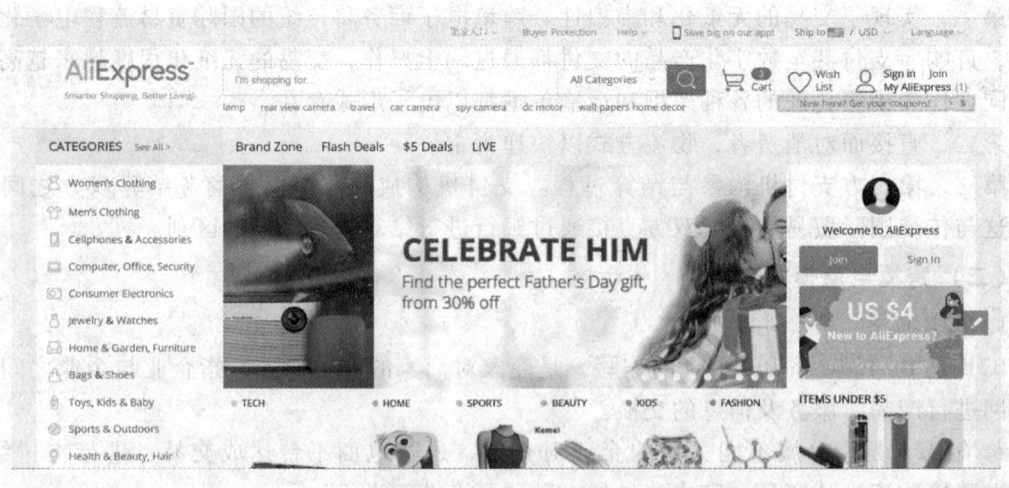

图 3-1　全球速卖通首页

全球速卖通的业务覆盖3C、服装、家居、饰品等共30个一级行业类目，其中优势行业主要有服装服饰、手机通信、鞋包、美容健康、珠宝手表、消费电子、电脑网络、家居、汽车摩托车配件、灯具等。

【业务链接】速卖通与阿里巴巴国际站的区别是什么？

2. 亚马逊（Amazon）

亚马逊（见图3-2）成立于1995年，最初是一个销售书籍和音像的"网上书店"。2000年，亚马逊开始通过品类扩张和国际扩张，致力于成为全球最大的网络零售商。其用户多为国外中高端消费群体。

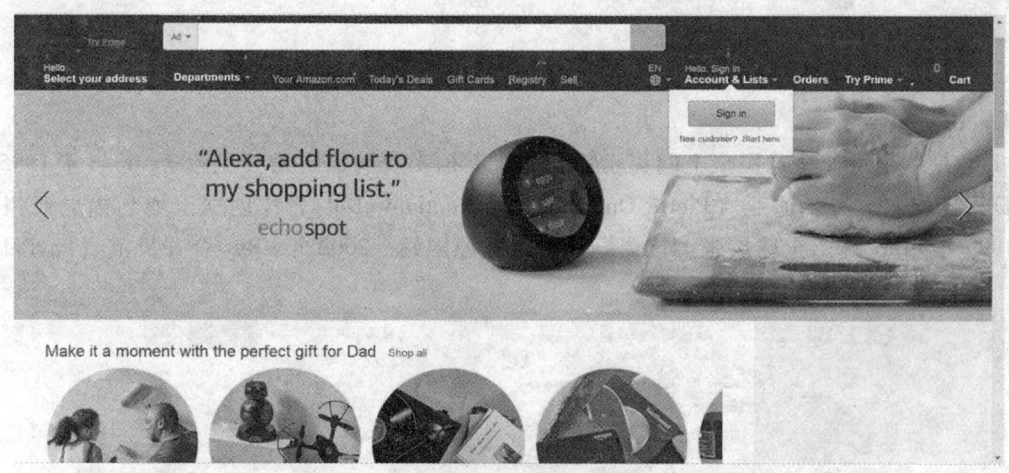

图3-2 美国亚马逊官网首页

在所有的跨境电商第三方平台中，对卖家要求最高的是亚马逊，它不仅要求卖家的产品质量必须要有优势，而且必须要有品牌才行。亚马逊鼓励用户自助购物，要求卖家提供非常详细、准确的产品详情和图片。

亚马逊支持货到付款，并且拥有自己的付费会员群体Amazon Prime。每年支付一定金额的会员费（美国亚马逊为99美元，中国亚马逊为388元），Amazon Prime会员享受免运费2日送达服务（个别商品除外）。亚马逊的另一特色服务是FBA（Fulfillment by Amazon），即亚马逊仓储物流，为商户提供物流和仓储的配套服务，并收取一定的费用。

3. 敦煌网（DHgate）

敦煌网B2B在线交易平台（见图3-3）于2005年上线，是全球领先的在线外贸交易平台，致力于帮助中国中小企业通过跨境电商平台走向全球市场。

敦煌网采取佣金制，免费注册，只在买卖双方交易成功后收取一定比例的费用（一般为7%~15%）。敦煌网的优势项目为手机和电子产品。

图 3-3 敦煌网首页

4．eBay

eBay 是一个可让全球民众上网买卖物品的线上拍卖及购物网站（见图 3-4），于 1995 年 9 月 4 日由皮埃尔·奥米迪亚（Pierre Omidyar）以 Auctionweb 的名称创立于加利福尼亚州圣荷西。1999 年 eBay 开始全球扩张，首个海外站点是德国站。2002 年 eBay 合并贝宝（PayPal）。

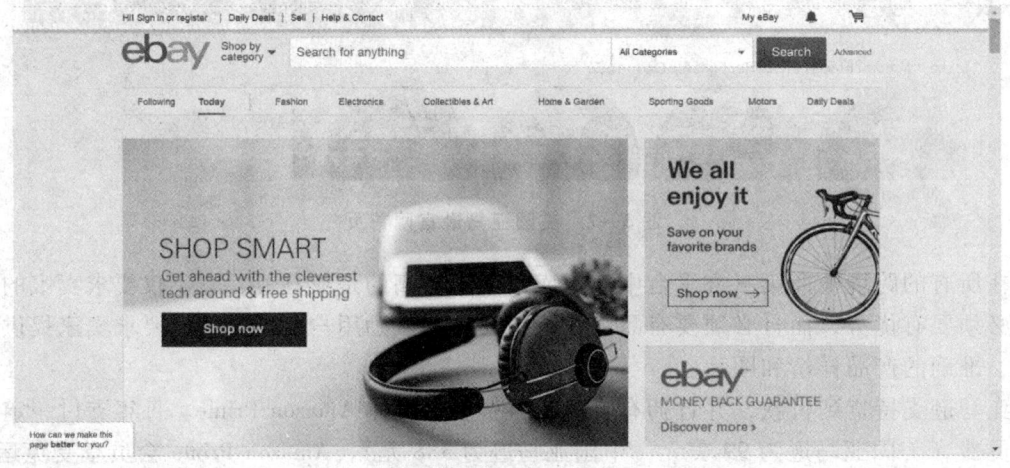

图 3-4 ebay 首页

eBay 对卖家的要求严格，对产品质量要求较高，要求价格具有优势，除了有和其他平台类似的常规产品出售，二手货的交易也是 eBay 业务的重要组成部分。eBay 对每笔拍卖向卖家收取 0.25~800 美元不等的刊登费，在交易成功后再收取一笔 7%~13% 不等的成交费。在合并了 PayPal 后，eBay 的支付方式默认为 PayPal，商户在注册开店时必须绑定有效的 PayPal 账户。

5．Wish

Wish 公司 2011 年创立于美国，其在线交易平台（见图 3-5）2013 年正式上线。其最大的特点就是专注于移动端购物。Wish 平台上的商户上传任何商品都是免费的，只有在交易成功后商户才需向平台支付一定比例的佣金,整个过程非常简单易行且没有任何的隐藏费用。

图 3-5 wish 商户平台中文站

(四)跨境电商物流

跨境电商物流模式可以分为出口跨境电商物流模式和进口跨境电商物流模式两大类。

1. 出口跨境电商物流模式

(1) 邮政/快递物流模式。在跨境电商出口业务中,有些卖家是直接通过邮政、快递等物流渠道直接将商品寄送给买家,这种模式可以称作邮政/快递物流模式。

联邦快递(FedEx)、联合包裹(UPS)、敦豪速递(DHL)、天地快运(TNT)等国际物流快递公司是跨境包裹的主要承运商。除快递公司外,还有马士基等国际海运公司及国内运公司可供选择。中国邮政积极开展跨境物流快递业务,为中国内地的跨境卖家量身定制全新的国际邮递产品——国际 e 邮宝、e 特快。顺丰速运等国内物流公司也已经进入海淘转运场。

(2) 海外仓模式。除邮政/快递物流模式外,有些卖家先将货物以 B2B 模式通过海运或空运运送至海外的仓库,等买家下单后将货物从海外仓库发送到买家手中,这就是海外仓模式。这种模式大大减少了从买家下单到货物递送至买家手中的时间,提升了客户体验;同时,还利用传统国际贸易的海运或空运物流通道,大大降低了跨境电商物流的成本和费用。

当前的海外仓物流模式包括跨境电商平台自建的海外仓、专业物流公司建设的海外仓及跨境电商卖家探索建立的海外仓三种类型。

跨境电商平台自建的海外仓最著名的当属亚马逊的 FBA 仓,另外易贝和速卖通也已经开始在海外建设自己的或合作的海外仓。

【资料链接】亚马逊 FBA 仓

第三方专业物流公司建设的海外仓中当前比较著名的有飞鸟国际、出口易(CK1)、递四方（4PX）等。第三方物流公司的海外仓通常会与跨境电商平台合作，为平台商家提供物流仓储服务。建设海外仓的第三方物流公司的国内操作中心多数集中在深圳。这些公司借助深圳和中国香港的便捷物流通道，将货物以较快的速度运至海外仓库。

【资料链接】飞鸟国际

还有部分跨境电商卖家也在尝试自行在目的市场建立海外仓。这些企业在目的地国市场租赁或者购买一个仓库甚至只是一栋房屋，然后注册一个公司，将货物由国内发往这家境外公司，接到客户订单后，从上述仓库或者房屋包装分拣快递货物给客户。卖家自建海外仓储物流的公司中比较著名有兰亭集势（Lightinthebox）。2015年2月，该公司位于美国内华达州雷诺市的第一个北美海外仓正式投入运营。目前，全国各地的一些成规模的跨境电商卖家纷纷以各种形式在海外建立自己的发货基地。

2. 进口跨境电商物流模式

（1）一般进口物流模式。一般进口物流模式，即为传统的邮政运输、快递物流进口模式，这与邮政运输、快递出口模式是对应的，又被称作海淘、代购模式。在跨境电商受到普遍重视之前，多数跨境电商领域售卖的商品都是通过此种途径进境的，然后再由国内快递递送至消费者手中。

（2）集货进口物流模式。由于传统的邮运和快递等方式物流成本较高，为了降低物流成本，专业物流公司在海外货源地建立仓库，将分散采购的跨境电商商品集中采用集装箱运输至国内，这种模式叫作集货进口物流模式。目前，各大物流企业的海外集货仓主要集中在中国香港、韩国、日本、美国、欧盟等进口商品来源地集中的地区。

（3）保税进口物流模式。保税进口物流模式，即进口跨境电商先将货物以普通国际贸易进口海运或者空运方式运至国内的保税区仓库，然后按照买家订单从保税区向买家寄送发货。

集货进口模式或者转运模式虽然降低了运输成本，但是运输时间依然较长。通常转运时间需要10~15天，较长的运输时间大大降低了客户的用户体验。因此，部分跨境电商进口商将商品预先运至保税区仓库，待到客户下单后再从保税区发货，大大提高了客户的物流用户体验。

（五）跨境电商产品价格

跨境电商产品价格构成：

价格 =（采购价 + 费用 + 利润）/银行外汇买入价

其中，采购价为从产品供应平台（如1688）或从工厂采购（批发或者零购）的成本价，可含税（增值税，如能提供增值税发票，可享受退税）。

费用主要包括跨境物流运费、平台交易费用（推广、佣金等）、关税（用邮政小包等个人物品申报的零售出口一般在目的国不交关税）及其他费用。

利润指的是合理利润，可根据产品的实际情况、竞争者的价格以及市场情况确定合理。

与价格有关的几组术语：

（1）上架价格（List Price，LP）。其是指产品在上传的时候所填的价格。
（2）销售价格（折后价）（Discount Price，DP）。其是指产品在店铺折扣下显示的价格。
（3）成交价格（Order Price，OP）。其是指用户在最终下单后所支付的单位价格。
以上价格间的联系如下：
上架价格＝采购价＋费用＋利润
销售价格＝上架价格×折扣率
成交价格＝销售价格－营销推广成本

（六）跨境电商支付

B2B：主要采取银行转账（如西联汇款）、信用卡等。
B2C：主要采取第三方支付，如贝宝（PayPal）、支付宝、财付通、银联电子支付等。
（1）国际支付宝。国际支付宝是支付宝为从事跨境交易的国内卖家建立的资金账户管理平台，包括对交易的收款、退款、提现等主要功能。使用客户群体：AliExpress（速卖通）、阿里巴巴国际站会员。支持多币种：目前支持人民币、美元两种货币。
（2）PayPal。PayPal是在线支付解决方案的全球领导者，在美国、欧洲位列第一大金融类网站，75%的跨境电商首选PayPal为收付款方式。PayPal的优势是业务覆盖广、操作便捷、资金回笼快、安全度和保密性高。
PayPal专门为中国用户度身定制电汇方案，无须烦琐的外币兑换，即可方便地将PayPal账户中的款项转入中国本地银行，最快3天资金便能转入用户的银行账户。
（3）新型支付方式——手机移动支付。

二、跨境电子商务出口

（一）跨境网络零售出口模式

1. 跨境网络零售出口B2C模式

出口B2C模式按经营方式的不同又分为第三方平台模式和自营模式。
B2C第三方平台模式是主要由全球较有影响力的大型电子商务平台建立的一种运作模式，平台作为一个媒介，联系买卖双方。目前最具代表性的平台有eBay、亚马逊、速卖通、中国制造等。第三方平台模式最大的优点就在于能够迅速提供大批的客户流量，同时，第三方平台有整套的信用管理体系，可以对买卖双方进行有效约束，防止交易陷阱。
B2C自营模式一般都是由第三方平台模式发展而来的，一些电子商务卖家通过较成熟、有知名度的第三方平台销售自己品牌的产品。经过一段时间，品牌知名度、品牌美誉度不断提高，店铺流量和销售量均稳定在一定数量后，为降低平台使用成本同时扩大自有品牌影响力，很多较有规模的跨境电商开始自建网络平台，进行流量引导或者全新的网络推介。

2. 跨境网络零售出口C2C模式

目前，中国可以通过两种方式来从事跨境电子商务小额贸易。
一种是以全球速卖通、易趣网、敦煌网等为主的C2C平台，这些电子商务企业主要是提供一个从事跨境电子商务小额贸易的服务平台，本身不参与跨境交易的诸如物流、支付等交易环节，国外的买家会通过这些平台浏览产品，直接和卖家沟通，达成交易意向，然后在线下订单，国内的卖家收到订单后会通过邮政小包或者国际快递的方式将产品寄送给卖家。

另一种是以兰亭集势和米兰网为代表的 B2C 网站平台，这些平台本身也是外贸企业，因为跨境电子商务小额贸易特点，有些业务量大的企业能够自身集货并发货，但是更多的中小企业由于业务量小或者分散无法靠自己完成集货，这类网站平台会从国内的中小企业那里买断产品，再通过自己的外贸互联网平台销售产品卖给海外购买者，海外的购买者通过外贸互联网平台下单后，这些互联网平台会把订单信息发给产品的国内供应商，这些供应商组织货以后把货物发送到指定的仓库，仓库对货物进行分类整理，最后交由物流合作商或者快递公司，由其发货送至买家。

（二）跨境电商出口交易前的准备

1. 目标市场定位

目标客户群体直接关系到企业在选择产品和进行营销时的策略，跨境网络零售客户群体范围一般是国外中小企业客户和个人客户。企业在确定目标客户群时，要注意从客户的国别、年龄、性别、收入、家庭等方面进行市场细分，确定适合自己的市场范围。

2. 产品选择

确定了企业的目标客户群之后，应该针对客户群体选择适合自己的销售产品。在进行产品选择时，首先要保证产品有合适的盈利空间。在确定有合适的盈利空间的条件下，对产品的选择还应从以下几个角度进行考虑：

（1）目标客户的消费特点。目标客户的消费特点包括其消费产品的质量、价格、款式、品牌等，综合考虑客户消费偏好，选择适合的产品。另外在考虑目标客户的消费特点的同时，还要对市场现有产品和竞争对手进行分析，尽量选择具有竞争优势、特异性的产品。

（2）根据物流条件选择。由于跨境网络零售的物流一般为小包行邮，商品的实际价格是由商品价格和物流费用的总值构成的。卖方在选择产品时，应尽量选择重量轻、体积小而价值高的产品。例如，体育用品中的哑铃，其商品本身运费可能比自身价格还要高出很多。

（3）符合法律法规。跨境网络零售要符合法律法规的规定（相关法规见表3-1、表3-2），并且要注意是否侵权，包括知识产权侵权和销售侵权。一方面，在选品过程中要注意避免那些有侵权嫌疑的产品，在知识产权保护全面的国家，销售此类产品可能导致纠纷。另一方面，有些品牌产品的销售需要获得品牌公司的授权，如一般代理、独家代理等。没有获得销售代理权可能会构成销售侵权。

表3-1　　　　　　　　　　中华人民共和国禁止出境物品表

禁止出境物品
1. 列入禁止进境范围的所有物品
2. 内容涉及国家秘密的手稿、印刷品、胶卷、照片、唱片、影片、录音带、录像带、激光视盘、计算机存储介质及其他物品
3. 珍贵文物及其他禁止出境的文物
4. 濒危的和珍贵的动物、植物（均含标本）及其种子和繁殖材料

表 3–2　　　　　　　　　　中华人民共和国限制出境物品表

限制出境物品
1. 金银等贵重金属及其制品
2. 国家货币
3. 外币及其有价证券
4. 无线电收发信机、通信保密机
5. 贵重中药材
6. 一般文物
7. 海关限制出境的其他物品

3. 确定产品线

一般来说，产品种类越丰富，对于客户来说就越便利，但是广铺产品线不仅会增加客服和编辑人员的压力、提高企业运营成本，而且很难跟踪市场变化，出现畅销品缺货、冷门产品滞销的情况。所以，企业要注意选择合适的产品线，既能跟得上市场的变化，满足消费者的需求，又不会带来巨大的运营成本。

4. 货源选择

在确定了目标客户群体和产品线的种类后，需要选择合适的货源。货源渠道可以通过电子商务网站、实体批发市场和生产商寻找。目前，有小部分小微企业采取现采模式，即本身不保留库存，当客户下单后，迅速到货源供应地进行采购。一般这些小微企业都会选择靠近货源供应地的区域建厂。但是这种模式并不能支持规模较大的企业，当产品种类和订单增加时，会大大增加采购成本。

5. 网络营销

网络营销是企业获得海外订单的重要环节，企业这一阶段要注意两个方面的问题，一是对营销渠道的选择，二是对营销方式的选择。企业在对营销渠道进行选择时，要充分考虑成本收益，将自建网站成本和平台费用以及两方的收益进行比较，选择适合自己的营销渠道。企业在选择平台时，应综合考虑平台费用、平台规则的公平性、平台流量，以及平台所提供的附加服务。选择平台作为营销渠道的企业要注意优化搜索关键词的设定、产品展示的方式，从而为自己吸引更多的浏览量和交易额。

企业进行网络营销可以通过自建网页、广告、平台服务和外包服务等方式进行。在进行营销时，要注意对各种营销方式进行比较，将宣传费用花在最有价值的营销方式上。

6. 选择物流和支付方式

（1）物流模式选择。企业在进行物流选择时，可以选择海外仓模式，也可以选择小包行邮，海外仓模式主要是通过租用仓储公司或大企业的海外仓进行；小包行邮模式主要是通过快递司、邮政、航空进行。企业在进行选择时，要从买家角度出发，为买家所购货物做全方位考虑，包括运费、安全度、运送速度、关税等，在保证物品安全度和速度的情况下尽量选择运费低廉的产品。另外，也可以将支持的运输方式在网页上标明，由买方根据自己的需要来进行选择。

（2）支付方式选择。目前，跨境网络零售支持的支付方式有信用卡、支付平台（如

PayPal、国际支付宝）等。国际支付宝支持买家用美元、英镑、欧元、墨西哥比索、卢布支付（会不断增加新的币种），卖家收款则有美元和人民币两种方式。

【业务链接】跨境电商买家的支付方式

7. 清关和退税

跨境网络零售具有金额小、批次多的特点，加之办理退税的过程较为烦琐，所以很多中小企业不进行申报，也不办理退税，这对于企业来讲是一种损失，对于海关方面的监管也增加了难度。

【业务链接】全球速卖通联手一达通推出的BBC海外仓出口退税服务

（三）跨境出口业务流程

以全球速卖通平台跨境出口为例，其交易流程包括：
- 注册认证账号，完成开店考试；
- 发布商品（描述/定价/物流）；
- 商品通过审核，成功上线；
- 买家搜索、比较商品；
- 在线沟通（旺旺、邮件）；
- 在线下单，确认交易详情；
- 买家付款，平台审核款项；
- 卖家备货、发货；
- 买家收货；
- 卖家收款；
- 相互评价。

开店步骤（见图3-6）：

【Step 1】开通账号。登录全球速卖通，使用企业身份进行卖家账号注册。

【Step 2】提交入驻资料。包括产品清单、类目资质、商标资质。

【Step 3】缴纳年费。

【Step 4】完善店铺信息。付费完成后，进入卖家后台—店铺—店铺资产管理，设置店铺名称和二级域名，若申请的是官方店，请同步设置品牌官方直达及品牌故事内容。

【Step 5】开店经营。可开始发布商品，对店铺进行装修，店铺正式开张。

三、跨境电子商务进口

狭义上，进口跨境电商是指跨境零售，即针对消费者的B2C。

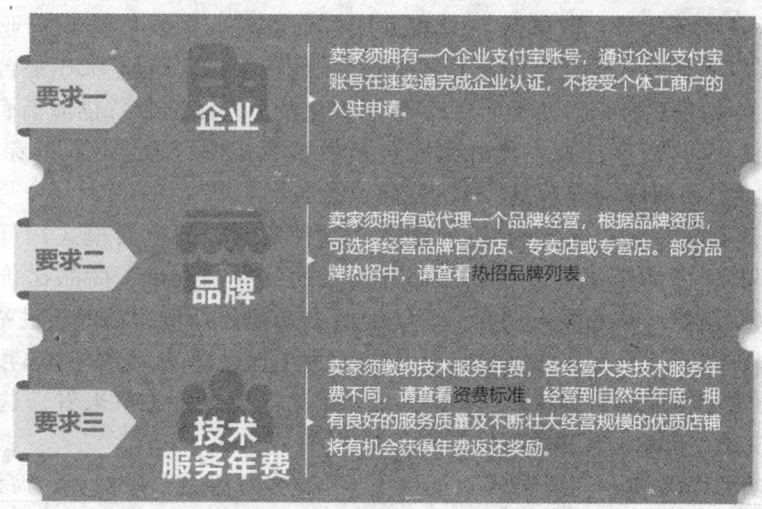

图 3-6 全球速卖通入驻要求

（一）跨境电商进口模式

1. 根据盈利模式分

跨境进口零售业务根据盈利模式分为五大类：海外代购模式、直发/直运平台模式、自营 B2C 模式、导购/返利平台模式、海外商品闪购模式。

（1）海外代购模式。海外代购模式是身在海外的人或商户为有需求的境内消费者在境外采购所需商品并通过跨国物流将商品送达消费者手中的模式。

海外代购模式按照运营模式主要分为海外代购平台和朋友圈海外代购两类。

海外代购平台走的是典型的跨境 C2C 平台路线，代购平台通过向入驻卖家收取入场费、交易费、增值服务费等获取利润，入驻平台的卖家通常要求具有海外采购能力或者跨境贸易能力。海外代购平台的运营重点在于尽可能多地吸引符合要求的第三方卖家入驻，平台并不会深度涉入采购、销售以及跨境物流环节。入驻平台的卖家根据消费者订单集中采购特定商品，通过跨境物流将商品发往境内订单买家。

其代表商家包括淘宝全球购、京东海外购、易趣全球集市、美国购物网等。

朋友圈海外代购主要是指微信朋友圈代购等依靠熟人、半熟人社交关系从移动社交平台自然生长出来的原始商业形态。虽然社交关系对交易的安全性和商品的真实性起到了一定的背书作用，但受骗的例子并不在少数。随着海关等政府监管部门政策的收紧，朋友圈个人代购这种原始模式恐怕将难以为继。

（2）直发/直运平台模式。直发/直运平台模式又被称为 drop shipping 模式。在这一模式下，电商平台通常不需要商品库存，而是把接收到的消费者订单信息发给批发商或厂商，后者按照订单信息以零售的形式对消费者发送货物。

其代表商家包括天猫国际（综合）、洋码头（北美）、跨境通（上海自贸区）、苏宁全球购、海豚村（欧洲）、一帆海购网（日本）、走秀网（全球时尚百货）等。

（3）自营 B2C 模式。自营 B2C 模式分为综合型自营和垂直型自营两类。综合型自营跨境 B2C 平台的跨境供应链管理能力强，拥有强势的供应商管理和较为完善的跨境物流解决方案，大部分后备资金充裕。但自营 B2C 模式同样面临着业务发展受到行业政策变动的影响。其代表商家有亚马逊和 1 号店的"1 号海购"。垂直型自营跨境 B2C 平台在选择自营品类时会集中于某个特定的范畴，如食品、奢侈品、化妆品、服饰等。供应商管理能力相对较强，但前期需要较大的资金支持。代表商家包括中粮我买网（食品）、蜜芽宝贝（母婴）、寺库网（奢侈品）、莎莎网（化妆品）、草莓网（化妆品）等。

（4）导购/返利平台模式。导购/返利模式是一种比较轻的电商模式，可以分成两部分来理解：引流部分＋商品交易部分。引流部分是指通过导购资讯、商品比价、海购社区论坛、海购博客以及用户返利来吸引用户流量；商品交易部分是指消费者通过站内链接向海外 B2C 电商或者海外代购者提交订单实现跨境购物。为了提升商品品类的丰富度和货源的充裕度，这类平台通常会搭配以海外 C2C 代购模式。因此，从交易关系来看，这种模式可以理解为海淘 B2C 模式＋代购 C2C 模式的综合体。

代表商家包括 55 海淘、一淘网（阿里旗下）、极客海淘网、海淘城、海淘居、海猫季、Extrabux、悠悠海淘、什么值得买、美国便宜货等。

（5）海外商品闪购模式。除了以上进口零售电商模式之外，海外商品闪购是一种相对独特的做法。海外商品闪购模式即是以互联网为媒介的 B2C 电子零售交易活动，以限时特卖的形式，定期定时推出国际知名品牌的商品，一般以原价 1 至 5 折的价格供专属会员限时抢购，每次特卖时间持续 5 至 10 天不等，先到先买，限时限量，售完即止。顾客在指定时间内（一般为 20 分钟）必须付款，否则商品会重新放到待销售商品的行列里。闪购平台一旦确立行业地位，将会形成流量集中、货源集中的平台网络优势。

其代表商家包括蜜淘网、天猫国际的环球闪购、1 号店的进口食品闪购活动、聚美优品海外购、宝宝树旗下的杨桃派、唯品会的海外直发专场等。

2. 根据履约模式分

跨境进口根据履约模式分为直购进口和保税进口两种模式。

（1）直购进口模式。直购进口模式也称"一般进口模式"，是指国内个人购买者在指定的跨境电商网站订购境外商品，并进行网上申报和计税，商品由快件邮递等渠道直接从国外寄递进境，通过电商服务平台和通关管理系统实现交易的一种跨境电商进口模式。

（2）保税进口模式。保税进口模式是电商企业以货物申报进入海关特殊监管区域或保税场所，境内消费者网上交易后，区内货物以物品逐批分拨配送，按物品缴纳税费和监管的一种跨境电商进口模式。

直购进口模式和保税进口货物模式最大的区别是前者是先下单再从境外发货，后者是先从境外发货再下单。

（二）跨境电商进口交易前的准备

1. 调研市场，选择产品

（1）选品。即选品人员从供应市场中选择适合目标市场需求的产品。从这个角度看，选品人员必须一方面把握用户需求，另一方面从众多供应市场中选出质量、价格等最符合目标市场需求的产品。成功的选品是最终实现供应商、客户、平台多方共赢的关键。

选品要结合以下因素考虑：

一是公司的定位和网站定位。明确公司的整体定位和策略，以建立品牌为主还是追求销量为主。要考虑网站平台的目标市场或目标消费群体，通过对网站整体定位的理解和把握，进行市场调研、同行分析等，选择适合的品类进行研究分析。

二是目标客户定位。从用户的需求出发，选品要满足用户对某种效用的需求，如带来生活方便、满足虚荣心、消除痛苦等方面的心理或生理需求。iResearch 近年来的《跨境网购调查报告》显示，在消费者进行跨境网购品类偏好方面集中度比较高。消费者最热衷购买的是服饰、母婴产品、护肤美妆、食品/保健品、电子产品五大类消费品。

三是产品的毛利。要了解物品的重量和体积，外贸中商品价格和重量/体积比例数值越大越好。考虑到碎片化销售，运费在总成本中的占比不容忽视。选品时应该尽量选择单件重量轻，体积小而价值高的商品，实现高客单价、高毛利率、高复购率，如前述的消费者跨境网购集中的五大类消费品。由于需求和供应都处于不断变化之中，选品也是一个无休止的过程。市场尚待培育，高速增长可期。

四是政策和法规。选品必须符合国家法律法规的规定。跨境零售商品应为个人生活消费品，国家禁止和限制进口物品除外，具体禁限物品参照《海关总署令第 43 号（中华人民共和国禁止、限制进出境物品表）》（见表 3 - 3、表 3 - 4）。

表 3 - 3　　　　　　　　　　　中华人民共和国禁止进境物品表

禁止进境物品
1. 各种武器、仿真武器、弹药及爆炸物品
2. 伪造的货币及伪造的有价证券
3. 对中国政治、经济、文化、道德有害的印刷品、胶卷、照片、唱片、影片、录音带、录像带、激光视盘、计算机存储介质及其他物品
4. 各种烈性毒药
5. 鸦片、吗啡、海洛因、大麻以及其他能使人成瘾的麻醉品、精神药物
6. 带有危险性病菌、害虫及其他有害生物的动物、植物及其产品
7. 有碍人畜健康的、来自疫区的以及其他能传播疾病的食品、药品或其他物品

表 3 - 4　　　　　　　　　　　中华人民共和国限制进境物品表

限制进境物品
1. 无线电收发信机、通信保密机
2. 烟、酒
3. 濒危的和珍贵的动物、植物（均含标本）及其种子和繁殖材料
4. 国家货币
5. 海关限制进境的其他物品

（2）寻找优质货源。在驱动消费者进行跨境网购的因素中，排名前三位的分别是品质保证、国内网站、价格便宜。品质是跨境零售首先需要关注的，在确定产品线后，找到最合适的供应商以供选择，即货源的保障是跨境电商进口成败的重要一步，也是逐渐培养商家的供应链的掌控能力的关键一步。此外，销售品牌的货品可能会涉及知识产权的问题，需要取得品牌公司许可授权，以免引起法律问题，不利于长远发展。

2. 确定物流模式和选择支付方式

跨境电商进口的物流模式表现出多样化的特点，贸易商应根据各自的需要选择适合的物流模式。传统的国内跨境电子商务进口物流方式是中国境内贸易公司通过一般贸易方式将商品进口到中国境内之后，可以直接通过自己的电商平台销售，也可以交由其他电商平台销售。这是在跨境贸易电子商务服务试点推行前，绝大多数合法商家都采取的方式。除此之外，还有其他五种物流模式。

（1）旅客行李。其是指进出境旅客携带的全部行李物品。海关对行李物品的界定是自用合理数量，非以赢利为目的，因此并不适合跨境电子商务。

（2）个人邮递物品。其是指通过邮运渠道进出境的包裹、小包邮件以及印刷品等物品。通过邮运渠道到口岸邮局办事处监管清关的货品量较大，但处理时效和服务质量有待提高。

（3）快件。其是指进出境快件营运人，以向客户承诺的快速的商业运作方式承揽、承运的进出境的货物、物品。进出境快件监管一般都有信息化系统，因此处理能力和稳定性都比较好。

（4）跨境试点一般进口。其是 2014 年增列的海关监管方式，全称"跨境贸易电子商务"，适用于境内个人或电子商务企业通过电子商务交易平台实现交易（保税电商除外），并采用"清单核放、汇总申批"模式办理通关手续的电子商务零售进出口。此种方式清关费用比邮快件低，处理能力比邮快件稳定。

（5）跨境试点保税进口。其由于备货仓储在境内，运营成本较境外低，而且发货时效快，退换货操作方便，因此用户体验高，综合物流成本最低。

可以开展跨境电商支付的有支付宝、中国银联、PayPal、易极付、快钱、中国工商银行、财付通等。

3. 制定进口商品经营方案

在对进口商品价格趋势有一定的把握和预测、了解了供应商的资信以及明确了适合的物流模式后，可以展开进口成本核算，制定进口商品经营方案。进口商品的作价应以平等互利的原则为基础，以国际市场价格水平为依据，结合企业的经营意图，制定进口商品的适当价格。

国内销售价格 = 进口价格 + 进口费用 + 进口利润

进口费用 = 国外运费 + 国外保费 + 进口关税 + 进口消费税 + 进口增值税 + 实缴增值税 + 国内费用

需要说明的是，对于进口税，跨境零售目前实行的不同于货物渠道的进口税，即不征收进口关税和进口环节税，而以对物品征收的行邮税取代。

行邮税 = 完税价格 × 税率

【资料链接】有关进境货物税收的规定

（三）直购进口模式下跨境电商进口业务流程

直购进口模式适合买家先下单商家再海外采购进境的代购商品流程。

以洋码头为例，其业务流程如图3-7所示。

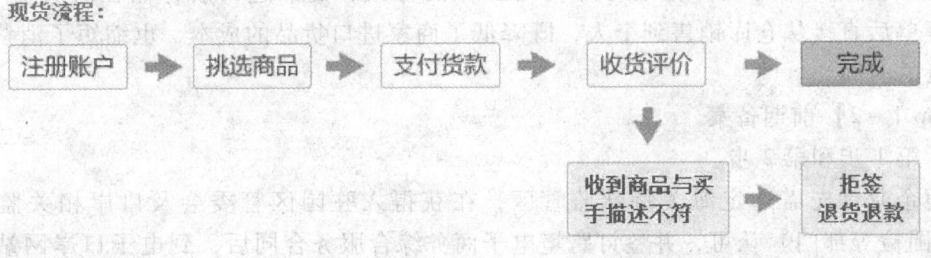

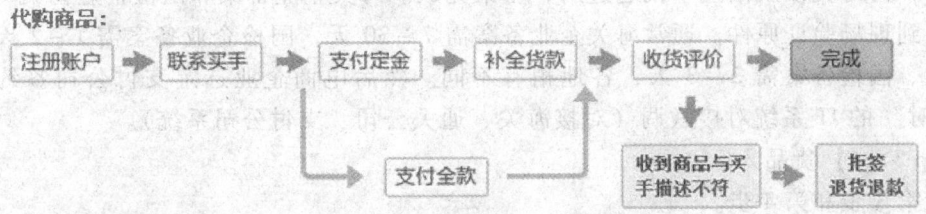

图3-7 洋码头交易流程

（四）保税模式跨境电商进口业务流程

保税模式跨境电商进口业务流程如图3-8所示。

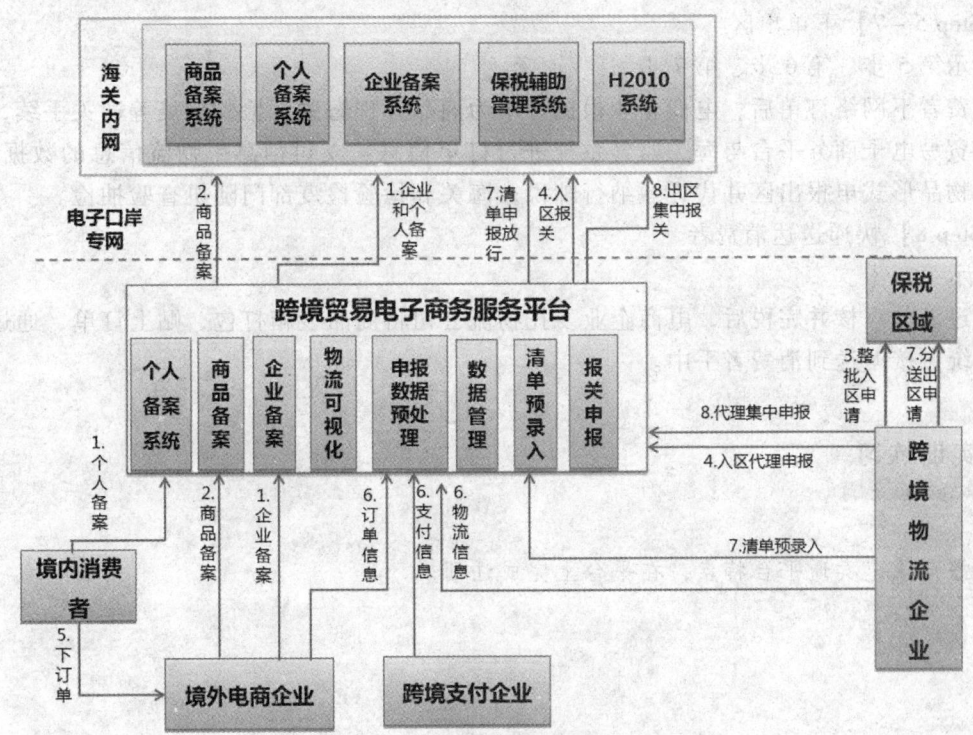

图3-8 保税进口模式跨境电商进口交易流程

相比直购进口模式,保税进口模式借助了保税港区等特殊海关监管区域的政策优势,采取"整批入区、B2C 邮快件缴纳行邮税出区"的方式,商品进口后存储在海关监管场所,消费者下单后直接从仓库销售到个人,既降低了商家进口货品的成本,也缩短了消费者从下单到收货的时间。

【Step 1-2】前期备案

图示第 1 步和第 2 步。

电商企业首先需选定海关特殊监管区,在获得入驻园区管委会及口岸相关监管部门(海关、国检等部门)认可,并签订跨境电子商务综合服务合同后,到电子口岸网站注册并办理电子口岸卡。企业登录指定的电子商务服务平台网站,分别开展跨境业务的企业备案与商品备案,待海关以及国检审批通过后,备案完成。海关企业备案和国检企业备案均需电商企业亲自到现场验证原件。通常海关企业备案需 7-30 天,国检企业备案需 1-2 天,产品海关备案、国检备案需 2-3 天,各地稍有不同。然后电商企业选定支付公司签约,完成"三单比对"的 IT 系统对接联调(对接海关、通关公司、支付公司系统)。

【Step 3-4】货品入区

图示第 3 步和第 4 步。

电商企业在国外统一提前采购商品,通过海运将货物运到保税区,经检验检疫合格后存放在指定的海关监管保税仓内,按"整批入区、B2C 邮快件缴纳行邮税出区"办理。第一步,普货查验,货物运抵监管中心卡口,海关对照报关单进行普货查验。第二步,仓储物流工作人员理货,为单件货品贴上条码标签并上架。

【Step 5-7】下单出区

图示第 5 步、第 6 步、第 7 步。

消费者下网络订单后,电商企业根据订单为商品办理海关、检验检疫等通关手续,并通过跨境贸易电子商务平台与海关监管系统进行订单信息、支付信息、物流信息的数据交换,以个人物品形式申报出区并代为缴纳行邮税;海关和检验检疫部门随机查验抽检。

【Step 8】快递送达消费者

图示第 8 步。

通过海关审核并完税后,电商企业委托物流公司将商品装箱打包,贴上订单,通过国内快递系统直接派送到消费者手中。

项目实训练习

熟悉全球速卖通平台特点,在平台上完成注册。

国际货易理论与实务内容概要

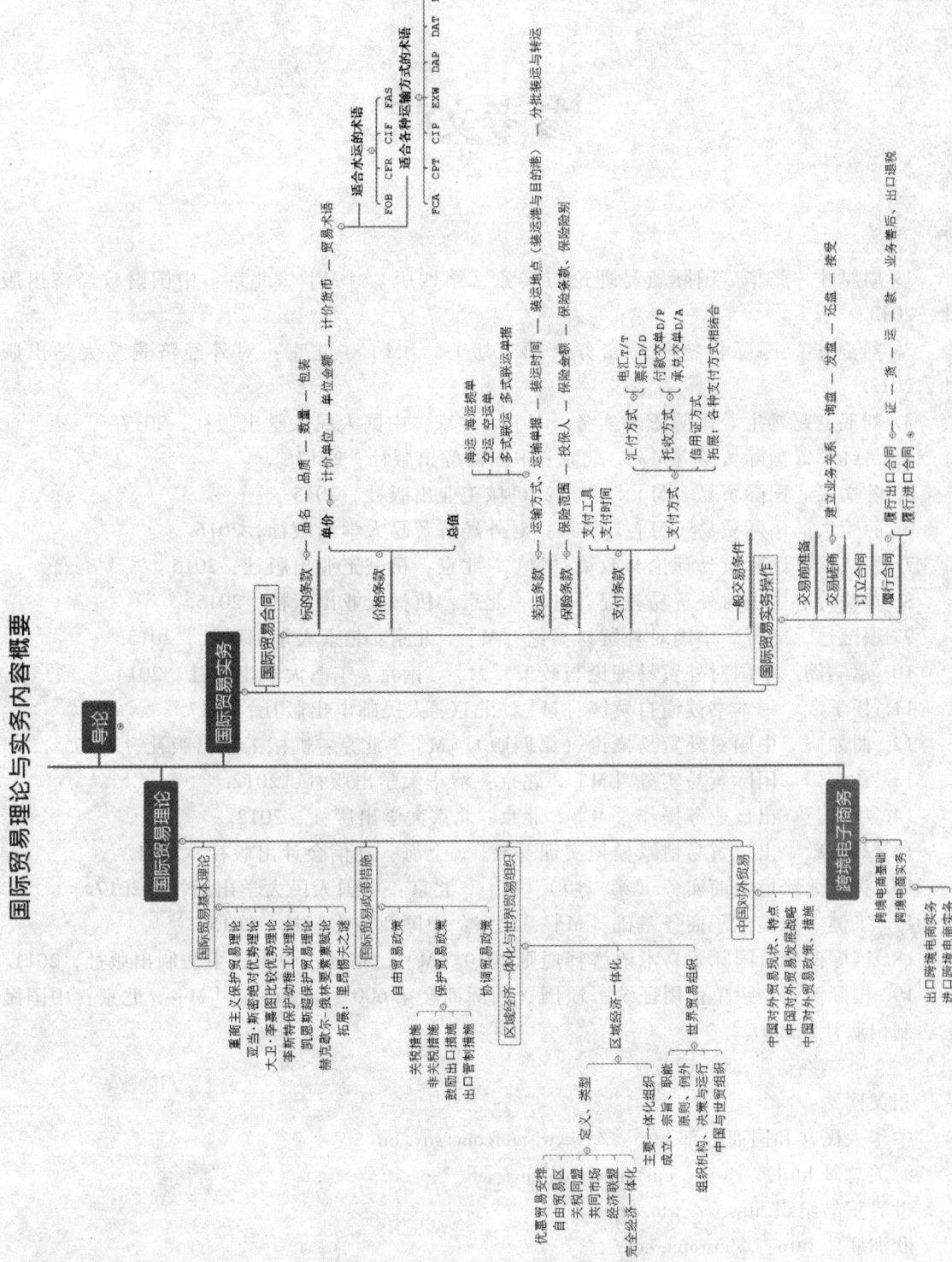

参考文献

1. 周厚才，张华．国际贸易理论与实务（第四版）［M］．北京：中国财政经济出版社，2013．
2. 刘静华．国际货物贸易实务（第三版）［M］．北京：对外经济贸易大学出版社，2013．
3. 刘珉，赵鸿生．国际贸易实务［M］．北京：中国人民大学出版社，2017．
4. 吕红军．国际贸易［M］．北京：中国商务出版社，2017．
5. 陈文汉．国际贸易［M］．北京：机械工业出版社，2015．
6. 薛荣久．国际贸易［M］．北京：对外经济贸易大学出版社，2016．
7. 罗晓斐．国际贸易理论与政策［M］．北京：机械工业出版社，2015．
8. 黄晓玲．中国对外贸易教程［M］．北京：机械工业出版社，2015．
9. 顾国达，陆菁．中国对外贸易概论［M］．北京：北京大学出版社，2015．
10. 赵学阁．中国对外贸易理论与政策［M］．南京：东南大学出版社，2014．
11. 任学武．一本书读懂自贸区［M］．北京：人民邮电出版社，2017．
12. 曲如晓．中国对外贸易概论（第四版）［M］．北京：机械工业出版社，2016．
13. 杨素娟．国际贸易实务［M］．北京：清华大学出版社，2012．
14. 魏彩慧．出口业务操作［M］．北京：北京大学出版社，2012．
15. 马慧敏．出口贸易情景模拟实训［M］．上海：立信会计出版社，2011．
16. 肖旭．跨境电商实务（第二版）［M］．北京：中国人民大学出版社，2017．
17. 王健．跨境电子商务基础［M］．北京：中国商务出版社，2015．
18. 国际商会．国际贸易术语解释通则2010［M］．北京：中国民主法制出版社，2011．
19. 国际商会．跟单信用证统一惯例（国际商会第600号出版物）［M］．北京：中国民主法制出版社，2007．

相关网站：
中华人民共和国商务部 http：//www.mofcom.gov.cn
海关总署 http：//www.customs.gov.cn
世界贸易组织 http：//wto.org
欧洲联盟 http：//europa.eu
WTO/FTA 咨询网 http：//chinawto.mofcom.gov.cn
中国一带一路网 http：//www.yidaiyilu.gov.cn

中国银行 http：//www.boc.cn
中国自由贸易区服务网 http：//fta.mocom.gov.cn
福步外贸论坛 http：//bbs.fobshanghai.com
全球速卖通 https：//seller.aliexpress.com
洋码头 http：//www.ymatou.com